法学苑

2016年教育部人文社会科学规划项目“税收信息交换国际合作法律问题研究”（16YJA820019）资助

向明华　梁若莲／著

税收信息交换国际合作法律制度比较研究

法律出版社 | LAW PRESS

目录

前 言

一、中国国际经贸状况概况

中国目前在国际资本配置中的地位已经发生深刻变化——从以资本输入为主转向输入与输出并重、输出超过输入的“净”资本输出国，是全球第二大海外投资存量国。[①] 自2015年以来，中国既是全世界第二大外商直接投资来源国，也是第二大外商直接投资目的地。[②] 如早在2015年，中国的对外直接投资就高达1456.7亿美元，占全球流量的份额由2002年的0.4%提升到2015年的9.9%，同比增长18.3%，金额仅次于美国(2999.6亿美元)，首次超过了同期中国实际使用外资(1356亿美元)，实现资本项下净输出。[③] 自2002～2015年，中国对外直接投资年均增幅高达35.9%。“十二五”期间中国对外直接投资5390.8亿美元，是“十一五”的2.4倍。[④] 早在2015年年底，中国就有多达2.02万家境内投资者在国(境)外设立3.08万家对外直接投资企业，分布在全球188个国家(地区)，境外企业资产总额达4.37万亿美

---

① 参见范思立:《中国对外投资存量居全球第二》，载《中国经济时报》2019年1月11日，A01版。

② 参见麦肯锡全球研究院:《麦肯锡2019年中国报告:中国与世界的经济联系正在悄然变化》，载https://www.sohu.com/a/366699543_799233，最后访问时间:2020年3月20日。

③ 参见商务部、国家统计局、国家外汇管理局:《2015年度中国对外直接投资统计公报》，载http://www.fdi.gov.cn/1800000121_33_7616_0_7.html，最后访问时间:2020年9月11日。

④ 中国于2001年加入世界贸易组织，故2002年是中国提供对外投资统计数据的第一年。

元,居全球第八,占全球外国直接投资流出存量的份额由2002年的0.4%提升至4.4%。中国商务部2020年1月21日发布的数据显示,2019年中国实际使用外资9415.2亿元人民币,同比增长5.8%,仍居全球第二;但中国非金融类对外直接投资则下降至1106亿美元,下降幅度为8.2%。截至2019年年底,国内设立的外商投资企业累计已经突破100万家。① 中国投资者在境外设立的对外直接投资企业4万多家,分布于全球200多个国家和地区。②

在上述数据的背后,则是中国涉外税收的缴纳与征管正面临越来越多的困难。无论是中国资本"走出去"、外国投资"走进来",均面临复杂的涉外税收问题,不仅包括如何避免重复征税,如何享受税收优惠或豁免待遇,如何获得税收行政或司法救济等,也包括为减轻税收负担实施税收筹划而被纳入国际反避税规制对象。例如,北京市国税局第二直属税务分局曾抽取50家赴美经营的大企业开展专门调查,结果显示,有42.5%的企业在美遇到了税务争议或歧视待遇。③ 而作为资本输出国或东道国的主权国家而言,面临的则是更为复杂的税收征管国际合作问题,税收信息交换合作则属于其中的基础问题。

二、中国亟须进一步发展和完善税收信息交换国际合作

国际税收信息交换国际合作是各国税收治理的重要组成部分,在维护国家权益、服务对外经济中发挥着举足轻重的作用。税收征管是一国主权的重要内容,适当的税负可以体现公平税负,促进平等竞争;可以调节经济总量,保持经济稳定;可以体现产业政策,促进结构调整;可以合理调节分配,促进共同富裕。充分有效的国际税收信息交换国

---

① 参见倪浩:《中国去年吸收外资,全球第二》,载https://www.sohu.com/a/368355759_162522,最后访问时间:2020年8月20日。

② 参见王凤:《关于加强中国企业海外发展安全保障机制的建议》,载https://www.sohu.com/a/298655084_430289,最后访问时间:2020年8月20日。

③ 参见赵婧:《企业走出去遭遇税收拦路虎——我国已与八成"一带一路"国家签署税收协定》,载http://www.jjckb.cn/2015-07/27/c_134448567.htm,最后访问时间:2020年9月20日。

际合作可以促进和保障一国涉外税收法律与税收政策的有效实施。

历经四十多年的改革和发展,我国的国际税收信息交换国际合作取得了令人瞩目的成就。我国目前已经加入《多边税收征管行政互助公约》《金融账户涉税信息自动交换多边主管当局间协议》《实施税收协定相关措施以防止税基侵蚀和利润转移的多边公约》《OECD 税收协定范本》等四个重要的多边税收公约,对外正式签署 107 个避免双重征税协定,其中 101 个协定已生效,还和香港、澳门两个特别行政区签署了税收安排,与台湾地区签署了税收协议。[①] 但这离实现国际税收现代化的目标还存在一定差距。

伴随经济"全球化"和交易数据化,相应税基跨国流动频繁而隐蔽。这极易诱发跨国税收的重复征税和偷漏避税行为。在发生重复征税、税收歧视等情况时,受害企业往往会主动请求其母国与东道国协商解决有关争议和问题。而在海外投资者通过各种措施偷漏逃避税等情况中,则须由有关国家主动出击,加强跨境税收信息交换,加强涉外税收稽查和征收合作,方可解决各自面临的海外税收征管困难,而不能让国家主权原则、主权平等等国际法基本原则被有关国家滥用为拒绝税收信息交换合作的借口。

跨境税收信息交换缺乏或不充分是导致跨国税务征管困难的重要原因。被各国税务主权冲突所掩盖的真相是,纳税人隐匿跨境涉税信息与有关政府要求披露跨境涉税信息之矛盾不断激化。一方面,纳税人通过转让定位、弱化资本、滥用避税港,或借助境外金融机构持有和管理资产等方式,将收益隐匿境外,逃避居民国纳税义务的现象日趋严重;另一方面,各国的跨境税收征管亟须加强,却难以获得相应的跨境税收信息,特别是跨境金融账户信息。这不但可能导致相应的国际偷逃避税行为难以规制,而且可能导致不当的双重征税、重复征税,以及不必要的税收争端。究其原因,一是投资者母国与东道国之间缺乏充分、有效的税收征管合作,特别是缺乏基础性的税收信息交换国际合

---

① 参见国家税务总局:《税收条约》,载 http://www.chinatax.gov.cn/n810341/n810770/index.html,最后访问时间:2020 年 7 月 20 日。

作;二是投资者对母国、东道国涉外税法税收征管制度,以及其母国与东道国之间签订的税收协定等缺乏了解。比如,中国的“出海者”或外国投资者可能通过转让定价、资本弱化、滥用协定优惠待遇、滥用电子商务技术手段等方式转移利润或谋取利息税前扣除等不当利益,但中国税收机关可能对此一无所知;也可能是中国“出海者”不了解母国、东道国及相关国际立法有关税收抵免、转让定价等方面的税收法律、法规,未能享受相应的优惠待遇,甚至被重复征税;或者在企业相关的重大交易中缺乏税务专家的参与,未能充分考虑其中的税收因素等,导致不必要的税务风险。① 如何解决上述困难和问题:

首先,中国政府应加强与东道国的合作,充分维护我国海外投资者的合法利益。一是在制度建设层面,我国应当积极参加相应国际公约,与有关国家谈签有关的双边税收协定、税收信息交换专门协定或其他的税收信息交换合作规则。二是加强相应国际立法和国内法的实施,加强跨国税收征管合作,通过充分、必要的税收信息交换,既要避免重复征税,也要防止偷漏避税。有关的税收争议符合法定条件的,国内税务主管机关可以根据中国海外投资者的申请,启动双边的协商程序解决涉税争议。② 例如,在中国和哈萨克斯坦就杰瑞能源服务有限公司税收争议双边协商一案中,杰瑞能源服务有限公司为拓展国际市场,在哈萨克斯坦投资注册了子公司,但因对《中哈税收协定》确立的优惠税制了解不足,该子公司被哈萨克斯坦税务机关按照该国税法多征税款150万元。其后,根据杰瑞能源服务有限公司的申请,国家税务总局与哈萨克斯坦税务总局启动中哈双边协商程序,哈萨克斯坦最后退回了多征的税款。

其次,我国海外投资者应当严格遵守我国和东道国的法律、法规。海外投资者应当认真学习、研究和掌握我国的涉外经贸法律与政策、投资目的地国家的税法及相应的国际税收协定,并充分发挥国际税收与

---

① 参见国家税务总局:《税收条约》,载 http://www.chinatax.gov.cn/n810341/n810770/index.html,最后访问时间:2020 年 7 月 20 日。

② 同上。

国际税法专业人员的作用,在相关交易中吸纳国际税收专业服务人员及企业税务人参与,尊重相应的国际税务专业建议,主动放弃违法违规的税收筹划,依法申报、依法纳税,如各国为了吸收外国投资,其税收协定的税率往往低于东道国的国内法税率。以俄罗斯为例,其国内法对利息、特许权使用费的标准预提所得税率平均为20%。而根据其与我国签订的协议,利息的预提税率为0,特许权使用费的预提税率仅6%。这种税收优惠可以明显地降低企业的税收成本,给外国投资者带来真正的实惠。中国"走出去"企业只有充分了解和利用相应的国内外税法及税收协定,才能更有效地维护其合法权益。此外,中国"出海者"应当与东道国有关主管部门以及中外专业服务机构保持良好的沟通,积极地寻求税务法律帮助。特别是在税务争议发生后,应围绕相关的法律事实和应适用的协定、法律、法规等与境外税务机关进行充分的沟通,为解决税务争议创造良好的环境,并积极寻求当地的税务行政复议或司法救济。

特别是对于投资"一带一路"沿线国家、走进非洲的中国企业而言,所面临的税务问题可能更多。例如,外交部2014年对非洲某国组织调研的结果显示,"走出去"企业面临的问题60%是税收问题,[①]主要包括"该缴的税款没有缴纳,面临处罚和损失的风险;或者缴纳了本来不该缴纳的或者本可少缴纳的税款"。[②] 因"一带一路"沿线国家、非洲国家多为发展中国家,不仅可能缺乏完善的税收"法治"体系,可能还缺乏相应的国际税收征管合作经验和执法力量。有些国家甚至可能无法可依,税收利益得失可能完全取决于当权者的个人意志;有的国家虽然法律明确,但可能执行不严,税务机关的自由裁量权太大,权力"寻租"空间大。这些均可能构成外国企业"走进去"顺利发展的障碍甚至致命威胁。例如,乍得法院曾以未足额缴纳税款为由,对美国石油公司埃克森美孚公司(Exxon Mobil)开具高达740亿美元的罚款,再外

---

① 参见刘宝:《"走出去"企业急需顶层税法设计"护航"》,载 http://tax. hexun. com/2015-09-01/178778256. html,最后访问时间:2020年5月29日。

② 李振宇:《"走出去"境外投资税务风险与防范》,载 http://www. xj-n-tax. gov. cn/ssxc/ztzl/ydyl/ktyj/201512/t20151214_342601. htm,最后访问时间:2019年4月20日。

加8.19亿美元的补税。巨额的罚款几乎是乍得GDP的5倍多。这种突如其来的、天文数字般的财务负担足以让大多数跨国公司陷入破产困境。[①] 在这些条件下,政府间有效的税收行政合作往往更有利于双方的税收征管及解决有关税收争议的。据时任国家税务总局国际税务司副司长王晓悦介绍:"2014年,全国各级税务机关共受理享受税收协定备案4694件,审批类税收协定待遇申请4933件,减免税款共计138.81亿元""我们为跨国纳税人消除双重征税200多亿元。"[②]例如,在重庆五矿机械进出口有限公司在越南设备安装施工税收管辖权争议案中,该公司在越南的施工构成常设机构。然而,越南税务机关除要求其为安装服务费缴纳所得税和增值税外,还要求按设备价值的1%缴纳企业所得税。但是,事实上常设机构的利润仅包括设备安装的劳务费,而不应包括设备销售所得,后者应在中国缴税,越南没有征税权。重庆市原国税局了解到越南税局重复征税的情况后,指导企业认真地研究越南税法和《中越税收协定》,并启动两国税收协商程序,帮助企业解决了多征税款的退还问题。[③] 在另一宗因并购引发的减税案中,中国A企业于2006年在海外并购B公司,但当时并不清楚B公司存在税收遗留问题。东道国税务机关2009年调查发现B公司拖欠了20

① 乍得是位于非洲中部的内陆国家,北接利比亚,东接苏丹,南接中非共和国,西南与喀麦隆、尼日利亚为邻,西与尼日尔交界,其财政收入主要依靠石油,是世界最不发达国家之一。根据国际透明组织发表的调查报告,乍得是全球最为腐败的国家之一。邻国尼日利亚持续的武装暴乱,阻碍了乍得与尼日利亚、喀麦隆等国之间的贸易,加上国际油价下跌,乍得财政非常紧张。根据世界银行的数据,乍得2015年的GDP增长率仅2.6%。查税增收因此成为其改善财政状况的主要措施。埃克森美孚公司是全球最大的石油生产商,2001年开始投资乍得,2003年开始产油。2016年10月5日,乍得最高法院判决认定,埃克森美孚公司在过去15年时间里未能履行其纳税义务,须交罚款740亿美元,外加8.19亿美元的税款。但埃克森美孚公司否认乍得法院的指控。据世界银行的评估,乍得当年的GDP为130亿美元,故乍得要求埃克森美孚公司交的罚款几乎是该国GDP的5倍多。这并非乍得政府向海外公司首次开具罚单。乍得代比总统曾在2006年向雪弗龙公司和马来西亚石油公司开出税收罚单。因为这两家公司未按要求缴纳罚款,遂要求两家公司在24小时之内关闭并离开乍得。但两家公司否认指控,案件其后和解。

② 崔文苑:《税务总局与113个国家和地区建立双边税收合作机制,让"走出去"企业告别税收烦恼》,载《经济日报》2016年10月13日,第10版。

③ 同上。

多亿元的税款。因B公司已为A企业并购,其欠税须由A企业承担。中国税务部门为此与东道国税务部门进行了长达2年的艰难谈判,最终对方同意A企业象征性地补税1亿元,为企业减少了20多亿元的损失。①

最基础也是最重要的是,各国应当加强税收情报交换国际合作。面对快速发展的经济全球化,各国税收主管机关为保护其税收利益,有效地行使其涉外税收管辖权,须以占有充分的相应涉税信息为前提条件,否则,"巧媳妇难为无米之炊"。如果涉税信息不全面、不真实、不及时,无论是主权国家的涉外税收征管,还是海外投资者的税收维权,均属无源之水、无本之木。中国作为世界最主要的外资引进大国,在不断加大对外引资力度的过程中,也饱受外国投资者税收筹划或税收规避之苦。中国的直接投资主要分布在中国香港特别行政区、开曼群岛、美国、新加坡、英属维尔京群岛、荷兰、澳大利亚等无税或低税区。② 外国的对华投资亦主要来自韩国、新加坡等无税或低税区,如2019年1~7月对华投资的前十国家/地区分别是:韩国对华投资40.6亿美元、新加坡对华投资37.7亿美元,其中究竟有多少偷漏避税或重复征税,仅凭中国单方的税务稽查,往往无能为力。某知名会计师事务所曾估计,30%的在华跨国公司从未交过所得税,80%的跨国公司逃漏税,40%的亏损外资企业实质是虚亏实盈。③ 根据世界银行早前的测算,1995年中国对外商投资企业因实行税收优惠政策而损失的财政收入约占GDP的1.2%,即约折合660亿元人民币。假设税收优惠能使中国因此多吸收外资10%,则大约每吸收30亿美元,中国须付出50亿

---

① 崔文苑:《税务总局与113个国家和地区建立双边税收合作机制,让"走出去"企业告别税收烦恼》,载《经济日报》2016年10月13日,第10版。

② 早在2015年,接受中国投资前10位的国家或地区的中国投资达1016.3亿美元,占当年对外非金融类直接投资的86.1%。参见商务部:《2015年我国对外投资合作情况》,载http://www.ccpittex.com/fzzx/gnzx_new/63843.html,最后访问时间:2020年4月20日。

③ 参见李明伟、于保平:《国税总局拉开全国性反避税大幕》,载http://www.jiaodong.net/news/system/2003/07/12/000582827.shtml,最后访问时间:2020年5月20日。

美元的代价。[①] 但是,近些年借助税收信息交换,也查获了许多偷漏避税线索,破获了不少偷漏避税案件,追缴了大量税款,对各界产生了很大的震慑作用。例如,在我国首例利用税收信息交换确认关联交易的国际反避税案中,A公司是厦门一家成立近20年的外资企业,主要从事各类真皮和PU皮鞋的贴牌加工。尽管其财务报表显示,A公司基本处于微利或亏损状态,但A公司的生产经营规模却在稳步扩大,公司从4条生产线增加到14条生产线,年生产能力从400万双增加1000万双,注册资本从40万美元增加到900万美元。税务机关因此怀疑A公司有避税行为。初步调查显示,A公司的主要客户是一家名为TT的美国公司,两家公司之间交易金额巨大,所有的生产指令均由TT公司下达,加工费由两家公司事先约定好。此外,A公司还有"避税"前科,以前年度曾被税务部门进行反避税调查。A公司其后将其大股东全部变更为个人,故其还存在利用自然人隐瞒关联交易的嫌疑。但A公司辩称,其与TT公司之间既不存在相互持股关系,也没有互派高层管理人员,二者属于普通的贸易伙伴关系。然而,A公司的资金流向显示,TT公司的所有货款均通过境外B银行汇给A公司,厦门市原国税局在报请国家税务总局同意后,通过信息交换渠道请求境外税务当局提供B银行该转款账户的有关信息与控制人情况。经过9个月的等待后,厦门市原国税局收到了境外税务部门提供的信息,显示该账户的控制人就是A公司的主要股东,A公司和美国TT公司的关联关系得以确认,厦门市原国税局因此对A公司调整应纳税所得额2807万元,企业补缴所得税293万元。该案办结前后历时近5年。[②]

本书拟聚焦国际税收征管合作中的基础问题,即跨境税收信息交换国际合作问题。

三、本书的主要内容

本书共五章,分别从理论与实践、从国内到国际、从综合到专题,对

---

① 参见世行驻中国代表处:《中国对外商直接投资的税收政策》,载《涉外税务》1996年第5期。

② 厦门市地方税务局:《厦门地税反避税资讯三则》,载 https://www.sohu.com/a/219719727_611489,最后访问时间:2020年3月20日。

我国及其他国家跨境税收信息交换国际合作法律机制作出比较研究。

第一章主要对“税收信息交换”作出界定，对税收信息交换国际合作的作用、诱发国际偷漏避税的税制因素、国际偷漏避税的主要方式方法作出分析，介绍了鲜为人知的税收情报交换专门国际机构，还重点梳理了税收信息交换国际合作的相关理论与实践。笔者认为，使用“税收信息”比“税收情报”更能体现税收征管国际合作的宗旨。有效的国际税收信息交换合作，有助于降低税收国际征管成本，营造正常的国际经贸合作环境；有助于打击国际偷漏避税；有助于促进税收的二次分配功能，缓解社会两极分化矛盾；还可以促进反恐、反腐、反洗钱等方面的国际合作。但是，国际税收信息交换合作可能限制一国的财税主权，不利于国际资本流向资金紧缺的发展中国家，还可能导致国际贸易交易的成本与收益不匹配。故应充分发挥其正向功能，抑制其负面效应。各国有关税基、税种、税目、税率、税收管辖权等方面的制度差异，均可能诱发国际偷漏避税行为。国际偷漏逃避者主要通过转让定价、资本弱化、滥用协定优惠待遇、滥用电子商务技术手段等方式转移利润或谋取利息税前扣除等利益。除联合国、经济合作与发展组织（Organization for Economic Co-operation and Development，OECD①）等国际组织外，税收透明度和税收信息交换全球论坛、国际联合反避税信息中心等在税收信息交换国际合作中也发挥了重要作用。就理论研究而言，与税收信息交换国际合作相关的研究比较深入，而有关税收信息交换国际合作的专项研究相对薄弱。就税收信息交换国际合作的基本法律框架而言，主要包括相应的国际合作机制及各国的国内法机制。国际社会目前存在2500多份双边、多边税收协定及税收信息交换国际合作专门协定。此外，还有大量被称为“软法”的有关税收信息交换合作的示范法及其条款解释、宣言、行动计划等。而各国基于税收征管需要，一般都制定了收集或获取涉外税收信息，以及实施所参与的税收信息交换国际条约

① OECD的前身是成立于1948年的欧洲经济联合体（Organization for European Economic Cooperation，OEEC）。成立该组织旨在帮助执行第二次世界大战后致力于欧洲重建的马歇尔计划。后来其成员国逐渐扩展到非欧洲国家，并于1961年改为现名。

的法律、法规。而就对税收信息交换国际合作的态度而言，瑞士是从封闭走向开放的典型。

第二章从宏观角度，分别对国际联盟、联合国、OECD、美国、欧共体等国际税收信息交换制度的主要贡献者的相应成就作出比较研究。国际联盟在其中主要是起到发起与推动作用。而联合国作为国际联盟的继承和接力者，主要是出台了《关于发达国家与发展中国家间避免双重课税的协定范本》，其中的第 26 条对税收信息交换国际合作提出了专门要求，为发达国家与发展中国家，以及发展中国家之间签订相应的条约提供指引。OECD 是税收信息交换国际合作的主要推动者和制度贡献者，分别从避免重复征税、反有害税收竞争、防止税基侵蚀和利润移转等领域出台了大量有关税收信息交换国际合作的条约、示范法和操作性规范，诸如《多边税收征管行政互助公约》《实施税收协定相关措施以防止税基侵蚀和利润转移（BEPS）的多边公约》《OECD 税收协定范本》《OECD 税收信息交换协定范本》《金融账户信息自动交换标准》《税基侵蚀和利润转移项目行动计划》《OECD 为税收目的执行情报交换条款手册》（*Manual on the Implementation of Exchange of Information Provisions for Tax Purposes*）等。美国的税法发达，其不仅出台了独具特色的《税收协定范本》及其第 26 条（税收信息交换），还制定了《海外账户税收遵从法》及其实施模式的双边协定范本，引领世界金融涉税信息自动交换的发展。欧共体 1977 年出台的《关于直接税合作的互助指令》要求各成员方交换“一切有助于如实课税的信息”，是强制性自动税收信息交换的拓荒者。

第三章对金融税收信息自动交换作出专题比较研究。《海外账户税收遵从法》（Foreign Account Tax Compliance Act，FATCA）和 CRS 是当今最主要的金融信息自动交换机制。两者具有高度关联性和共性，均专门指向国际经贸税收信息中最重要的跨境涉税金融信息，而且，该金融是远超出传统银行业，涵盖保险、基金、信托等金融类机构掌控下的涉税信息；二者均采取最高效的自动交换方式。但两者还是存在许多差别，故专章分节探讨。这不仅有利于比较两者之间的差异性，更可避免两者之间的关联性和共性而易引发的混淆。FATCA 确立了美国纳税人账户分级管理制度，明确了美国纳税义务人等各方的申报义务，要求外国金融机构向美国国税局提交金融税收信息。为推进FATCA的实施，美国政府推出规范FATCA实施的国内配套法规，要求外国金融机构寻求其客户放弃保密权利，以便其能向美国国税局提交相应客户的金融涉税信息，或者与有关国家签署金融信息交换协定，以平衡相互之间的权利义务，平息有关国家对FATCA域外效力的不满。为应对FATCA实施对我国的影响与挑战，我国与美国达成了政府间互惠型金融信息交换合作协议。为此，我国宜尽快修订和完善《税收征收管理法》《商业银行法》《反洗钱法》等相关法律、法规，进一步建立、完善税收情报交换配套制度。近期，我国应加强金融账户信息自动交换治理能力建设，建立跨部门协调机制，加强与其他辖区的配合，适时谈签主管当局协议。就中长期而言，我国应推动建立科学严密、稳定强大的国际税收信息交换合作机制。

第四章对BEPS行动计划中的税收信息交换合作机制作出专门研究。2019年OECD《CRS涉税信息交换避税安排和离岸结构强制披露规则的框架文件》进一步增强了CRS全球涉税信息交换国际合作的可操作性。该框架文件的第一部分为CRS涉税信息交换的强制性披露规则（MDR），着重规制蓄意的偷漏避税安排和离岸结构，防止通过投资移民或者身份规划等特别安排隐匿其原始国别来源地等信息，规避金融账户信息的报告和披露义务，从而规避全球金融账户涉税信息的交换和报告。依照该强制披露规则，通过MCAA多边协议实施CRS信息交换的国家或地区的税收主管当局，应将有关信息同时交换到多个相关税收主管当局，有关税务主管当局因此可获取跨境纳税人及其中介机构的所有信息，方便各国税收主管当局有效地开展合规和风险管理工作，全面排查分析跨境纳税人和中介机构，以最大限度地发挥强制披露规则的效应。第二部分为技术性规范，重点介绍各税收主管当局使用该框架文件时需参照和使用的数字化结构语言（XML）和设计，以增强其可操作性。这些数字化结构语言的设计和更新都是在总结首次CRS信息交换的大量经验和现有账户信息基础上形成的，其操作的友好性、有效性和确定性得到增强。强制披露规则要求披露的信息包括税收筹划方案交易双方、筹划方基本信息、交易名称、交易方式、预期税收利益如何产生等内容。税务机关通过获取上述信息，可尽早识别筹划安排的筹划方和使用者，提高税务机关在风险评估、税务审计和立法完善等合规管理活动中的效率。实施强制披露规则，有助于税务机关对纳税人的行为变化做出迅速反应，对纳税人和中介产生制止或威慑效果。我国不仅有引入该强制披露机制的现实需求，纳税人对我国引入强制披露机制的反应也比较平和，故我国应尽快引入并加快推进该强制披露实施机制。为此，应开展强制披露机制的税企调研，加大宣传辅导力度，编撰强制披露指引，运用纳税信用机制扩大威慑宣传效果；夯实相应法律基础，抓紧修订和完善《税收征收管理法》《个人所得税法》；优化金融账户涉税信息管理使用工作规程或指引，将金融账户信息项增补进纳税申报表，按照国际标准完善数据保密措施；组建强制披露专家团队及专职管理机构，开发强制披露信息工作平台，加强风险管理；建立金融账户信息披露测评及反馈机制，将强制披露机制全面融入我国国际税收情报交换工作。

第五章主要分析了我国税收信息交换国际合作中存在的一般性问题及解决对策。我国的税收信息交换国际合作机制主要存在以下问题，如对税收信息交换国际合作的认识存在误区、税收信息交换程序烦琐低效、信息交换的税种范围过窄、税收信息交换专项协议覆盖面不足、国际法与国内法衔接不良、信息交换操作规程欠健全、涉税信息的收集和共享机制不通畅、税收信息国际交换与国内税收征管流程脱节、税收信息交换国际合作的工具与方法相对落后等，故应当通过如下途径予以解决：提高思想认识，准确定位税收信息交换国际合作的地位与性质；加强制度建设，健全税收信息交换及其配套法律；合理设置税收信息交换的职能机构，加强税收信息交换国际、国内立法之间的衔接；进一步完善税收信息交换程序的操作规程；完善涉税信息强制申报制度，扩大信息来源渠道；建立科学的税收信息收集与管理机制，落实与完善多部门涉税信息的收集和共享机制；加强税收信息交换与国内税收征管工作的有机结合，实现纳税评估与涉外税务审计和非居民税收管理的紧密结合；合理选择信息交换合作方式，充分发挥各种税收信息交换方式的积极作用。

第一章　国际税收信息交换概述

第一节　税收信息交换及其作用

一、税收信息交换界定

（一）“税收信息”抑或“税收情报”辨析

信息（information）是对有关事物的存在方式和运动规律的一种认知，是一种被存储、被传递、被使用的知识，是可通过一定的载体，跨越空间和时间传递给特定用户，用以解决具体问题的特定知识。在现代信息社会中，信息是最重要的生产力要素之一，和物质、能量一起被视为社会赖以生存的三大资源。因此，信息是各学科的知识元和研究的起点，比如，就法学而言，信息是对有关法律规范和法律事实元素的认知；就管理学而言，信息“是用来消除不确定性的东西”，“是供决策的有效数据”；就（博弈）经济学而言，信息是各参与方博弈过程的核心要素。尽管所有的决策者都希望能占有完全信息，但信息的获得和使用需要成本。特别在跨越国境等条件下，获取境外信息在某些条件下异常艰难、成本高昂，甚至是不可能的。

在国际税法领域，有关的国际文件或国外税收规则广泛使用“tax information”，其本义为涉税信息或税收信息，但在我国早期翻译的文本中，多译为“税收情报”，并得到较广泛接受。相关的学术著作、国内及国际立法中也多使用该名称。例如，我国国家税务总局为规范我国的税收信息交换国际合作工作，先后颁布了 2001 年《税收情报交换管理规程（试行本）》、2006 年《国际税收情报交换工作规程》。又如，

1984 年《中美税收协定》(中文版)第25 条第1 款亦规定:“缔约国双方主管当局应交换为实施本协定的规定所必需的情报,或缔约国双方关于本协定所涉及的税种的国内法律所必需的情报(以根据这些法律征税与本协定不相抵触为限),特别是防止税收欺诈、偷漏税的情报。情报交换不受第一条的限制。缔约国一方收到的情报应作密件处理,仅应告知与本协定所含税种有关的查定、征收、管理、执行或起诉、裁决上诉的有关人员或当局(包括法院和行政管理部门)。上述人员或当局应仅为上述目的使用该情报,但可以在公开法庭的诉讼程序或法庭判决中透露有关情报。”①我国在加入《多边税收征管行政互助公约》时,亦将该重要税收公约中的“exchange of information”翻译为“情报交换”。②

然而,我国将涉税的“information”界定为税收“情报”并不准确。这将不必要地、过分地强调税收信息的机密性,增加其神秘性,背离了国际社会不断提高国际税收透明度标准的努力和旨趣。因为作为情报学研究对象的“情报”(intelligence)是一种狭义的信息,更强调其内容的机密性、对抗性。可能是为了避免这种错觉或误读,在我国内地与香港特别行政区的税收行政合作中,使用的是“信息”而非

---

① ARTICLE 25 (Exchange of Information) 1. The competent authorities of the Contracting States shall exchange such information as is necessary for carrying out the provisions of this Agreement or of the domestic laws of the Contracting States concerning taxes covered by this Agreement insofar as the taxation thereunder is not contrary to this Agreement, in particular for the prevention of fraud or evasion of such taxes. The exchange of information is not restricted by Article 1. Any information received by a Contracting State shall be treated as secret and shall be disclosed only to persons or authorities (including courts and administrative bodies) involved in the assessment, collection, or administration of, the enforcement or prosecution in respect of, or the determination of appeals in relation to, the taxes covered by this Agreement. Such persons or Authorities shall use the information only for such purposes. They may disclose the information in public court proceedings or in judicial decisions, the last visiting time: 3/21, 2010.

② 参见《多边税收征管行政互助公约》(经核证无误的中文译本)第1 条第2 款等。

"情报";[①]而在与台湾地区的税收行政合作中,采用了更加中性、更为广义的"资讯"一词。[②] 在与其他国家签订的双边税收协定中,也多使用"信息"一词。特别在新近的有关国内、国际立法中,多使用"信息"而非"情报"。[③] 目前越来越多的学者也意识到"情报"与"信息"之间的差别,逐渐使用"信息"取代"情报"。[④] 本书为研究和引文便利,非经特别强调或限制,在同一意义上使用"税收情报"与"税收信息"。

(二)国际税收信息交换的含义

"国际税收信息交换"(Exchange of International Tax Information),是指为实施税收协定、税收信息交换协定或相关国内、国际立法所涉及

---

① 如2006年《内地和香港特别行政区关于对所得避免双重征税和防止偷漏税的安排》第24条(信息交换)第1款规定:"双方主管当局应交换为实施本安排的规定所需要的信息,或双方关于本安排所涉及的税种的各自内部法律的规定所需要的信息(以根据这些法律征税与本安排不相抵触为限),特别是防止偷漏税的信息。信息交换不受第一条的限制。一方收到的信息应作密件处理,其方式须与处理根据该一方的法律而取得的信息相同,该信息仅应告知与本安排所含税种有关的查定、征收、执行、起诉或裁决上诉有关人员或当局(包括法院和行政管理部门)。上述人员或当局应仅为上述目的使用该信息,但可以在公开法庭的诉讼程序或司法裁定(就香港特别行政区而言,包括税务上诉委员会的裁定)中公开有关信息。"而2003年《内地和澳门特别行政区关于对所得避免双重征税和防止偷漏税的安排》第26条使用的是"情报"。该安排第26条(情报交换)第1款规定:"双方主管当局应交换为实施本安排的规定所需要的情报,或双方关于本安排所涉及的税种的各自内部法律的规定所需要的情报(以根据这些法律征税与本安排不相抵触为限),特别是防止偷漏税的情报。情报交换不受第一条和第二条的限制。一方收到的情报应作密件处理,仅应告知与本安排所含税种有关的查定、征收、执行、起诉或裁决上诉的有关人员或当局(包括法院和行政管理部门)。上述人员或当局应仅为上述目的使用该情报,但可以在公开法庭的诉讼程序或法庭判决中公开有关情报。"

② 如2015年《海峡两岸避免双重课税及加强税务合作协议》第6条(资讯交换)规定:"双方同意相互交换为实施本协议或为课征本协议所含税种(税目)相关且必要的资讯,并负保密义务。所交换的资讯不可用于任何其他用途。"

③ 如2015年签署的《中华人民共和国政府和津巴布韦共和国政府对所得避免双重征税和防止偷漏税的协定》第25条(信息交换)第1款规定:"缔约国双方主管当局应交换可以预见的与执行本协定的规定相关的信息,或与执行缔约国双方或地方当局征收的各种税收的国内法律相关的信息,以根据这些法律征税与本协定不相抵触为限。信息交换不受第一条和第二条的限制。"

④ 参见梁若莲:《应对金融账户涉税信息自动交换推进国际税收治理现代化》,载《国际税收》2015年第3期;向景:《对建立我国银行涉税信息报告制度的建议》,载《税务研究》2014年第9期;等等。

税种的跨国征纳,相关国家或地区的税务主管当局之间依法交换各自所掌握或收集的特定涉税信息的国际合作。① 合作的跨境性是其最突出的特点。其中的跨境涵盖跨越国境及跨越关税税境,后者如我国内地与香港特别行政区、澳门特别行政区之间的税收信息交换。

在涉外税收征管方面,当一国试图管辖其域外的涉税事宜时,往往受阻于国际法国家主权原则项下其他国家财税主权的对抗。但获得充分的境外涉税信息是各国有效行使其涉外税收征管权的前提条件之一,故税收信息交换国际合作作为协调各国财税主权冲突的主要工具之一,意义特别重大。特别对处于经济转型升级关键时期,"请进来"与"走出去"战略并重、"一带一路"倡议全面铺开的中国及其海外投资者而言,意义更是非同凡响。

税收信息交换国际合作有多种形式,具体而言,主要包括专项信息交换、自动信息交换、自发信息交换、同期税务检查、授权代表访问和行业范围信息交换等。

专项信息交换,是指缔约国一方主管当局就国内某一税务案件提出具体问题,并依据税收协定请求缔约国另一方主管当局提供相关情报,协助查证的行为,包括对外专项情报交换与外来专项情报交换。主要涵盖获取、查证或核实公司或个人居民身份,收取或支付价款、费用,转让财产或提供财产的使用等与纳税有关的情况、资料、凭证等。

自动信息交换,是指缔约国双方主管当局之间根据约定,以批量形式自动提供有关纳税人取得专项收入的税收情报的行为。其中的专项收入主要包括:利息、股息、特许权使用费收入;工资薪金,各类津贴、奖金,退休金收入;佣金、劳务报酬收入;财产收益和经营收入等。

自发信息交换,是指缔约国一方主管当局将在税收执法过程中获取的,其认为有助于缔约国另一方主管当局执行税收协定及其所涉及税种的国内法的信息,主动提供给缔约国另一方主管当局的行为。主要包括相应公司或个人收取或支付价款、费用,转让财产或提供财产使用等与纳税有关的情况、资料等。

---

① 参见国家税务总局 2006 年《国际税收情报交换工作规程》第 2 条。

同期税务检查，是指缔约国主管当局之间根据同期检查协议，独立地在各自有效行使税收管辖权的区域内，对有共同或相关利益的纳税人的涉税事项同时进行检查，并互相交流或交换检查中获取的税收情报的行为。

授权代表访问，是指缔约国双方主管当局根据授权代表的访问协议，经双方主管当局同意，相互间到对方有效行使税收管辖权的区域进行实地访问，以获取、查证税收情报的行为。

行业范围信息交换，是指缔约国双方主管当局共同对某一行业的运营方式、资金运作模式、价格决定方式及偷漏避税方法等进行调查、研究和分析，并相互交换有关税收情报的行为。

我国目前主要就前三类涉税信息交换（专项信息交换、自动信息交换、自发信息交换）与其他国家或地区开展合作。后三类交换（同期税务检查、授权代表访问和行业范围信息交换）针对性强，但操作难度较大，目前鲜有实际操作，具有很大发展空间。

二、国际税收信息交换的作用

（一）国际税收信息换的积极作用

1. 有助于降低税收国际征管成本，营造正常的国际经贸合作环境

充分有效的国际税收信息交换，不仅有助于降低纳税人遵守税法和税务机关税收征管的成本，也有利于营造正常的国际投资及国际贸易环境。例如，欧盟委员会（European Commission）和 2002 年《OECD 税收信息交换协议范本》（*Model Agreement on Exchange of Information in Tax Matters*，TIEAS，以下简称 OECD 范本）第 1 条规定："缔约国主管税务机关应通过对可预见相关的信息进行交换，协助各国管理和执行本协定涉及税种的相关国内法律。"由此可知，各国进行税收信息交换的主要目的有两个：一是在国际法层面，为了履行国际税收协定确定的国际义务而交换信息，以协助其他缔约国税务主管机关查证某些与纳税有关的事实；二是在国内法层面，为了执行其国内税法而交换涉税信息。例如，该范本第 26 条还进一步明确要求："缔约国双方主管当局应当交换为实施本协定规定所必要的信息，或为实施缔约国双方与本协定所涉各税种有关的与本协定不相抵触的

国内法所必要的信息。”

2. 有助于打击国际偷漏避税

趋利避害是人类的本性。大家均认可,死亡和税收是人生确定而不可避免的,人人因此向往延长生命和节税。各国纳税人与其政府因此展开了一场漫长的、可能没有终点的避税与反避税拉锯战。例如,英国威廉三世为解决其在英法战争中的财政经济困难,甚至在1696年开征“窗户税”,即依据建筑物上窗户的数量和大小征税,被称为对空气和阳光的征税。税费两先令起,按照窗户数量累积征收。而房东们为节税,其对策就是尽可能地少建窗户,建小的窗户,甚至用砖将窗户封住。[①] 在经济“全球化”迅速发展的当代,诱发跨国偷漏避税的因素就更多了。基于跨国资本利益最大化的逐利本性,各国税收制度的差异与漏洞可能被恣意利用。

税收信息交换在打击国际偷漏避税方面具有举足轻重的作用,如经合组织秘书长安赫尔·古里亚在分析税收信息交换与打击偷漏避税的关系时认为:“欺诈和逃税是犯罪,既剥夺了国家应有的收入,损害了经济增长,也削弱了公众对税收制度公平性和完整性的信任。”[②] OECD副秘书长玉木林太郎亦指出:“如果这个问题不加以解决,每一年因为税基侵蚀和利润转移造成的全球税收损失将高达2500亿美元”,[③]希望各国尽快实施银行信息交换全球新标准,并将其转化为各自的国内法。

即使在欧美这些法治程度高、税收执法能力强、打击国际偷避税

---

① 该税种持续了一百多年,后于1851年因瘟疫而废止。在英国瘟疫流行期间,医学工作者经临床实验和研究发现,充足的阳光和流动的新鲜空气有利于防止传染病,但窗户税却使很多人不愿在房子上开/装窗,或不愿安装大窗户。因此,医学工作者建议英国国王废止窗户税,鼓励多开窗通风采光,以便抵抗传染病。该请求终获国王同意。

② 王芳、丁大伟、黄发红等:《打击避税实质一步:瑞士等47国签信息交换标准》,载http://www.cssn.cn/glx/glx_gldt/201405/t20140508_1152145.shtml,最后访问时间:2020年7月22日。

③ 21世纪经济报道:《中国打击国际逃避税:2018年实现金融涉税信息自动交换》,载http://news.southcn.com/shouyeyaowen/content/2016-05/13/content_147650593.htm,最后访问时间:2020年7月28日。

颇见成效的国家,税收信息交换也受到高度重视,如美国财政部部长保罗·欧奈曾指出:“税收信息交换是美国可用于打击偷税、洗钱和恐怖主义活动的最有力工具。”2006 年 8 月,根据美、英、加、澳四国联合成立的国际反偷避税联合信息中心提供的信息线索,美国国内收入局与加拿大税务局在一宗跨境偷税案件中取得重大突破。美国国内收入局局长马克·W. 艾文森因此赞叹:“实时的信息交换,特别是对有关偷逃避税筹划者和投资者身份的信息交换,对案件调查发挥了至关重要的作用。”如欧盟 2014 年在对苹果公司提起的避税调查案中,欧盟认为苹果公司利用其在爱尔兰的子公司逃避了上百亿美元的税款。苹果公司可能因此遭受 11.2 亿美元的税务罚款。这可能是欧盟有史以来最大的税务罚款。[①] 其后欧盟对苹果公司的避税指控进一步增加到 143 亿欧元。但爱尔兰和苹果公司双双反对欧盟委员会该项指控。目前该避税争议已经进入欧盟综合法院。该纠纷其后可能还会进入欧盟的最高法院即欧洲法院。[②] 另如,针对美国公民频频利用避税港离岸银行信用卡偷逃避税现象,美国国内收入局实施离岸信用卡项目。2000 年 10 月,美国国内收入局向两大信用卡公司发出法院传票,要求其提供美国公民于 1998 年和 1999 年参与离岸避税安排,并通过安提瓜岛、巴布达岛、巴哈马群岛和加曼群岛的银行信用卡取得收入的相关信息。2002 年 3 月,美国国内收入局再次向另一信用卡公司发出传票,要求其提供美国公民 1999 ~ 2001 年在 30 个避税港国家银行通过信用卡进行交易的相关信息。由于仅通过信用卡公司提供的信息尚无法完全识别偷逃避税的纳税人,美国国内收入局又向 123 家企业发出传票,要求其提供税务检查和审计所需的信息。截至 2003 年 7 月 30 日,美国国内收入局完成了对 2800 份申报表的审计工作,调增税收超过 300 万美元,并开始对大量案件展开审计调查。而在瑞银集团美国客户银行信

① 参见熊媛:《苹果或面临欧盟 11 亿美元罚款:爱尔兰避税案》,载 http://tech.hexun.com/2016-08-30/185774473.html,最后访问时间:2020 年 3 月 20 日。

② 参见赵璐:《因避税 143 亿欧元,苹果与欧盟对簿公堂,星巴克也要“躺枪”?》,载 https://finance.sina.com.cn/stock/relnews/us/2019-09-18/doc-iicezzrq6621999.shtml,最后访问时间:2020 年 3 月 20 日。

息交换案中,瑞士联邦税务局根据美国税务部门的要求,在对瑞银集团的4450名客户进行协助后,指令瑞银集团向美国国内税务局提供300个美国客户的银行信息。该案对试图通过“避税天堂”隐匿收入的富豪们影响很大。有关数据显示,2010年,瑞士各大私人银行存有的北美资产占银行所有资产的百分比从4年前的18%跌至2%。其他发达国家同样非常重视国际税收信息交换,如1992年《法、德、英、美税收管理协商讨论报告》指出:“我们一致认为……成功的转让定价调整工作,很大程度上取决于按照税收协定所进行的信息交换。”①

3. 促进税收的二次分配功能,缓解社会两极分化矛盾

自20世纪下半叶至21世纪初,经济全球化加速发展。国际贸易、国际投资逐年提升,国际旅客与货物运输业亦大幅提升。资本与人力等资源的跨境流动变得非常畅通,也带来了资本与人力的轻松分离与重组,资本的全球通用性使它能轻易寻找到更低人力成本、税收成本、环境成本、自然资源成本的国家或地区。相应的产业转移导致了发达国家的产业空心化,相应产业的工人因此被无情抛弃。如果将程序正义作为支持主张自由竞争的投资贸易便利化政策的道义基础,那么分配正义就是各国税收政策的道义基础。因为有效的税收机制将为经济全球化车轮下的失业人员、弱势群体提供必要的补偿和救济。但是,伴随经济全球化的国际偷漏避税不仅将使各国的税收机制失灵,还导致贫富两极加速分化,引发各种社会危机,一国政府的正当性和权威性将因此遭受严峻挑战。而国际税收情报交换直接指向国际偷漏避税行为,是促进税收的二次分配功能,缓解社会两极分化,促进国内外和平发展的重要措施。

始于2019年年末的新冠疫情国际大流行,导致贸易保护主义在部分国家抬头,其可能促使经济全球化的方式发生改变,但难以扭转经济全球化发展趋势。在2020年新冠病毒抗疫斗争中,美国等发达国家因为防疫产业的外包、空心化,深感口罩、手套、护目镜、防护服等基本防疫用品短缺的痛楚,不仅进一步引发了各国关于经济全球化条件下资

① 梁若莲编著:《税收协定解读与应用》,中国税务出版社2012年版,第280页。

本、人力、商品跨国流动与国家安全之间关系的思考，也有助于进一步完善国际税收情报交换机制。

4. 或将促进反恐、反腐、反洗钱等国际合作

借助金融账户等涉税信息交换合作，隐藏其中的贪腐及各种违法犯罪所得，以及向国际恐怖组织或恐怖分子提供的资金流等各种违法犯罪资金亦将逐渐浮出水面，暴露在阳光之下。然而，目前国际社会有关反恐、反腐、反洗钱等国际合作均局限于各自领域，各领域所获得的信息往往被明确限制在本领域使用，而不得用于其他领域。故国际社会应进一步加强反避税、反恐、反腐、反洗钱各领域涉税信息的共享合作，突破目前的信息行业封锁，实现各领域涉税信息的交换与共享，使反避税与反恐、反腐和反洗钱等相互支持、相得益彰。

(二)国际税收信息交换的消极作用

1. 可能限制一国的财税主权

由 OECD 主导和推动的税收信息交换及 BEPS 起源于 OECD 所发起的反不正当税收竞争。因国际投资往往流向税收政策更优惠的低税负国家，从而导致高税负国家产业空心化、财政收入降低、失业率增加等问题。发达国家为改变这种投资竞争劣势，试图凭借本身的综合国力优势地位压迫发展中国家接受其税收信息交换的做法，故反不正当税收竞争在某种意义上是高税负发达国家对低税负国家财税制度的干预，其本身与国家主权平等的国际法基本原则冲突。高税负发达国家优先考虑的应当是如何降低其税率，而不是借助税收信息交换严厉打击税收筹划，消解低税负国家吸引外国投资的财税制度的竞争力，如美国联邦政府 1909 年首次开征公司税，最高税率仅 1%，此后一路攀升到 52%。在第二次世界大战期间，加上超额利润税，公司税税率甚至高达 80%。如果有关国家均能实施藏富于民的较低税率，而不是与民争利的高税率，税收筹划则几乎没有生存空间。因此，如果有关国家不能证明其税收征收与使用的正当性和合理性，其税收信息交换国际合作本身的正当性就存疑。

2. 不利于国际资本流向资金紧缺的发展中国家

税收信息交换条件下对跨国公司避税筹划的严厉规制，虽然可望

有效抑制资本跨国流动过程中的避税筹划,但无疑将同时抑止趋利性资本的跨国流转及相应的跨国投资,削减了资金匮乏发展中国家和避税港招商引资优惠政策的实际效力。这与国际社会帮助发展中国家共享国际经贸发展红利的合作共赢意旨相悖。对于国际避税港而言,涉税信息保密是其吸引外国投资者的核心竞争力之一。向外国投资者的母国提供涉税信息,不仅会阻止外国投资者来本地注册旨在税收筹划的离岸公司,还会导致现有的外国资产向其他更有利实现其目的的国家和地区转移。例如,Espinoza 和 Baccheta 认为,一个企业的投资意愿会受到税收情报交换的影响,若其中一方缔约国向另一方提供有关涉嫌避税企业的信息,那么就可能导致该企业转移到其他的国家或地区,以规避相应的税收情报交换。[①] 而 Paul van der Smitte 在探讨一国的面积大小、发达程度与税收情报交换机制之间的关系时认为,在国土面积相差较大的情况下,国土面积小的国家签署税收情报交换协定的意愿和能力较低,更倾向于通过降低税率与发达国家竞争。[②] 一国经济的发达程度亦会影响其税收情报交换的意愿,与发展中国家比较,发达国家签署税收情报交换协议的意愿更高。

3. 或将导致成本收益不匹配

就税收信息交换成本与收益的匹配而言,无论是基于税收信息交换双边协议还是多边征管互助公约,均存在非均衡性。信息交换成本可区分为常规成本和非常规成本,常规成本则由信息交换国自行承担,非常规成本则由信息交换请求方承担。故一般仅讨论常规成本及收益的匹配问题。但因各国输入、输出国际资本的规模、水平差别较大,征管能力也高低不同,信息采集成本、信息使用需求、参与交换的频率、实际效益等都存在差别。通常而言,发展中国家以资本输入为主,征管能力较弱,信息采集成本较高、信息使用需求较少、信息使用效益较低、参

---

① Baccheta & M. P. Espinoza, *Exchange-of Information Clauses in International Tax Treaties*, International Tax and Public Finace, 12 (2005).

② Paul van der Smitte, *Recovery of Tax Claims in the European Union*, ERA Forum, December 2014, Volume 15, Issue 4.

与交换的频率较低,故比较而言,其将承担更多的信息提供义务和交换成本,而相应的信息交换效益可能更多地为发达国家享有。[①]

故信息交换虽然形式上平等互利,但实际上会导致成本和收益的非正向匹配。这种成本收益的不匹配将成为阻碍税收信息交换国际合作顺利开展的主要限制。故在国际税收征管合作中,应要求或强调发达国家援助各避税港及发展中国家的税收能力建设,作为税收信息交换权利义务非正向匹配的一种纠正和补偿机制,而不应将其视发达国家对发展中国家的施舍。当然,发展中国家也不宜因这种信息交换成本收益的非正向匹配而拒绝参与或不配合税收信息交换国际。因为就长远而言,税收信息交换作为一种"双赢"或共赢机制,并不意味着简单的成本效益平均分摊。各国征管能力,信息采集成本、信息使用需求、参与交换频率、使用所交换信息的收益等因素本身的差别,决定了各国不同的税收信息交换成本收益比率。

目前问题的关键是,如何进一步规范和完善上述援助和补偿机制,培养避税港和发展中国家自身的财税造血机制,促进信息交换机制更加稳定发展,帮助避税港和其他发展中国家提高其信息交换的成本收益比,从而使世界各国的信息交换成本收益比得以总体提高,发达国家同时亦可降低其援助发展中国家的相应成本。

第二节 诱发国际偷漏避税的税制因素及偷漏避税方式和方法

各国之间的税收制度差异和税境的物(地)理分割,是导致跨国避税的制度性因素和物质性基础。这种制度性差异和税收辖区的物理分割不仅带来税收负担的差异,亦为各国纳税人提供了避税的客观条件。然而,因为税收辖区的分割本身就是各国实施差异性税制的基础和保障,故主要应立足于各国税制的差异性分析,以探明国际偷漏避税的方

① 参见龚辉文:《对 BEPS 行动计划及其成果的若干认识》,载《中国财经报》2016 年 7 月 12 日,第 006 版。

式方法,并据此采取税收信息国交换等反制措施,加强相应的税收征管国际合作。

一、诱发国际偷漏避税的主要税制因素

(一)税基差异

税基是一国政府课税基础的简称,主要涉及课税的质与量,是一国税收制度的基本要素之一,体现了一国政府征税的广度。一般可从广义、中义、狭义三个层面理解其内涵与外延。从广义角度,税基可以区分为国民收入型、国民消费型和国民财富型等不同类型的税基。不同类型的税收,其税基亦不同,如商品流转税的税基是商品销售额或增值额,收益税的税基是各种所得额,财产税的税基是各种财产的存量等。从中义角度,税基是指征收某一种税的客观基础,即课税对象,是一种税区别于另一种税的重要标志,往往被政府作为调控经济的税收杠杆支点。从狭义角度,税基是指计税依据,主要从量或价的规定性方面界定对某一税种征税的广度,是计算应纳税额的法定基础和依据。

各国选择其税基时,往往会根据其产业结构与税源分布,选择那些税源较为广泛、充裕的课税对象,作为主导税基,并根据税源的变化,选择不同的税基,并适时调整。例如,为了保证财政收入的稳定增长,就要选择国民经济中普遍、稳定的税基。同时,亦需利用税收杠杆调节国民经济的,其税基范围往往既要相对广泛,又要有利于实现税收公平与效率原则的最优结合。同时,各国税收优惠政策的差别,扣除项目的不同规定,均会导致税基的差异。

通过比较各国的税基差异,纳税人一般会尽可能地寻求小税基国家作为所得来源国,并借助一定的税收筹划和避税措施,以减轻其税收负担。

(二)税种差异

税种,税收种类的简称,指一国税收体系中的具体税收种类,是基本的课税单元。税种内含征税对象、纳税人、税目、税率、纳税环节、纳税期限、缴纳方法、减税、免税及违章处理等多种元素。通过这些元素的有机组合,构成各具体税种。各类税种有机地组合,构成一个国家的税收制度。

每个税种都有其特定的功能和作用。不同的征税对象和纳税人是一个税种区别于另一个税种的主要标志,往往也是特定税种名称的由来,如对增值额课征的为增值税,对资源课征的为资源税等。

各国基于各自的基本国情,开征的税种往往千差万别,如绝大多数国家同时开征公司所得税、财产税、个人所得税、资本利得税,而我国目前尚未开征财产税和资本利得税。各国即使使用的税种名称相同,其内涵和外延也可能存在差异。这为复杂多样的国际避税提供了丰富的土壤。①

(三)税目差异

税目是具体化的征税对象,即纳入征税范围的具体物品、行业或项目,反映了一国课税的广度。税目决定一个税种的课税范围,即列入税目的方成为应税项目;而未列入税目的,则不属于应税项目。税目是税率适用的重要依据,对同一税目通常适用同一税率。

国家设置税目,不仅有助于纳税人明确具体的征税范围,还是国家实施其税收调节政策的需要。一国可根据不同项目的利润水平及国家经济政策等制定高低不同的税率,实现其税收政策。

在国际投资或其他国际经贸活动中,审慎的纳税人往往会筹划将税目相对狭窄的地区作为其税收居民国或税收收入来源国,以减轻其税收义务。

(四)税率差异

税率是指对征税对象的征收比例或征收额度。税率作为计算税额的尺度,是衡量一国税负轻重的重要标志。世界各国的税率规则差别

---

① 我国目前的开征的税种可区分为流转税(商品和劳务税)、所得税、资源税、财产税、行为税五大类,具体共计19种,分别是增值税(2016年5月1日起全面推行"营改增")、消费税、企业所得税、个人所得税、资源税、城市维护建设税、房产税、印花税、城镇土地使用税、土地增值税、车船使用税等。只有个人所得税、企业所得税、车船税、环保税、烟叶税、船舶吨位税、车辆购置税和耕地占用税8个税种是全国人大立法设立,其他绝大多数税种依靠行政法规、规章及规范性文件规定。也有学者认为,仅个人所得税、企业所得税、车船税3个税种由全国人大立法。参见吕雷:《郝如玉:全国19个税种人大立法设立仅3个》,载 http://finance.jrj.com.cn/people/2013/06/22102915428894.shtml,最后访问时间:2020年5月10日。

很大,如我国主要适用比例税率、超额累进税率、超率累进税率、定额税率等。各国基于各自的财政、产业或财富分配等政策,会选择不同的税基,实施不同的税率。即使针对同一种税收,也可能实施不同性质的税率,如有的可能实行比例税率,有的是从价税率,有的是从量税率。即使采用同种或同一税率,亦可能采用不同的计算标准或计算方式。例如,就累进税率而言,就可分为超额累进和全额累进等不同计算方式,并且各国实施的免征额、累进级距、税率高低可能千差万别。因此,税率差异往往是跨国企业避税筹划中重要的考量因素之一。

(五)税收管辖权的差异

税收管辖权是一国在税收征管方面的主权,主要包括一国政府对哪些人征税、征什么税及征多少税等内容。税收管辖权一般可分为三类:(1)所得来源地管辖权,又称地域管辖权,指一国对于来源于本国的所得有权征收税款;(2)居民管辖权,指一国对于本国税法中的税收居民的税收征管权;(3)公民管辖权,指一国对拥有本国国籍的纳税人税收征管权。

虽然多数国家同时行使公民管辖权、居民管辖权和所得来源地管辖权,但也有不少国家行使单一的管辖权,或者对各种税收管辖权的倚重度不同。税收管辖权的差异是避税筹划的主要依据之一。

随着经济全球化和交易数字化的发展,关联企业之间的转让定价行为更为普遍和隐蔽。这对各国传统的税收管辖权提出了新的挑战。

(六)各国避免重复征税的方法或税收优惠待遇的差异

各国采取避免重复征税的方法主要有抵免法、扣除法和免税法。这些避免重复征税的措施同样可被滥用于避税。比较而言,采用全额免税的,易为国际避税创造机会;采用综合抵免限额办法的,同样存在较大的国际避税空间。

此外,有关税法或税收协定下各国之间不同的税收待遇,往往易被"导管公司"滥用于套取某些特别的税收待遇。

二、国际偷漏避税的主要方式和方法

国际经贸各方参与人为降低其税收负担,创设了种类繁多的国际偷漏避税方式、方法，[1]比较常见的主要包括以下做法：

（一）利用转让定价转移利润

转让定价，是指跨国公司为了获取企业集团的整体最大利益，在关联企业之间的交易中，通过采用低于或高于市场正常价格的交易价格，将利润从高税负一方转移到税负低一方，或者反向的税收规避行为。利用关联交易中的转让定价转移收入和费用，借以减少集团的总体税负，或谋取其他利益，提高跨国企业集团的整体利益，是跨国公司常见的国际避税方法之一，具体主要表现为：（1）通过控制原材料和价格的高低，影响产品成本；（2）通过控制关联公司之间固定资产购置与租赁价格，影响产品成本费用；（3）通过控制专利、专有技术、商标等无形资产的转让价格或特许权使用费的高低，影响关联公司的成本和利润；（4）通过控制关联交易中过高或过低的运输费用、保险费、贷款利息费用、管理费等，转移利润。

（二）滥用税收优惠政策套取优惠待遇

为了吸引国际投资和先进科技，一国（特别是发展中国家）往往会制定相应的税收优惠政策和措施。滥用税收优惠，主要是指跨国公司利用各国税制的差异或漏洞，通过改变投资地点、投资经营形式或收入项目等方式，谋取比实际税负更轻的税负，以最大限度地减轻其税负。例如，我国税法曾规定，生产性外商投资企业，经营期在10年以上的，从开始获利年度起，享受“二免三减半”的优惠。[2] 在该政策的刺激下，大量国内资本首先以海外投资方式在我国香港特别行政区、开曼群岛等避税港注册企业，然后再以外资身份返回国内投资，套取外商投资的税收优惠。而许多外资企业为了套取“二免三减半”优惠，还进一步通过各种方法，使企业账面长期处于亏损或无盈利状态，谋求企业无税

---

① 参见姚登攀：《我国外资企业避税的主要方式与防治措施》，载《企业导报》2016年第13期。

② 参见我国1991年《外商投资企业和外国企业所得税法》第8条第1款。虽然2017年修正的《企业所得税法》将内外资企业所得税税率统一为25%，内外资企业执行差别税率的时代因此结束；但通过避税港、导管公司等方式套取税收协定优惠待遇却因此更受避税筹划者的重视。

负;或者在税收减免期临近期满时,设法从原企业中分离部分资产和业务,成立新的外商投资企业,享受新的减免期优惠,谋取“再投资”避税利益。

此外,即使一国的税率较低,也会发生“逆向避税”。所谓“逆向避税”,是指跨国企业规避东道国相对较轻的税负,将利润转到税负相对较重的税收居民国。逆向避税似乎不合常理,但其背后往往是跨国公司决策层为了独占税后利润。跨国企业的总体税负虽然因此有所增加,但可以避免与东道国分享利润。

(三)利用资本弱化方式谋取利息税前扣除利益

资本弱化,是指企业通过增大借贷款(债权性筹资)而减少股权资本(权益性筹资)比例的方式,增加税前扣除,降低企业税负的避税筹划。因为企业支付的借贷款利息,一般可以作为财务费用税前扣除;而为股权资本支付的股息则一般不得税前扣除。资本弱化具体主要表现为:(1)企业设立时资本结构不合理,出资不到位,借入资金过多,甚至虚假出资等;(2)企业成立后,跨国公司抽取资金而不是充实资本,导致资本金实质性减少。

实务中,许多跨国公司投资经营筹措资金时,刻意设计资金来源结构,加大借贷资金比例,扩大企业债务与产权的比率,人为地“弱化资本”,谋取债务利息税前扣除的轻税负利益。例如,我国的外商投资企业中,外商的自有资金一般占比较低,即使在扩大生产规模过程中,也会尽量运用国内外银行贷款作为投入资本,从而降低税务成本,最终达到避税目的。①

(四)运用电子商务避税

电子商务是借助信息网络技术手段从事商务交易的新型商业运营模式,是传统商业活动各环节的电子化、网络化、信息化。有人将电子

---

① 如广州市税务局2003年对宝洁公司所涉及的境内巨额免息融资税款进行调查,调增应补企业所得税8149万元。参见轶名:《国家税务总局颁布新规　狙击跨国公司制亏避税》,载http://news.163.com/41112/3/1509PU570001124T.html,最后访问时间:2020年3月20日。

商务区分为 ABC(Agents to Business to Consumer)、B2B(Business to Business)、B2C(Business to Customer)、C2C(Consumer to Consumer)、B2M(Business to Manager)、M2C(Manager to Consumer)、B2G/B2A(Business to Government/Administration)、C2G/C2A(Customer to Government/Administration)、O2O(Online to Offline)等模式。但是,不论其交易主体为何,均是借助开放的因特网,交易双方因此可以不谋面地进行电子签约、在线支付等活动。

因电子商务具有交易无国籍与无地域性,交易主体隐蔽性,交易场所虚拟化,交易信息载体数字化,交易商品来源模糊性等特征,给跨国企业提供了更加安全、隐蔽的国际避税环境。例如,跨国企业可以利用电子商务的隐蔽性,避免成为常设机构和居民法人,以逃避所得税;可以利用电子商务的快速流动性,在虚拟避税地营业,以逃避所得税、增值税和消费税;可以利用电子商务信息数字化,隐蔽进出口货物交易和劳务数量,逃避关税。

电子商务的迅猛发展,既大力推动了世界经济贸易的发展,同时也给各国提出了反避税国际合作的新课题。国家税务总局为加强电子商务管理,目前主要针对网络电子发票问题,进一步推进网络电子发票试点,完善电子发票的管理制度和标准规范。

第三节 税收信息交换其他专门国际机构

许多国际组织在推进税收情报交换国际合作过程中发挥了重要作用,如国际联盟、联合国经社理事会、OECD、G20 等。这些重要的国际组织不断推动税收情报交换及相关专题的调研,制定和修订各种版本的税收协定范本、税收信息交换范本、税收信息交换标准及反税基侵蚀和转让定价行动计划等,我们将专门研究。以下仅介绍一些发挥了重要作用,但鲜为人知的专门性国际组织或准组织,如税收透明度和情报交换全球论坛、国际联合反避税信息中心等。

一、税收透明度和情报交换全球论坛

(一)税收透明度和情报交换全球论坛的缘起

税收透明度和情报交换全球论坛(The Global Forum on Transparency and Exchange of Information for Tax Purposes)原属OECD框架下的一个专业性税收意见交流平台。2009年4月,为促进国际税收合作,G20领导人伦敦峰会建议OECD"改革和扩大(税收透明度和情报交换全球)论坛","建立一个有效审议机制,确保税收情报交换高标准在全球范围内执行"。OECD接受G20的建议,于2009年9月在墨西哥全球税收论坛全体会议上,重组、扩建了其全球税收论坛,选举成立了论坛指导委员会及同行审议小组,建立了同行审议机制。重组后成立的"税收透明度和情报交换全球论坛",是当今世界重要的准国际税收组织之一。税收透明度和情报交换全球论坛设1名主席和3名副主席,兼任指导委员会主席和副主席。同行审议小组由30个税收管辖区组成。波斯尼亚和黑塞哥维那、佛得角、埃斯瓦蒂尼王国、蒙古国、黑山、阿曼和塞尔维亚等国家和地区在2017年论坛全体会议后加入税收透明度和情报交换全球论坛。税收透明度和情报交换全球论坛成员目前已增至154个。①

(二)税收透明度和情报交换全球论坛的职能

OECD重组税收透明度和情报交换全球论坛的主要目的,是促进世界范围内实现高水平的税收透明度与情报交换,保证各国之间的公平竞争建立在合法的商业目的之上,防止有关国家或地区因其税收不透明或缺少有效情报交换而获得商业优势地位。建立和实施同行审议机制因此成为税收透明度和情报交换全球论坛最重要的工作之一。同行审议机制要求对全部成员的税收透明度与情报交换制度及其运行机制进行审议。鉴于税收透明度和情报交换全球论坛的成员多数为发展中国家和地区,提供相应的技术援助,帮助发展中国家和地区有效实施专项情报交换(Exchange of Information on Request,EOIR)和自动情报

---

① 参见何振华等:《全球税收透明度论坛:发展中国家参与度明显提升》,载http://202.99.207.241/web/detail/sx-11400-589-155737,最后访问时间:2020年7月11日。

交换(Automatic Exchange of Information,AEOI)标准,因此成为税收透明度和情报交换全球论坛的另一项重要工作。税收透明度和情报交换全球论坛鼓励所有成员密切地合作,提供或认捐相应技术援助款项,或向发展中国家和地区提供技术援助等。

(三)税收透明度和情报交换全球论坛的成就

税收透明度和情报交换全球论坛在2009年墨西哥会议后推行了一系列变革,奠定了论坛工作的新格局,被视为税收情报交换国际合作新的里程碑。论坛主要取得了以下主要成就:

(1)从OECD独立出来。税收透明度和情报交换全球论坛已从OECD附属机构转变为独立机构,其经费由所有成员共同分担,并设立了独立的秘书处。税收透明度和情报交换全球论坛对所有成员的平等开放,其影响力在不断扩大。

(2)确立了同行审议制度。同行审议是指全球税收论坛同行审议小组按照一定标准,对相关国家(地区)涉及税收透明度的法律制度及情报交换工作实践进行审查。同行审议分为两个阶段:第一阶段主要审议各相关国家(地区)的税收透明度及情报交换的法律法规体系,评估其成员的相应国际法和国内法能否有效支持高标准的税收情报交换;第二阶段主要审议税收透明度和情报交换标准在各国家(地区)的实际执行是否符合要求。同行审议的结论虽然不具有法律约束力,但对于同行审议未达标的国家而言,其将承担巨大的国际压力。

(3)促进各成员方谈签税收情报交换协定。通过不断促使成员方谈签和完善其税收情报交换协定,最大限度地促进税收征管国际合作。

(4)为发展中国家在全球税收征管合作中争取更多的利益。

(四)中国与税收透明度和情报交换全球论坛

中国作为OECD的合作伙伴,经国务院批准,税务总局和财政部代表中国参加了2009年9月OECD墨西哥税收透明度和情报交换全球论坛全体会议,并加入该论坛。会议推选中国为论坛副主席国及指导委员会副主席,并成为同行审议小组的30个成员之一。

根据税收透明度和情报交换全球论坛的安排,中国于2011年开始接受同行审议。鉴于我国税收情报交换工作实践较为成熟,我国申请税收透明度和情报交换全球论坛将第一、第二审议阶段合并，并获批准。2011 年 10 月 28 日，税收透明度和情报交换全球论坛秘书处将同行审议第一阶段和第二阶段调查问卷发给我国国家税务总局，标志着中国接受税收透明度和情报交换全球论坛同行审议工作正式启动。调查问卷的问题涉及包括全国人民代表大会、最高人民法院、财政部在内的 20 多个单位。国家税务总局对调查问卷列出的问题进行了深入研究。虽然中国避免双重征税协定和情报交换协定已采用了较高标准的税收透明度和情报交换制度，不过，仍有无记名股票信息、信托信息等许多不明确的事项。不过，这已超出税法范围，有关业务也超出税务部门的职责范围，因此需要各个部门的通力配合。

2011 年 12 月 2 日，国家税务总局向税收透明度和情报交换全球论坛正式提交了有关中国内地第一阶段和第二阶段合并审议的调查答卷，答卷做了 768 个法律条文电子链接，使所有技术点都有对应的法律依据支撑。同年 12 月 12 日至 14 日，税收透明度和情报交换全球论坛委派审议员到中国进行现场审议。国家税务总局会同全国人民代表大会、最高人民法院、最高人民检察院以及国务院有关部门等 19 个单位的代表，与审议员座谈，澄清了审议员提出的 400 多个问题。外国专家对中国同行审议的前期工作给予了高度肯定，并提出了一些建设性的意见和建议。

税收透明度和情报交换全球论坛秘书处审议中国工作小组随后根据调查答卷和现场审议情况撰写了中国审议报告初稿，并于 2012 年 2 月将其反馈我国国家税务总局。因工作小组所提出的无记名股票等方面问题，主要涉及证券监督管理委员会、原国家工商行政管理总局等相关业务部门，国家税务总局会同最高人民法院、原国家工商行政管理总局、国务院法制办公室、证券监督管理委员会等单位，共同研究相关问题。国家税务总局其后及时向审议工作小组提出了对中国审议报告的修改意见。

2012 年 4 月 4 日，中国审议报告提交同行审议小组全体成员进行书面审议。国家税务总局对书面审议中提出的 200 多个问题，又逐一予以详细解答，尽可能地消除同行审议小组成员对报告的疑问。

2012 年 5 月 23 日至 25 日，中国代表团赴西班牙马德里参加税收透明度和情报交换全球论坛同行审议小组会议，接受第一阶段和第二阶段合并同行审议现场答辩。现场提问所涉及的问题主要是无记名股票和信托问题。中国代表团应要求对无记名股票问题做出特别说明，并从中国证券市场的发展历史、公司证券法律制度和实践等方面回答了现场提问，澄清了同行审议小组成员因我国公司法允许发行无记名股票，因而认为我国在获取股票所有人信息方面不能达标的疑问。中国最后以高标准通过同行审议。① 同年 6 月 15 日，中国审议报告经税收透明度和情报交换全球论坛全体成员书面批准后，最终由税收透明度和情报交换全球论坛确认中国审议通过。这是我国在国际税收征管、税收信息交换国际合作领域取得的重大成果之一，如国家税务总局国际税务司有关人士表示："成功通过审议，对我们在经济全球化趋势下应对纳税人利用国与国之间税制和税收征管措施的差异进行不良税收筹划具有重要意义。"②而此前税收透明度和情报交换全球论坛已审议的 79 个报告中，全部达标的仅 12 个，达标但须修改相关法律法规的 35 个，未达标的 32 个。③ 但不可忽视的是，同行审议小组同时亦要求，中国应进一步采取措施，确保获取无记名股票所有人的信息，继续拓展与相关伙伴方的情报交换网络，投入更多的人力资源从事情报交换工作。

2012 年 6 月 18 日至 19 日，G20 峰会在墨西哥举行，税收透明度和情报交换全球论坛向峰会提交了包括中国审议通过情况在内的报告。

（五）税收透明度和情报交换全球论坛近期的工作及计划

根据税收透明度和情报交换全球论坛发布的《发展中国家参与 AEOI 行动计划（2017）》，论坛将其工作重点放在推进 OECD《金融账

---

① 《中国顺利通过全球税收论坛税收透明度和情报交换同行审议》，载 http://www.chinatax.gov.cn/n8136506/n8136608/n9947993/n9948014/11984166.html，最后访问时间：2020 年 3 月 20 日。

② 同上。

③ 同上。

户信息的自动交换标准》的实施，并邀请所有发展中国家（地区）成员参加对自身执行 AEOI 标准能力的初步评估，并制定了详细的行动计划。近 20 个发展中国家（地区）已参与该项工作。部分发展中国家（地区）还与经验更加丰富的发达国家（地区）实施 AEOI 试点项目，如阿尔巴尼亚与意大利、格鲁吉亚与德国、加纳和英国、摩洛哥和法国、菲律宾和澳大利亚等之间的双边 AEOI 试点。哥伦比亚和西班牙之间的双边试点项目于 2017 年 9 月被认定取得成功；英国和巴基斯坦两国已按照 AEOI 标准于 2018 年开始交换税收情报。① 有关数据显示，有 86 个管辖区在 2018 年就已经根据新的 AEOI 标准，通过共同传输系统（CTS）进行了 4500 次双边情报交换，其中包含全球数百万纳税人在海外持有的金融账户的信息。②

税收透明度和情报交换全球论坛 2018 年 11 月乌拉圭埃斯特角城第 11 届全体会议设定了其详细的职权范围，以便审查 AEOI 标准的实施有效性。此外，会议还通过了一个可进一步发展、测试和完善其评估方法的高级别框架。会议还责成其 AEOI 小组进一步发展这一框架，在 2019 年提交最终方案，以便同行审议能够在 2020 年开始实施。

目前，税收透明度和情报交换全球论坛正在对 30 多个管辖区实施专项情报交换标准同行审议，以便能尽快确认相关管辖区所做的改进。自第二轮同行审议开始以来，全球论坛共公布了 39 个管辖区的 EOIR 标准同行报告。这些报告显示，大多数管辖区通过修订其法律框架，改进其回应信息请求的方法，比第一次同行审议情况有显著进步；同时也发现，作为第二轮审议重点的受益所有人信息的可获取性仍存在不足。

2019 年是税收透明度和情报交换全球论坛成立 10 周年，论坛 2019 年全体会议系统地总结了成立以来所取得的成果，以及给国际税

---

① 《中国顺利通过全球税收论坛税收透明度和情报交换同行审议》，载 http://www.chinatax.gov.cn/n8136506/n8136608/n9947993/n9948014/11984166.html，最后访问时间：2020 年 3 月 20 日。

② 参见何振华等：《全球税收透明度论坛：发展中国家参与度明显提升》，载 http://202.99.207.241/web/detail/sx-11400-589-155737，最后访问时间：2020 年 7 月 11 日。

收透明度带来的重大改变,并进一步确定论坛的工作范围和2020年之后的任务。

二、国际联合反避税信息中心

(一)国际联合反避税信息中心之发展演进

国际联合反避税信息中心(Joint International Tax Shelter Information Centre, JITSIC)由英国、美国、加拿大和澳大利亚四国于2004年发起成立,旨在通过开展双边税收协定框架下的涉税信息实时交换,更有效地识别和遏制各种恶意税收筹划。JITSIC其先曾在全球设立了两个办公室:2004年设立的华盛顿办公室和2007年设立的伦敦办公室。各成员国均派驻税务代表参与两个办公室的工作。

经国务院批准,中国国家税务总局于2010年10月27日加入该组织,全面参与该组织的各项工作。[①] 当时该组织已经发展到9个成员国,除中国外,其他成员国分别是英国、美国、加拿大、澳大利亚、日本、韩国、法国和德国。其中,法国和德国属于观察员国。

2014年,JITSIC基于OECD下设的国际税收管理论坛(Forum on Tax Administration,FTA)重建,吸收了大量的FTA成员,名称亦调整为"国际联合反避税信息暨合作网络组织"(Joint International Tax Shelter Information & Collaboration Network)。成员方当时曾达40个,并向所有的FAT成员开放。该组织运行由FAT秘书处提供支持,并在每一个成员方设有联络点。[②]

2016年,在FAT第十次全体会议上,JITSIC的名称再次被调整为信息共享暨合作国际联合工作组(Joint International Taskforce on Shared Intelligence and Collaboration,但缩写仍保留为"JITSIC"),其涉税信息交换及个案合作行政的范围均有大幅拓展,工作模式也不再将各成员代表集中于一地,取而代之的是由设立在各成员国的联络点组

---

① 参见国家税务总局:《中国正式加入国际联合反避税信息中心》,载 http://www.china.com.cn/policy/txt/2011-09/22/content_23468029.htm,最后访问时间:2020年5月28日。

② OECD, *Joint International Taskforce on Shared Intelligence and Collaboration* (Sept. 20, 2020), 2020, http://www.oecd.org/tax/forum-on-tax-administration/jitsic/.

成的联络网。JITSIC 目前有 36 个成员国。[①]

(二)JITSIC 的宗旨、职能

JITSIC 旨在通过开展双边、多边税收协定和税收情报交换协定框架下的实时信息交换，以回应各国税收征管因跨国经营信息不对称而难以规制的愈演愈烈的国际避税等问题，以便各国税务机关能有效地识别和遏制各种恶意税收筹划，打击跨国偷逃避税。[②]

JITSIC 的职能是促成成员方之间就重大国际税收案件进行实时对话，开展专项情报交换，以及开展相应主题的调研和经验分享。

(三)JITSIC 的优势及工作

JITSIC 的优势主要表现在：(1)聚焦重大案件。JITSIC 的最大优势是集中力量，仅就重大案件进行专项情报交换，而不涉及批量情报交换业务。(2)研究各国最新的避税问题，分享经验，加强事前的预防与管理。(3)反应快速。各国可在第一时间对有关案件进行面对面的直接对话和沟通。[③]

在经济全球化和税收征管国际化的大背景下，滥用税收协定、各国税制差异和避税地等偷漏避税行为日趋复杂、隐蔽。各国宜进一步充分利用 JITSIC 平台，实时交换涉税信息，提高跨境交易透明度，追踪调查纳税人的偷逃避税行为，共同分析、研究各类偷逃避税模式和动向，分享各自经验，共同识别和打击恶意税收筹划。这可为成员国有效行使税收管辖权，防止税收流失提供强有力的支持和帮助。

中国加入该组织后，充分发挥和利用该组织功能，取得了较大成果。迄今为止，中国代表借助 JITSIC 平台，处理案件 27 件。[④] 在各成员国税务部门的共同努力下，JITSIC 目前已经发展成为“国际税收征

---

① OECD, *Joint International Taskforce on Shared Intelligence and Collaboration* (Sept. 20, 2020), http://www.oecd.org/tax/forum-on-tax-administration/jitsic/.

② Joint International Tax Shelter Information Centre, *Memorandum of Understanding*, (Sept. 20, 2020), https://www.irs.gov/pub/irs-utl/jitsic-finalmou.pdf.

③ 参见高阳：《中国税收情报交换工作的发展　成绩与挑战》，载《国际税收》2014 年第 2 期。

④ 同上。

管合作的重要平台”。①

第四节　税收信息交换国际合作的理论与实践

一、税收信息交换国际合作的源起

税收信息交换国际合作或涉税信息交换国际合作源起于世界各国加强国际税收征管的共同需要。各国之间有关税收信息交换的法律，大约可以追溯到19世纪中叶，如当时比利时同法国（1843年）、荷兰（1845年）和卢森堡（1845年）均签订了税收条约。这些条约中，均包括在注册税方面进行税收情报交换的条款，约定通过税收情报交换规制跨国经贸活动中的偷漏避税。

然而，国际税收信息交换对于规制国际避税的重要性起初并未引起国际社会的重视，如在20世纪30年代的大萧条中，瑞典火柴大王克鲁格于1932年破产自杀，旗下企业破产清算。破产信托管理人纽约欧文信托公司不愿在美国变现其中的四家小企业，这些企业总计持有面值一亿美元的公司债资产，但当时面值一美元市价仅值5美分。虽然假以时日该公司的债券可能上涨，但届时出售，将缴纳较高额的资本利得税。经律师策划，破产信托管理人先在百慕大群岛设立新公司，再由后者以5美分兑付1美元的市场价收购该批债券。数年后该批债券以45美分的价格出售，获利4000万美元，但无须向美国缴纳任何资本利得税，成功地规避了美国的税收征管。对于该避税案，当时人们更多的是感叹其中避税手法的精巧，尚未思考如何规制这类并不违法的逐利规划。

随着经济全球化的日趋深入，各国之间的劳动力、资本及技术等各项生产力要素跨境流动日趋频繁，涉税信息的国际化与各国税收管辖权本土性的矛盾日趋明显。国家间基于税收管辖权和财税利益分配之

---

① 参见国家税务总局：《中国正式加入国际联合反避税信息中心》，载 http://www.china.com.cn/policy/txt/2011-09/22/content_23468029.htm，最后访问时间：2020年5月11日。

争的国际有害税收竞争亦同步升级。与此同时,国际投资者利用信息产业的高科技成果及各国法律的漏洞跨国偷逃避税也愈演愈烈。据总部位于英国的国际独立税收研究机构税收正义网络组织(the Tax Justice Network,TJN)2003 年 3 月 24 日发布的报告,由于有害税收竞争,全球 1/3 资产和 1/2 贸易流入 GDP 只占全球 3% 的避税港,流入低税或无税区的资产总值至少达 11 万亿美元,超过全球 GDP 的 1/3。英国一年由于避税港就损失税收至少达 200 亿英镑。[①]

国际偷逃避税不仅侵蚀了各国税基,给各国带来巨大的财政损失,还侵蚀了税收公平、税收中性、税收透明等税法基本原则的基础作用,造成国际资本流动与竞争条件的扭曲,导致国际资本的低效率配置,阻碍世界经济秩序的正常运行,国际福利因此整体下降。加强国际税收信息交换合作作为防范国际双重征税、规制国际偷逃避税行为、解决国际税收争议的有效措施因此应运而生,目前呈现快速发展的良好态势。

特别是 OECD 将打击有害税收竞争提上议程后,税收情报交换的重要性日趋凸显。欧洲共同体 1977 年《关于直接税合作的互助指令》要求各成员自动交换"一切有助于如实课税的信息",欧盟 2003 年《利息税指令》要求各成员自动交换有关利息支付的涉税信息,以协调和平衡支付地国、税收居民国和受益人之间的利益。[②] 各国为了更好地监控国际税源,打击国际偷逃避税,维护其税收权益,纷纷通过双边或多边框架建立或实施国际税收征管合作机制。其中的国际税收信息交换因此成为各国加强国际合作,防范国际偷逃避税的制度基础和基本措施。例如,美国财政部国际税收法律委员会官员芭芭拉·安格斯在参议院外事关系委员会述职时指出:"美国税收协定执行的重要内容就是与协定国进行信息交换……从其他国家获取信息对于全面而公平地执行美国税法是至关重要的……事实上,信息交换是我们与协定国开始正式谈判与签订税收协定的前提。因为我们认为,信息交换问题

① 参见雷虹云:《借鉴国际经验完善避税地税务管理》,载《涉外税务》2008 年第 9 期。
② 参见崔晓静:《欧盟利息税指令及其对我国的借鉴》,载《现代法学》2007 年第 2 期。

是没有谈判余地的少数几个问题之一。”①

二、税收信息交换国际合作研究梳理

有关税收信息交换国际合作的规则大多属于技术性行为规范，故其具体行为规则的发展往往远快于其背后的基础理论研究。与相应国际、国内法律规范层面的快速发展比较，虽然相应的理论研究虽然也取得了较丰硕成果，但总体而言，有关研究的广度及深度均相对滞后。具体而言，各方在税收信息交换国际合作的基础理论、信息交换的范围与程序、信息交换与保密利益的平衡、对纳税人权利的保护、交换合作行政裁量权规制、相关条约的谈签与履行等方面，均取得了较大成就，但也面临着许多重大的理论与实践发展“瓶颈”。

（一）相关研究比较深入

各国学者对于国际税收竞争与合作、国际反避税等相关或综合性制度的研究比较深入，取得了较丰富的成果。

就税收国际竞争关系问题，克里斯·爱德华兹等学者分析了国际资本流动与国际税收竞争之间的正向关系，剖析了反对税收竞争的各种理论、实践及其不足，认为有利于税收竞争的税制改革将为普通家庭与普通劳动者带来利益。②

就国际税收行政合作法律问题，崔晓静教授等学者提出，随着各国税收政策的相互影响和相互联系不断加强，传统主权观的绝对性和非合作性难以应对国际税收领域的新问题、新挑战。各国应基于负责任税收主权观，加强税收信息交换等方面的国际税收行政合作，以协调各国的税收利益。③ 就欧盟税收协调问题，崔晓静教授等学者根据税收竞争与税收协调的基本原理，从税收协调的视角分析了欧盟直接税与间接税税收征管中的合作模式，认为税收信息交换合作制度在其中发

---

①　参见梁若莲编著：《税收协定解读与应用》，中国税务出版社 2012 年版，第 280 页。

②　参见[美]克里斯·爱德华兹等：《国际税收革命：税收竞争的兴起及其反对者》，黄凯平、李得源译，中国发展出版社 2015 年版。

③　参见崔晓静：《国际税收行政合作的新发展及其法律问题研究》，中国社会科学出版社 2014 年版，第 27 页。

挥了重要作用。①

就跨国征税的国际体系建设问题,鲁文·S.阿维-约纳等学者认为,单次征税原则和利益原则贯穿包括国际税收条约和各国国内税法的整个国际税收规则体系,各国的单边行动受多方限制,各国不能任意根据其好恶取舍国际税收规则,因此,加强税收国际合作是更理性的选择。②

就国际税收治理机制的困境及其原因、对策等问题,崔晓静教授等学者分析了全球税收软法治理机制,认为全球税收治理目前难以形成具有强制法律效力的硬法体系,而以税收透明度和信息交换国际标准为代表的软法体系以其特有的治理结构、方式、进程,在打击国际税收欺诈、偷逃避税方面发挥了重要作用。随着软法规范的不断丰富发展,其将逐渐"硬化",最终发展成为国际习惯法乃至国际条约等国际硬法。③

就中国与"一带一路"国家税收征管合作问题,崔晓静教授等学者认为,尽管中国与"一带一路"沿线各国越来越意识到税收在优化生产要素配置、推动国际经贸合作等方面发挥的重要作用,加强税收征管合作既是沿线国家的理性选择,也是跨境纳税人的殷切期待,但是我国与沿线国家在税收征管合作方面存在诸多限制,税收情报交换、税收追索协助均未能得到有效落实。我国应当积极参与构建区域税收征管合作平台,提升沿线国家税收征管能力,促进我国与沿线各国的税收征管有效合作,以营造透明公平、增长友好的税收环境。④

(二)有关税收信息交换国际合作的专项研究相对薄弱

就税收信息交换国际合作制度本身的研究而言,也出现了许多有价值的研究成果,但多偏重对相应国际规则的评介和对相关操作性困

---

① 参见崔晓静:《欧盟税收协调法律制度研究》,人民出版社2011年版,第181页。

② 参见[美]鲁文·S.阿维-约纳:《国际法视角下的跨国征税——国际税收体系分析》,熊伟译,法律出版社2008年版,第175~176页。

③ 参见崔晓静:《全球税收治理中的软法治理》,载《中外法学》2015年第5期。

④ 参见崔晓静、熊昕:《中国与"一带一路"国家税收征管合作的完善与创新》,载《学术论坛》2019年第4期。

难的分析，基础理论研究相对薄弱。

(1)就综合性研究而言，付慧姝博士等学者对税收信息交换合作法律的渊源与制度演进、信息交换的基本方式、交换法律原则及若干实务问题作出了较深入研究，认为我国应适当界定交换信息及所涉税种的范围，丰富交换方式，增设反馈环节，明确限制交换的标准，简化交换程序，坚持互惠原则，成立情报中心，及时出台信息交换的操作性指南。①

(2)就影响税收信息交换的因素而言，Philippe Bacchetta 等学者通过模型分析国家规模与税收信息交换合作的关系，认为在税收竞争条件下，多国进行税收信息交换的意愿程度及对交换合作协议的满意程度，取决于交换双方国家的规模。② Keen Michael 和 Ligthart Jennye 分析了税收信息交换对外国投资的负面影响，认为一国向另一国提供税收信息，可能使其对国外投资者失去吸引力。③ Huizinga 和 Nielsen 分析了银行保密制度对税收信息交换的抑制作用，即一国如果认为其银行保密制度能给本国带来巨额财政收入，其进行国际税收信息交换的动机将被削弱；金融部门获得的利润越多，国际税收合作的可能性就越小。④

(3)就税收信息交换的困境与对策而言，邵朱励教授指出，OECD 范本所确立的税收透明度和信息交换高标准得到了 G20 及联合国的认可，已上升为国际标准。我国应审时度势，不进行可能有损我国利益的超出国际标准要求的信息交换，并应尽量扩大信息交换

---

① 参见付慧姝：《税收情报交换制度法律问题研究》，群众出版社 2011 年版。

② Philippe Bacchetta, María Paz Espinosa, *Exchange of information clauses in international tax treaties*, International Tax and Public Finance, May 2000, Vol. 7, Issue 3, p. 275 – 293.

③ Keen Michael and Ligthart Jenny E., *Incentives and Information Exchange in International Taxation* (*June* 2004), Center Discussion Paper No. 2004 – 54 (Sept. 20, 2020), https://ssrn.com/abstract = 567081 or http://dx.doi.org/10.2139/ssrn.567081. *the last visiting time*: 2/15, 2020.

④ Huizinga, Nielsen, *Residence-Based Capital Taxation in a Small Open Economy: Why Information is Voluntarily Exchanged and Why it is Not*, International Tax and Public Finance 9 (4), February 2002.

网络,谈判修改双边税收协定中的信息交换条款。[①] 梁若莲、吴巧伶等学者认为,专项税收情报交换至关重要,但我国在情报收集、发出、传递和使用等方面均存在问题,建议改进工作规程,培养基层人才,完善法律体系,并充分发挥信息化手段的积极作用。[②] 崔晓静教授提出,我国国际税收信息交换合作机制相对于银行保密机制实力较弱,对金融隐私权和税收公共利益的协调不够,交换合作协议呈碎片化发展趋势,国内监管的配套制度效力不足等。因此,有必要建立有效的国际税收行政合作机制,逐步完善税收信息交换制度。[③]

(4)就银行秘密与税收信息交换的关系问题而言,廖益新教授等学者提出,确立银行保密义务是健全银行体系的基本要求,而税收信息交换有利于促进国际税务合作、规制国际逃避税,故两者之间存在价值冲突,有必要对该两项制度均予以恰当限制。[④] 梁若莲女士提出,OECD 金融账户涉税信息自动交换标准确立了全球税收信息交换的新标准。实施这一标准对我国大有裨益,为此,应完善相应税收法规,优化征管机制,建设信息化体系。[⑤] Alexander Rust 等学者则认为,应重点限制银行相应的保密权。[⑥]

(5)就纳税人的权利保障问题,陈红彦教授、张耀斌教授等学者认为,由于"商业秘密"和"隐私"等概念模糊,纳税人主张权利的路径不清晰,主张权利的规范性文件法律位阶较低,导致纳税人的权利保障不

---

① 参见邵朱励:《税收透明度和情报交换国际标准的建立及中国的应对》,载《税务与经济》2013 年第 2 期。

② 参见梁若莲、吴巧伶:《我国对外专项税收情报交换实践的思考与完善》,载《国际税收》2013 年第 7 期。

③ 参见崔晓静:《国际税收情报交换制度的困境分析》,载《国际税收》2013 年第 4 期。

④ 参见廖益新、付慧姝:《银行秘密与国际税收情报交换法律问题研究》,载《甘肃社会科学》2007 年第 3 期。

⑤ 参见梁若莲:《应对金融账户涉税信息自动交换推进国际税收治理现代化》,载《国际税收》2015 年第 3 期。

⑥ Alexander Rust, Eric Fort, *Exchange of Information and Bank Secrecy*, Wolters Kluwer Law & Business, 2012.

充分。故应完善立法,明确纳税人相应的知情权、行政复议和行政诉讼权及国家赔偿权。[①] 刘天永教授等学者认为,在税收信息交换中应明确纳税人有被告知的知情权,应保障其磋商权,赋予其介入权。[②]

(6)就国际经验的借鉴问题,李华泉先生等学者认为,中美就FATCA达成互惠性政府间协议是较优选择,为此,应协调好FATCA与中国信息交换法律的关系,按照国际统一标准做好中国金融业的账户审核和信息交换,充分利用税收信息,打击国际偷逃避税行为及腐败、洗钱、恐怖主义等犯罪活动。[③] 梁若莲女士等学者认为,可以借鉴美国以下做法:健全税收信息交换法律体系,并制定详细的操作规程;完善交换机制,如建立上下联动机制、纳税人识别号机制;实现信息交换职能部门和人员分工明确、职责清晰、互动良好。[④] 崔晓静教授认为,欧盟以下做法可资借鉴:税收信息交换合作法律体系完善,各国立法均反映了OECD范本的基本要求;交换机制健全,交换方式多样,信息交换电子数据库完备。[⑤]

(7)就国际税收信息制度的发展态势,国家税务总局黄素华、高阳等提出,美国凭单边的FATCA打破了瑞士的银行客户信息保密壁垒,而《多边税收征管行政互助公约》正吸引越来越多的国家加入,表明税收信息交换国际合作正走向国际税收舞台的中心。[⑥] 崔晓静等学者指出,国际金融危机爆发后,国际税收自动信息交换引起了国际组织和各国政府的高度关注。但是,以美国、欧盟、瑞士为代表的发达经济体相继确定了多种不同的合规标准,造成合规局面的

---

① 参见陈红彦、张耀斌:《刍议税收情报交换制度中纳税人权利保护和救济机制的完善》,载《国际税收》2015年第8期。

② 参见刘天永:《税收情报交换制度中的纳税人权利保护》,载《国际税收》2013年第7期。

③ 参见李华泉:《美国FATCA对中国金融业的影响及中国的对策》,载《江西财经大学学报》2014年第6期。

④ 参见梁若莲:《美国税收情报交换的经验与借鉴》,载《涉外税务》2008年第11期。

⑤ 参见崔晓静:《欧盟税收情报交换制度及启示》,载《涉外税务》2008年第11期。

⑥ 参见黄素华、高阳:《国际税收情报交换制度进入快速发展期》,载《国际税收》2014年第2期。

混乱。这加重了跨国金融机构的负担，限制了发展中国家的参与，故建立统一的多边自动信息交换制度为大势所趋。① 马乐教授提出，OECD《金融账户信息自动交换标准》在参与的广泛性与条款的可操作性方面取得了突破，但在执行条件、执行动力及执行效果方面仍存在局限。② 黄素华女士等学者则进一步肯定，金融账户涉税信息自动交换是一国税收透明度建设的核心。中国宜从法律基础、信息技术、数据利用、人才培养、媒体宣传、效果评估等几个方面，提前做好金融账户涉税信息自动交换实施准备。③ 2009 年 G20 伦敦峰会要求强化税收透明度和信息交换标准的实施，并要求税收透明度与信息交换全球论坛负责推进这项工作。④ 伴随 2016 年"巴拿马文件泄露"事件发生，受益所有人透明度及相应的信息交换问题将进入税收信息交换国际合作的视野。⑤

三、税收信息交换国际合作的法律框架

税收信息交换国际合作的基本法律框架，主要包括相应的国际合作机制以及各国相应的国内法机制。

在国际法层面，国际社会目前已经签署了 2500 多份双边、多边税收协定及税收信息交换国际合作专门协定，此外，还制定大量有被称为"软法"的有关税收信息交换合作的协定范本、宣言、行动计划等。在国内法层面，各国基于税收征管需要，不论是否签订有关国际税收信息交换协定或加入相关国际公约，往往都制定了收集或获取涉外税收信息，以及参与税收信息交换国际合作的法律法规。例如，我国国家税务

---

① 参见崔晓静、熊昕：《国际税收自动信息交换法律制度的新发展》，载《法学》2014 年第 8 期。

② 参见马乐：《OECD 税收情报自动交换新标准的发展与局限》，载《暨南学报（哲学社会科学版）》2015 年第 5 期。

③ 参见黄素华、梁若莲：《中国税收透明度建设面临的挑战与对策》，载《税务研究》2017 年第 6 期。

④ 参见陈孜佳、刘建、郑琼：《全球税收透明度和信息交换标准发展成果：总结与展望》，载《国际税收》2020 年第 7 期。

⑤ 参见陈孜佳、朱榕谦、王立飞：《从全球论坛同行评议结果研判受益所有人税收信息透明度标准》，载《国际税收》2019 年第 10 期。

总局先是制定了2001年《税收情报交换管理规程(试行)》和《税收情报交换工作保密规则》,其后又出台2006年《国际税收情报交换工作规程》以取代前两者。

特别在20世纪90年代国际金融危机爆发后,各国往往通过查打偷逃避税以缓解财政压力,税收信息交换国际合作制度得到了进一步发展良机。国际社会为此出台了一系列重要文件,通过制定和完善国际税收规则,加强国际税收信息交换合作,增加税收透明度,遏制跨国企业规避其全球性纳税义务,侵蚀各国税基。其中,比较重要的有:欧盟出台2003年《利息税指令》(*European Directive on the Taxation of Savings*),[①]就跨国所得利息税征管合作加强信息交换合作。欧盟与OECD于2008年修订《多边税收征管行政互助公约》(*The Multilateral Convention on Mutual Administrative Assistance in Tax Matters*),将其扩展为全球开放性公约。有关国家与世界各避税地纷纷签订专门的税收信息交换专门协议。美国2010年颁布FATCA并于2013年颁布施行细则,强力推进该法的域外效力。OECD则在美国FATCA的基础上,出台了更高要求的2014年《金融账户信息自动交换共同准则》(*Common Reporting Standard*,CRS),各国的金融业保密规则因此将难再成为金融客户涉税信息的庇护所;G20 2013年委托OECD启动"税基侵蚀和利润转移"(Base Erosion and Profit Shifting,BEPS)国际税收改革项目,OECD因此于2015年发布《税基侵蚀和利润转移项目行动计划》项下的15项成果,其中的信息交换是其核心内容之一。目前有关国家正在落实上述各类立法成果。这一切将对各国的税收信息交换国际合作情报产生深远影响。

综上可知,以美国FATCA为典型的各国国内法、各国之间的双边税收协定及税收信息交换专门协定,《多边税收征管行政互助公约》,以及联合国和OECD税收协定范本中的税收信息交换条款、OECD范

---

① See *Council Directive* 2003/48/*EC of* 3 *June* 2003 *on taxation of savings income in the form of interest payments*, as amended by *Council Directive* 2004/66/*EC of* 26 *April* 2004 *and Council Decision* 2004/587/*EC of* 19 *July* 2004.

本及《涉税金融账户信息自动交换标准》、《金融账户涉税信息自动交换多边主管当局间协议》、《税基侵蚀和利润转移项目行动计划》等,分别代表了单边、双边、多边和软法治理四个层面的税收信息交换国际合作的成果和发展趋势。今后,我们除加强相应的基础理论研究外,重点应放在以下三方面:(1)积极参与、跟进相应国际立法后续工作及其最新发展,争取引领税收信息交换国际规则的制定。(2)加强对成果转化的研究。应当围绕上述各层面所确立的国际相应高标准,深入研究如何结合中国的国情,加强成果的转化,在尽可能短的时间从上述四个层面落实相应国际高标准,与国际先进做法接轨。(3)研究如何充分拓展税收信息交换国际合作的功能,将所交换税收信息的使用从目前的税收征管合作,适当扩大到反恐、反腐、反洗钱等方面的国际合作。

四、税收信息交换国际合作演进的标本:从封闭走向开放的瑞士

瑞士作为世界著名的"避税天堂",其银行保密制度构成其金融业的核心竞争力。但面对税收信息交换合作的巨大国际压力,其银行保密制度历经了从固守到开放的蜕变。

瑞士银行秘密制度可以追溯到1713年日内瓦议会制定的银行法。根据该法的要求,银行人员应登记客户信息,但未经市议会批准,不得泄露给储户本人以外的任何第三方。而20世纪30年代纳粹德国对拥有瑞士银行实名账号的德国犹太公民的迫害,进一步推动了瑞士银行保密制度的健全和发展。瑞士银行1934年11月8日颁布指令,规定银行可以以秘密号码制度代替客户的真实姓名,如客户可以以号码、暗记或化名设立户头;但客户在要求用秘密号码存款时,须出示自己的身份证,银行会对其姓名和身份进行保密。随后,1934年瑞士颁布《瑞士银行法》。这是西方的第一部银行法,明确肯定了银行上述匿名账户、保密义务及泄密责任制度。从此,"保密"成为瑞士银行的"金字招牌",吸收了世界各国权贵富豪们的大量资金。瑞士金融业管理的离岸资产高达2.2万亿美元,占全球私人总资产的1/3。

在瑞士银行业保密制度日趋完备的同时,国际"反银行保密"行动也从未停息。部分西方国家甚至因此与瑞士发生激烈对抗,瑞士也因

此不得不逐渐压缩其银行保密空间，如瑞士1998年《反洗钱法》要求，银行和中介机构有义务向政府报告可疑情况，知情不报的视为犯罪。这被认为是瑞士银行保密制度遭到的第一次实质性冲击。同年，瑞士几大主要银行与国际犹太组织达成赔偿协议，同意支付12.5亿美元了结一项司法诉讼，并在此后几年陆续公布了数千个死账户的情况。特别是发生在2007~2010年前后的瑞银集团案，极大地撼动了瑞士存续数百年的银行保密制度，[①] 2009年8月瑞士银行向美国财政部国内收入署提供一批美国客户的名单，这些客户涉嫌开设秘密账户以逃避税收，瑞士银行保密制度开始松动。

2012年2月，美国司法部指控瑞士最古老的银行韦格林银行（成立于1741年）涉嫌帮助美国公民逃避总额高达12亿美元资产的税款，并对其提起诉讼。2013年1月3日，韦格林银行承认指控，美国纽约曼哈顿地区法院对韦格林银行作出5780万美元的巨额罚款，并宣布其在美国永久性终止运营。瑞士长期恪守的银行保密传统面临生死挑战。如美国提出，如果瑞士不接受税务信息自动交换协议，将不再允许瑞银集团等瑞士大银行在美国发行证券。2013年9月，瑞士和美国达成协议，决定执行美国《海外账户纳税法案》，向美国提交其美国客户相应的涉税金融信息。

2013年10月15日，瑞士回应美国、OECD等各方要求，签署《多边税收征管行政互助公约》，成为其第58个签约方。2014年5月6日，瑞士还签署了OECD《税务事项信息自动交换宣言》，承诺提交与税务相关的外国客户的银行账户信息，主要包括相应的银行账户余额、利息、股息和其他金融收入等。[②] 至此，瑞士银行保密制度的基础在国际税收领域基本坍塌。

---

① 2009年，美国司法部指控瑞银集团为2万名美国纳税人提供瑞士银行账户，涉案资产达200亿美元，其中1.7万人隐匿了自己的身份，让美国国税局无从知悉这些账户的存在。瑞银集团最后承认自己帮助部分美国纳税人隐瞒收入，承诺遵守美国联邦法律，同意交出4000名美国避税客户的名单，并为此支付7.8亿美元的巨额罚款。

② 2014年5月6日，OECD发表宣言称，该组织中包括瑞士在内的34个成员国和巴西、中国、新加坡等13个国家于当天共同签署了《关于实施银行间自动交换信息的标准》。

综上可知,基于其他主要发达国家的压力,瑞士作为国际金融业保密制度的引领者和坚定支持者,在经济“全球化”大潮的推动下,不得不逐步接受金融税收信息交换国际标准,在国际层面放松其银行保密制度。虽然这种变革甚至自我革命可能很痛苦、很不情愿,因为一旦其同意与他国进行自动信息交换,就意味着瑞士 2.2 万亿美元的私人账户可能因此曝光,瑞士银行外国客户的相关信息就可能直接暴露在这些外国客户本国税务部门面前。外国客户们希望通过瑞士银行隐匿财产、偷逃避税等意图将完全落空。这无疑会导致大量外国客户逃离瑞士,给瑞士金融业带来沉重打击。但是随着国际压力的增加,瑞士不得不顺应时代发展的要求,放弃其延续了数百年的银行私人账户隐私保密传统。由此,不仅相关国家可能因此追缴大量税收,对于全球的反恐、反腐、反洗钱合作,这也是一大利好消息。①

瑞士从拒绝到消极配合,再到比较积极地参与税收信息交换国际合作,说明在经济“全球化”的大潮中,税收信息交换国际合作已经成为当今国际财税法的时代主题,预示着其远大的发展前景。

---

① 参见黄磊:《瑞银账户公布海外反腐渐现曙光》,载《中国商报》2014 年 5 月 13 日,第 14 版。另有资料显示,中国贪腐官员是瑞士银行的最大客户群之一。中国官员在瑞士银行开有约五千个账户,所涉资金达三千多亿美元;而保存在银行保险箱中的钻石、金银珠宝、文物等更是不可胜数。这些钱财很多来源非法。故中国应当与瑞士尽快签订税收信息交换专项协定,以便定点清除相应的贪腐官员,增强反腐力度。

第二章　国际税收信息交换国际合作比较研究

目前,国际社会已经制定了数量众多的国际税收信息交换双边或多边立法及示范法。在国际立法方面,《多边税收征管行政互助公约》是其中为数不多,但影响巨大的重要公约之一。比较而言,国际税收信息交换国际立法的成就更主要体现在各国之间双边税收条约中的税收信息交换条款,以及数量日渐增多的税收信息交换专门协定。就示范法而言,主要包括作为各国谈签税收协定模版的若干税收协定范本中的信息交换条款,以及专门的税收信息交换协定范本,如《OECD 税收协定范本》(*Model Tax Convention on Income and Capital*)第 26 条、联合国《关于发达国家与发展中国家间避免双重课税的协定范本》(*The UN Model Double Taxation Convention Between Developed and Developing Countries*)第 26 条、《美国税收协定范本》(*United States Model Income Tax Convention*)第 26 条等,以及 OECD 范本等。这些范本对各国相应的国际实践产生了深远影响,许多国际税收协定中有关税收信息交换的条款,均参照了《OECD 税收协定范本》或联合国《关于发达国家与发展中国家间避免双重课税的协定范本》的相应条款,如全世界 2500 多个生效的双边税收条约中,至少有 2000 个建立在《OECD 税收协定范本》相应条款的基础之上。《OECD 税收协定范本》还周期性地进行调整,以反映各国在国际税收协定运用过程中的发展成果。[①]《美国税收协定范本》具有自己的

① 参见戈毅娟:《我国税收信息交换工作之探讨》,载《内蒙古农业大学学报(社会科学版)》2007 年第 1 期。

特色,也是非常重要的税收协定范本。①

第一节 联合国框架下的国际税收信息交换国际合作

在联合国框架下,主要制定了联合国《关于发达国家与发展中国家间避免双重课税的协定范本》。该范本为各国谈签相应的税收双边协定,协调各国相互间税收权利义务关系提供了指引。特别是其中的第26条,就缔约方之间的税收信息交换国际合作作出了较明确的安排。

一、国际联盟的发起与推动

联合国税收协定范本最早源于国际联盟的相关努力。1921年,国际联盟根据布鲁塞尔国际金融会议关于消除双重课税的呼吁,邀请意大利、荷兰、英国和美国的四位经济学家组成工作小组,委托其撰写出一份关于国际重复课税对经济影响的研究报告。应国际联盟金融委员会的邀请,其后来自比利时、捷克斯洛伐克、法国、意大利、荷兰、瑞士和英国的7位税务官员1922年就国际重复课税和国际偷漏税的行政管理和实务展开专题研究。阿根廷、德国、日本、波兰、委内瑞拉和美国的税务官员也应邀参加了该项研究。自1923年至1927年,经多次讨论研究后,专家们起草了《关于避免对直接税重复课税的双边协定》《关于避免对财产继承重复课税的双边协定》《关于课税行政管理国际合作的双边协定》《关于课税司法援助的双边协定》。这些协定草案及其注释文本被送交国际联盟成员国和非成员国政府审查。1928年10月,经日内瓦27国政府专家会议审议,形成了1928年税收协定范本。国际联盟理事会财政委员会其后亦于1933年完成《国际间分配营业收入协定草案》,并于1935年6月修订,形成1935年税收协定范本。其后国际联盟财政委员会将上述1928年与1935年两个范本合并,先后于1940年6月和1943年7月在墨西哥城举行会议,通过了《避免对收入重复课税的双边协定范本》、《避免对遗产重复课税的双边协定范本》和《建立直接税征收行政管理国际

① 参见郭红雨、刘超、杨曦:《全球反跨国避税行动渐入佳境》,载《中国税务报》2014年3月12日,B05版。

合作制度的双边协定范本》及上述协定的附加议定书。这些文本统称墨西哥城税收协定范本。1946 年 3 月,国际联盟财政委员会在伦敦举行第十次会议,重新审议墨西哥城税收协定范本,对其中的股息利息、租金、年金和养老金征税等条款作出较大修改,并取消部分条款,形成伦敦税收协定范本。国际联盟 1946 年 4 月解散后,国际税务方面的工作主要由欧洲经济合作组织承接。欧洲经济合作组织 1961 年改组为经济合作与发展组织后,于 1963 年提出《关于对所得和财产避免双重课税的协定草案》。该草案几经修改补充后,形成了 OECD 的 1977 年《关于对所得和财产避免双重课税的协定范本》(*Model Convention for the Avoidance of Double Taxation with Respect to Taxes on Income and on Capital*)。但是,这个范本主要适用于发达国家之间签订税收协定。

二、联合国的接力

联合国 1946 年取代国际联盟后,虽然承接了国际联盟的全部档案。如前所述,但并没有承接国际联盟上述有关税收国际合作方面的工作。但联合国考虑到 OECD 1963 年《关于对所得和财产避免双重课税的协定草案》尚不能很好地满足发展中国家谈签税收协定的需要,为保障发展中国家的税收权益,促进发展中国家与发达国家签订税收协定,联合国秘书长根据联合国经济和社会理事会的决定,于 1968 年成立了由阿根廷、智利、法国、联邦德国、加纳、印度、日本、英国、美国等国家与联合国的税务官员和专家组成的起草关于发达国家与发展中国家税收协定范本的特设专家小组。专家小组经过七次会议讨论,确定了一些适用于发达国家与发展中国家谈签双边税收协定的基本原则。根据专家小组确立的基本原则,联合国秘书处国际经济和社会事务部的财政金融局参照 OECD 1977 年《关于对所得和财产避免双重课税的协定范本》,起草了联合国税收协定范本草案。1979 年 12 月 10 日至 21 日,经专家小组日内瓦第八次会议讨论,通过了该范本草案文本及其条文注释,最终形成了 1980 年联合国《关于发达国家与发展中国家间避免双重课税的协定范本》。该范本在平衡税收居民国与所得来源国之间利益冲突的基础上,更注重保护所得来源国的税收管辖权,例如,其不仅较大幅度地降低了常设机构的认定标准,还为所得来源的认定增设了吸力原则。[①] 条文注释虽然不是范本的组成部分，但对解释范本条文具有权威效力。其后该范本历经修改，[②]目前已升级到2017年版。

就税收情报交换而言，与《OECD税收协定范本》比较，联合国《关于发达国家与发展中国家间避免双重课税的协定范本》第26条主要是扩大了情报交换的范围，特别强调应交换有关偷漏税的情报。其后该条在2008年得到较全面的修订。[③] 其很多内容借鉴了《OECD税收协定范本》的发展结果。本条的修订兼具形式及实质意义。[④] 形式上主

---

① 参见赵申年、岫湘：《浅论联合国税收协定范本——兼论发展中国家缔结税收协定的立场》，载《国外法学》1985年第2期。

② 参见于永洪：《评联合国税收协定范本的新修订》，载《时代金融》2012年第6期。

③ 参见王选汇：《联合国税收协定范本的形成及其意义》，载《中国税务》1991年第9期。

④ Article 26 (EXCHANGE OF INFORMATION) 1. The competent authorities of the Contracting States shall exchange such information as is foreseeably relevant for carrying out the provisions of this Convention or to the administration or enforcement of the domestic laws of the Contracting States concerning taxes of every kind and description imposed on behalf of the Contracting States, or of their political subdivisions or local authorities, insofar as the taxation thereunder is not contrary to the Convention. In particular, information shall be exchanged that would be helpful to a Contracting State in preventing avoidance or evasion of such taxes. The exchange of information is not restricted by Articles 1 and 2.

2. Any information received under paragraph 1 by a Contracting State shall be treated as secret in the same manner as information obtained under the domestic laws of that State and it shall be disclosed only to persons or authorities (including courts and administrative bodies) concerned with the assessment or collection of, the enforcement or prosecution in respect of, or the determination of appeals in relation to, the taxes referred to in paragraph 1, or the oversight of the above. Such persons or authorities shall use the information only for such purposes. They may disclose the information in public court proceedings or in judicial decisions. Notwithstanding the foregoing, information received by a Contracting State may be used for other purposes when such information may be used for such other purposes under the laws of both States and the competent authority of the supplying State authorizes such use.

3. In no case shall the provisions of paragraphs 1 and 2 be construed so as to impose on a Contracting State the obligation: (a) To carry out administrative measures at variance with the laws and administrative practice of that or of the other Contracting State; (b) To supply information which is not obtainable under the laws or in the normal course of the administration of that or of the other Contracting State; (c) To supply information which would disclose any trade, business, industrial, commercial or professional secret or trade process, or information, the disclosure of which would be contrary to public policy (ordre public).

要表现为修订一些词语,如将第 1 款中“必要”改为“可预见相关的”等。根据专家意见,变更后的词语本质上并没有区别,只是为了避免不必要纠纷作出的进一步阐明。其修订主要包括如下三方面:

(1)新增第 4 款。该款规定,即使被请求国根据国内税法的征税利益并不需要此情报,但应对方请求,也应采取信息收集措施予以采集。①

(2)新增第 5 款。该款规定,第 3 款的规定不应用于允许缔约国仅仅因为有关信息由银行、其他金融机构、指定人、代理人、受托人持有或涉及个人相关所有权利益的情报而予以拒绝提供。②

(3)新增第 6 款。该款规定,通过磋商咨询,缔约国应该就有关符合第一段项下的税收信息交换相关事宜,发展一套合理方法和技术。③

诱发国际偷逃避税情况的主要原因是各国之间税收信息交换不充分,合作程度不够。该范本第 26 条修订后,肯定并阐明了信息交换的重要性,要求被请求国不应以维护本国税收利益目的而拒绝提供相关信息。该次修订扩大了信息交换的范围,取消了提供信息时所必需的国内税务利益要求,并且信息交换的例外作出进一步限制,为缔约国之间有效的信息交换提供了制度基础,为政府获取更多相关信息提供了可能性,有助于减少跨境偷逃避税行为。

---

① Article 26 (EXCHANGE OF INFORMATION) 4. If information is requested by a Contracting State in accordance with this Article, the other Contracting State shall use its information gathering measures to obtain the requested information, even though that other State may not need such information for its own tax purposes. The obligation contained in the preceding sentence is subject to the limitations of paragraph 3 but in no case shall such limitations be construed to permit a Contracting State to decline to supply information solely because it has no domestic interest in such information.

② Article 26 (EXCHANGE OF INFORMATION) 5. In no case shall the provisions of paragraph 3 be construed to permit a Contracting State to decline to supply information solely because the information is held by a bank, other financial institution, nominee or person acting in an agency or a fiduciary capacity or because it relates to ownership interests in a person.

③ Article 26 (EXCHANGE OF INFORMATION) 6. The competent authorities shall, through consultation, develop appropriate methods and techniques concerning the matters in respect of which exchanges of information under paragraph 1 shall be made.

从联合国《关于发达国家与发展中国家间避免双重课税的协定范本》及其第26条的发展历程可知,其与《OECD税收协定范本》及其第26条具有共同的渊源,两者之间具有高度的相似性。税收信息交换国际合作均为各自的第26条所调整。二者的区别主要表现在情报交换范围,联合国范本强调缔约国双方应当交换防止欺诈和偷漏避税的情报,并建议双方主管部门通过协商确定有关情报交换事宜的适当条件、方法和技术。而《OECD税收协定范本》没有强调这一点。

与联合国国内资源有限、时间紧凑有关。历经修订后,联合国及OECD两大税收协定范本的差异不断缩小,有日益趋同的趋势。趋同有利于提高联合国范本的地位,争取其被更多的发达国家所接受,但相对会有一些对发展中国家不利的内容。而作为发达国家长期协商产物的OECD范本因其发展时间较长,结构、内容更加成熟。总体而言,两大范本无论如何修订,毕竟代表的立场不同,在短期内要想实现完全趋同,是不可能的。

第二节 OECD框架下的税收信息交换国际合作

OECD作为由全球主要市场经济国家组成的政府间国际经济组织,其致力于帮助各成员国实现可持续性的经济增长和就业,提升成员国生活水准,同时保持金融稳定。在过去几十年里,OECD充分发挥其在投资、贸易和其他代表性社会阶层之间的纽带作用,成功地解决了一系列经济、社会和环境问题,为世界经济发展作出了很大贡献。中国于2015年7月1日加入OECD发展中心。OECD发展中心由26个OECD的成员国与22个非OECD成员国组成。[①] 该中心旨在向决策

① 因OECD由世界上较为发达的欧洲国家和美国组成,对成员国有一些较高要求,中国目前暂无法接受,故未加入该组织。如OECD要求成员国的官方发展援助(ODA)不低于GDP的0.7%。另如,其下属的国际能源总署(IEA)对于成员国的战略石油储备有非常严格的要求,而中国希望在能源政策方面更为自主。与中国同为经合组织关键伙伴国的巴西、印度、印度尼西亚和南非,均已加入该中心。

者建言献策，协助寻求发展中国家和新兴国家刺激增长、改善民生的政策解决方案。加入该中心是中国转变经济发展方式的重要举措，这极大地促进了我国的国际税收情报交换国际合作。

OECD 在促进国际税收情报交换国际合作方面发挥了重要作用。其所主导或指导的税收谈判为世界各国的双边、多边税务谈判铺平了道路。特别在税收信息交换领域，OECD 的作用更加突出。如其发布的《关于对所得和财产避免双重课税的协定范本》第 26 条（税收信息交换）、OECD 范本、《金融账户信息的自动交换标准》（*Standard for Automatic Exchange of Financial Account Information*，AEOI）、《税基侵蚀和利润转移项目行动计划》等示范法文本，对世界各国的国际税收交换产生了巨大影响。

一、OECD 推动税收信息交换国际合作概要

（一）避免重复征税视角下的税收信息交换

OECD 较早就认识到税收信息交换在税收征管国际合作中的重要作用。OECD 的前身即欧洲经济合作组织理事会在 1955 年就通过了一项关于避免重复征税的建议。1958 年 7 月欧洲经济合作组织理事会下设的财政委员会根据理事会的决定，着手草拟关于避免对所得和财产双重课税的协定范本以及具体执行意见。自 1958 年至 1961 年，财政委员会就“消除双重课税”主题先后发表了 4 份专题研究报告，拟了 25 项有关消除双重课税的条文。1961 年欧洲经济合作组织扩展成为 OECD 后，财政委员会继续提出了一些新的条文，形成 1963 年《关于对所得和财产避免双重课税的协定草案》。其后又经过十多年持续修订，最终形成其 1977 年《关于对所得和财产避免双重课税的协定范本》。[①] 该范本出台前后历时 20 年，其结构严谨，可操作性强，其基本框架、章节安排和绝大部分条文，其后均为联合国 1979 年《关于发达国家与发展中国家间避免双重课税的协定范本》（第七章第

① 该范本出台后历经修订，目前已经升级到 2017 年版。

29 条)所借鉴和吸收。[①] 比较而言,OECD 范本更偏重保障居民国的税收管辖权,而对发展中国家(通常属于应税所得的来源国)的税收权益考虑不充分,易为发达国家接受。联合国范本则更注重税收源泉地国的地域管辖权,强调加强偷漏避税情报交换国际合作,易为发展中国家接受;同时,因其有关条款具有较大弹性,有助于缔约双方结合其国情具体商定条文内容,可为条件不同的发达国家与发展中国家签订双边税收协定提供更多选择。而 OECD 上述税收协定范本第 26 条虽然要求缔约国交换税收情报,并对交换所涉税种、情报的范围与保密、交换豁免条件等作出较具体规定。[②] 因该条文并未明确具体的交换方式,可操作性并不强。其事实上被认为仅适用于专项税收情报交换。

(二)反有害税收竞争视角下的税收信息交换

虽然各国基于税收主权原则,有权自由地制定其涉外税收法律和政策,但却无法突破其他国家同样基于该原则所实施的税收歧视或税收保护主义及相应的税收信息壁垒。如果各国竞相推行税收保护主义,必然开启国际税收征管博弈中的互害模式,导致彼此之间的涉外税收征管难以落实。为限制税收主权滥用所引发的国际税收不当竞争,OECD 曾倡议国际社会限制有害的税收竞争,并为此归纳出有害税收竞争税制的三个基本特征:缺乏透明度、缺乏有效的涉税信息交

---

① 该协定范本共七章计 30 条,与联合国相应税收协定范本比较,主要是多出“区域的扩大”一条。

② 该第 26 条(情报交换)规定:“1. 缔约国双方主管当局应交换为实施本协定的规定所需要的情报,或缔约国双方与本协定各有关税种的国内法律,按此征税,与本协定不相抵触的情报。情报交换不受第一条限制。缔约国一方收到的任何情报,应与按该国国内法律取得的情报同样保密。仅应告知本协定规定税收的查定征收以及有关的执行起诉或裁决上诉的人员或主管当局(包括法院和行政管理部门)。上述人员或主管当局仅应为上述目的使用该项情报,但可在公开法庭程序或法庭判决中透露有关情报。”“2. 第 1 款的各项规定,在任何情况下,不应被理解为缔约国一方有义务:A 采取与该缔约国或缔约国另一方的法律或行政惯例不相一致的行政措施;B 提供按照该缔约国或缔约国另一方的法律或正常行政渠道得不到的情报;C 提供泄露任何贸易、经营、工业、商业或专业秘密或贸易过程的情报,或泄露后将违反公共政策(公共秩序)的情报。”

换和保障“栅栏利益”(ring-fencing policy)(允许在境内设立基于税收筹划而不从事实质性经营的空壳公司)。OECD于2000年3月发布《关于加强用于税收目的的银行信息交换的报告》,报告中虽然认同并维护民事和刑事税收案件范围之外的金融保密,但赞同税务当局为实施税法而获取银行信息的合理要求。对于何为“有效信息交换”,OECD在其《2001年度进展报告:关于有害税收实践的工作方案》(*The OECD's Project on Harmful Tax Practices: The 2001 Progress Report*)建议,在判断涉税信息交换的有效性时,应当综合考虑以下因素:(1)为回应收集税收信息的国际特别需求,应确保建立一种允许将涉税信息提供给另一国税收主管当局的机制;(2)实施恰当的隔离措施,保证信息的提供和使用仅限于被请求的目的;(3)对纳税人权利进行充分保护,对纳税人税收事务进行保密;(4)OECD成员国应为建立上述安全机制及在其辖区内实施信息交换提供技术援助;(5)在涉税刑事案件的调查和实施中,信息的提供不适用双重犯罪原则;(6)被请求方应请求提供信息时,不应考虑取得的信息是否对国内税法有益;(7)为保证信息交换法律机制得到有效的实施和监管,各方应有适当的行政惯例。①

避税港是OECD反对有害税收竞争的重点目标。根据OECD上述识别和认定避税港的具体标准,②避税港是典型的不正当税收竞争主体。OECD在2000年还列出了35个从事有害税收竞争的避税港的名单,对其发出最后通牒,要求这些避税港在12个月内明确是否与OECD合作,并承诺在2006年1月以前提高税制的透明度,开展税收信息交换;拒绝与OECD合作的避税港将受到国际社会的制裁,包括

---

① 参见廖益新、付慧姝:《银行秘密与国际税收情报交换法律问题研究》,载《甘肃社会科学》2007年第3期。

② 其具体包括:(1)对金融或其他服务所得不征收所得税或只有名义上的所得税,或将本地作为非居民逃避其居民国税收的场所;(2)不能有效进行情报交换;(3)缺乏透明度,如税收制度与税收征管不公开;(4)方便外国实体进行没有实质内容的经济活动。

撤回国际货币基金组织和世界银行对其的投资等。①

尽管OECD为限制有害的税收竞争采取了多种措施,但这些努力很大程度上与国家主权原则中的经济主权相冲突。国际社会因此质疑OECD主持反有害税收竞争活动的正当性及其中存在的双重标准等问题。在许多国际组织推动下,2001年1月19日,反有害税收竞争国际会议在巴巴多斯召开,出席会议的除部分避税港国家和地区以及OECD成员国外,还有国际货币基金组织、世界银行、加勒比共同体、美洲开发银行、美洲税务管理中心等国际组织代表。加勒比地区的代表提出,OECD只仅30个成员国,无权作为全球性国际组织负责处理有害税收竞争问题。该提议获得会议代表的普遍赞同。会议遂决定由7个低税区和6个OECD国家代表共同筹备全球性的税收论坛来处理该问题。论坛开始时设两个主席,分别由代表避税港的巴巴多斯和代表OECD的澳大利亚派员担任。此论坛的建立,标志着反有害税收竞争由西方大国垄断时代的结束。

美国及避税港等强力反对OECD所推行的限制有害税收竞争,如美国财政部长奥尼尔2001年5月10日在《华盛顿时报》发文提出,"OECD发起的严惩避税港行动实属干涉过宽,与布什政府税收与经济政策取向

---

① 这36个避税港国家和地区是:安道尔、安圭拉岛、安提瓜和巴布达、阿鲁巴、巴哈马、巴林、巴巴多斯、伯利兹、英属维尔京群岛、库克群岛、多米尼加联邦、直布罗陀、格林纳达、根西岛、萨克岛、可尔德尼岛、曼岛、泽西岛、利比里亚、列支敦士登公国、马尔代夫、马绍尔群岛、摩纳哥公国、蒙特塞拉特岛、瑙鲁、荷属安的列斯群岛、巴拿马、萨摩亚群岛、塞舌尔、圣卢西亚、圣基茨和尼维斯、圣文森特和格林纳丁斯、汤加、特克斯群岛和凯科斯群岛、美属维尔京群岛、瓦努阿图共和国。此外,还有6个符合列入标准,但事先向OECD书面承诺愿意消除其有害税收竞争而没有列入名单的国家和地区:百慕大群岛、开曼群岛、塞浦路斯、马耳他、毛里求斯、圣马力诺。OECD要求被列入名单上述避税港在12个月内作出选择,只要能采取积极措施消除其有害税收行为,就可从黑名单中除名;反之,虽然承诺与OECD合作但没有实际行动的,则随时可能被列入。其后OECD在其2009年伦敦峰会上,再次公布了避税港名单,将哥斯达黎加、马来西亚、菲律宾和乌拉圭列入黑名单。同时,OECD还公布了38个灰色地区名单,指尽管承诺按照国际通行税务准则交换信息,但基本上没有实际执行的地区,主要包括比利时、文莱、智利、荷属安地列斯、直布罗陀、列支敦士登、卢森堡、摩纳哥、新加坡、瑞士、巴哈马群岛、百慕大群岛、开曼群岛等。OECD还列出了40个白名单国家和地区,指这些国家或地区完全执行了国际通行的税务准则,主要包括英国、中国(特别行政区除外)、法国、德国、俄罗斯和美国等。

不一致”。在2001年6月巴黎反有害税收竞争会议上，美国代表提出，美国政府反对干预其他国家制定的税率或税制，不主张协调各国税率，不干涉别国税收主权。会议因此决定，将原来所提出的19项反有害税收竞争要求削减为税收情报交换和税法透明两项，其余的17项要求，如不允许避税港成立空壳公司、不与避税港签订税收协定、控制纳税人从有害税收竞争中获益、使反有害税收竞争为世界各国接受等被放弃。

2001年，OECD还进一步取消了判断有害税收竞争税制的第三个基本特征，即“栅栏利益保障”标准，“是否缺乏有效的信息交换”因此发展为反有害税收竞争中最核心的内容。2002年4月，OECD又列出7个不合作的避税港国家的名单，并提出OECD成员国有权对其采取预防性措施。其后有3个国家表示同意配合执行欧盟的利息税指令。

为推动反有害税收竞争，规范和统一各国税收情报交换的做法，增强情报交换的可操作性，2002年4月，OECD和避税港国家合作举办“全球反有害税收竞争论坛”。论坛通过了《税收信息交换协定范本》。该范本共计16条，主要就专项情报交换或应请求的情报交换（Exchange of Information Upon Request）及过境税务检查（Tax Examinations Abroad）的条件、程序、拒绝理由等问题作出较明确规范。① 其虽然主要适用于OECD国家及11个主要避税地（阿鲁巴、百慕大、巴林、开曼群岛、塞浦路斯、马恩岛、马耳他、毛里求斯、荷属安第列斯、塞舌尔和圣马力诺），但为其他国家签订类似协定提供了重要指引。该范本要求缔约国各方立即对税收犯罪案件交换信息，并自2006年起将税收信息交换扩大到普通的税收案件。②

---

① See the Article 5, Article 6 of the Model.

② 该黑名单是一份动态调整名单，如欧盟理事会最近于2019年3月决定，将阿鲁巴、巴巴多斯和百慕大被移出欧盟税务透明“黑名单”。而美属萨摩亚、伯利兹、多米尼加、斐济、关岛、马绍尔群岛、阿曼、萨摩亚、特立尼达和多巴哥、阿拉伯联合酋长国、美属维尔京群岛和瓦努阿图等12个国家和地区仍在列。From European Council, *Taxation: Aruba, Barbados and Bermuda Removed from the EU List of Non-cooperative Jurisdictions*, accessed September 2, 2020. https://www.consilium.europa.eu/en/press/press-releases/2019/05/17/taxation-aruba-barbados-and-bermuda-removed-from-the-eu-list-of-non-cooperative-jurisdictions/.

该税收信息交换协定范本虽然是基于 OECD 范本第 26 条，但超越了第 26 条，赋予信息交换请求国较多的权利，增强了税收信息的可操作性。诸如：(1)前者第 5 条第 5 项规定，请求国要求取得的信息只要符合请求国法律和行政惯例即可，而不需要考虑被请求国的法律和行政惯例。(2)前者第 5 条第 1 项规定，对税收犯罪的界定以请求国的法律界定为准，放弃了国际刑事合作中通行的双重犯罪原则。(3)前者第 15 条第 3 项要求逐步排除有关纳税人银行信息保密规则的适用：首先，自 2004 年起，要求在税收犯罪案件中的排除银行信息保密制度；自 2006 年起，要求在所有的税收案件中排除银行信息保密制度。

为适应不断发展的经济"全球化"对国际税收征管合作的需要，2005 年 7 月 23 日，OECD 财政事务委员会第八工作组审议并修改了 OECD 范本中的信息交换条款及其注释，以便吸收和发展 OECD 在 2002 年范本中的新成果。正如 OECD 财政事务委员会主席比尔·麦考斯基所称："修改后的信息交换条款反映了税收信息交换的全新国际标准。"新信息交换条款的发展主要包括：(1)增加了国内税收利益不得阻碍信息交换的规定，但信息交换损及本国重大经济利益的除外；(2)增加了交换金融信息的条款，防止被请求国以银行保密法为借口拒绝交换信息；(3)扩大可交换信息范围，将交换对象从"必要的信息"调整为"可预见的相关信息"，大幅地拓宽了税收信息交换的范围。

2006 年 1 月 23 日，OECD 财政事务委员会发表了新版的《为税收目的执行情报交换条款手册》(*Manual on the Implementation of Exchange of Information Provisions for Tax Purposes*)，吸收 OECD 税收协定范本和税收信息交换范本的上述发展成果，并具体对 6 种税收信息交换方式的操作流程作出详细规定，大幅增强其可操作性。该手册因此成为该领域全球性的操作指引。

2006 年 9 月 14 日至 15 日，OECD 税收管理论坛第三次会议通过《首尔宣言》，倡导各成员国"通过合适的法律途径共享信息，识别不同国家纳税人采用的减轻或逃避纳税义务的策略；加强并改进双边税收协定中信息交换条款的实施，并选择恰当时机，与离岸金融中心签订税收信息交换协议"。这再次重申成员国之间加强与完善税收信息交换合作的重要性。①

为加强税收征管的全球性国际合作,2010 年 5 月,OECD 与欧洲委员会响应 G20 的号召,通过议定书修订《多边税收征管行政互助公约》,将该区域性公约修改为全球性公约,向所有国家开放。② 该公约明确了国家间税收行政合作的 3 种基本方式(包括情报交换、税款追缴和文书送达),并重点明确了各种税收信息交换的方式,确立了严格保密与合理使用等原则。这实质上是将 OECD 国家的税收信息交换模式升级为全球性模式的重要环节。

(三)防止税基侵蚀和利润移转视角下的税收信息交换

税基侵蚀和利润移转是国际避税的基本形式。针对跨国经营中的税基侵蚀和利润移转,OECD 在 2013 年 2 月发布《关于税基侵蚀和利润移转的报告》,指出"实际商业活动和投资发生地与由于避税目的之利润报税地正在逐步分离",跨国公司将收入从经济活动实际发生地转移到税收负担更轻的其他税收辖区,造成前者大量的税收收入损失。如其中提到的一个案例显示,英国食品联合公司的一个分支机构从津巴布韦的食糖生产中获得了 1.23 亿美金的利润,但只向津巴布韦政府交纳了 0.5% 的企业所得税。该报告分析了实现税基侵蚀和利润转移的结构的特征,认为导致税基侵蚀和利润转移的结构一般具有四个基本特征:(1)最小化境外经营或来源国的税收,既可以通过交易结构转移总利润,也可以通过纳税人层面的扣除减少净利润;(2)在来源国实现低预提所得税或者无预提所得税;(3)在获得者层面实现低税或者无税,如通过低税国、税收优惠或者混合安排达到该目的;(4)在最终

---

① 参见梁若莲编著:《税收协定解读与应用》,中国税务出版社 2012 年版,第 280 页。

② 该公约的前身是欧洲委员会和 OECD 于 1988 年 1 月 25 日在法国斯特拉斯堡共同制定的《多边税收征管行政互助公约》(1995 年 4 月 1 日生效),仅向该两个国际组织的成员开放。2008 年全球金融危机爆发后,税收征管国际合作得到国际社会的高度重视,如 G20 2009 年伦敦峰会呼吁,采取国际联合行动打击国际逃避税。借此,OECD 与欧洲委员会遂按照税收情报交换的国际标准,通过议定书的方式将《多边税收征管行政互助公约》修订为全球性开放条约。公约该修订版于 2011 年 6 月 1 日生效。中国政府于 2013 年 8 月 27 日正式签署该修订版公约。《多边税收征管行政互助公约》旨在通过国际税收征管协作,打击跨境逃、避税行为,维护公平税收秩序。

母公司层面实现利润无税或低税。该报告因此认为,“从政府的角度,全球化意味着国内政策,包括税收政策,都不能孤立地制定,须考虑对其他国家政策的影响,以及其他国家政策对本国的影响”,故解决税基侵蚀和利润转移问题需要全球方案。①

2013年7月19日,OECD与G20发布AP-BEPS,倡议加强国家间税务合作,力图遏制国际经济交往中导致各国税基侵蚀和利润转移的逃税、避税等违法或不当行为。该计划引起国际社会的高度关注。2013年9月6日,G20领导人在俄罗斯圣彼得堡通过了《G20圣彼得堡峰会领导人宣言》,支持OECD提交的AP-BEPS,同意在2015年年底前开始实施自动税收情报交换。自动税收情报交换因此成为规制税基侵蚀和利润转移的主要措施。

基于国际金融业在国际经济贸易活动中的核心地位和作用,相应金融账户涉税信息的自动交换因此成为规制税基侵蚀和利润转移行动的首选目标。2014年2月13日,OECD为此发布《金融账户信息的自动交换标准》,以增强其可操作性。② 2014年4月28日,法国、德国、英国、意大利和西班牙五国财长在巴黎召开会议,协调实施该新标准的行动。五国财长商定,将按照OECD制定的路线图,从2015年12月31日起按照新标准收集相应信息,并在2017年年底完成第一批银行信息的自动交换。③

2015年10月5日,OECD与G20发布了《税基侵蚀和利润转移项目行动计划》项下的15项成果。这些成果随后在同年10月8日的G20财长与央行行长会议上获审议通过,并提交G20同年11月的安塔利亚峰会讨论,得到峰会各国领导人的核准。他们承诺“将于2017年或2018年年底同各成员国和其他国家就税收信息开展应请求交换和自动交换”。

---

① 参见Mathew Brittingham,Michael Butler:《OECD税基侵蚀与利润转移报告》,载《国际转让定价杂志》2013年第4期。

② 具体内容可详见第三章第二节相关内容。

③ 《金融账户涉税信息自动交换标准》内容丰富,影响巨大,其后作专门评析。

综上可知，为了应对国际经济贸易活动中的转让定价、协定滥用、税法漏洞利用、数字经济新问题等方面税收征管困难的挑战，世界主要国家均认同，宜通过专项情报交换或自动情报交换这两种基本方式交换相应的涉税信息。目前，包括中国在内的主要国家之间的金融账户信息自动交换已经取得重大进展。① OECD 还进一步在总结 CRS 交换经验的基础上，更新发布《CRS 涉税信息交换避税安排和离岸结构强制披露规则的框架文件》。② 与此同时，后 BEPS 议程已经启动，如建立包容性合作框架以监督和评估 BEPS 成果报告的执行；帮助发展中国家提高国际税收治理能力；完成 BEPS 报告未尽事宜；启动多边税收工具谈判等。

二、OECD《为税收目的执行情报交换条款手册》评介

为规范和指引各国开展税收情报交换，OECD 曾在 1994 年发布《为税收目的执行情报交换条款手册》（*The Manual on The Implementation of Exchange of Information*）。OECD 在 2004 年修改《税收协定范本》第 26 条（情报交换条款）后，即着手更新该手册。2006 年 1 月 23 日，OECD 发表新版《为税收目的执行情报交换条款手册》（以下简称新手册）。这是 OECD 在推动税收情报交换开展方面的又一重大举措，为各国税务当局开展税收情报交换、加强税收征管合作提供更加明确、具体的操作指引。我国国家税务总局 2006 年出台的《国际税收情报交换工作规程》主要是借鉴了该手册的成果。

比较而言，新手册对其 1994 年版本作出了很大发展，主要体现在：（1）采用了分模块的写作方式；（2）整理和充实了自动情报交换的内容；（3）丰富了自发情报交换的具体案例；（4）增加了行业范围交换、同期税务检查和授权代表访问三种非传统的情报交换方式的操作指南。

---

① 加入 CRS 的已达 150 多个国家和地区。90 多个税收管辖区的国家和地区共获取了 4700 万个离岸金融账户的信息，涉及资产价值达 49,000 亿欧元的账户。参见杜丽娟：《中国版 CRS 发布 2 年 90 个辖区涉税信息自动交换》，载 https://new.qq.com/omn/20190715/20190715A0HQXS00.html，最后访问时间：2020 年 7 月 23 日。

② 具体内容可详见第四章第一、二节相关内容。

(一)新手册的制定依据

如前所述,新手册主要是基于 OECD 2004 年版《税收协定范本》第 26 条“情报交换条款”的修订。该“情报交换条款”及其注释主要在以下方面作出较大发展:(1)扩大报告接受面范围,允许将情报披露给税收征管的监督机构;(2)增加了国内税收利益不得阻碍情报交换的规定,除非情报交换涉及本国重大的经济利益,如可能泄露贸易或商业秘密;(3)增加金融涉税信息交换条款,防止被请求国以银行保密法为借口拒绝交换情报;(4)通过条文注释澄清,情报交换的税种不应局限于税收协定第 2 条规定的税种,而是可以交换与任何税种相关的情报;(5)放宽情报交换条件,将成员国交换“必要的”情报拓展为交换“可预见的相关性”情报,尽可能地拓宽税收情报交换的范围,充分发挥情报交换的偷漏逃避税防范与打击功能。新手册通过吸收 OECD 2004 年版《税收协定范本》第 26 条及其注释的精髓,使两者能连贯一致、相辅相成。

(二)新手册的结构

模块编写是新手册的一大创新和特色。新手册将其区分为 9 个模块,具体包括 3 个一般规则模块,即通用模块“通用规则和法律依据”①(General Module-General and legal aspects of exchange of information)、模块 7“各国情报交换档案”(Module 7 – Country profiles regarding information exchange)、模块 8“情报交换的法律文件与范本”(Module 8 – Information exchange instruments and models),以及依据情报交换类型区分的 6 大模块,即“应请求情报交换”或“专项情报交换”(Module 1 – Exchange of information on request)、“自发情报交换”(Module 2 – Spontaneous exchange of information)、“自动情报交换”(Module 3 – Automatic (or routine) exchange of information)、“行业范围情报交换”(Module 4 – Industry-wide exchange of information)、“同

---

① 据以开展情报交换的法律依据主要包括有关的国内立法、国际双边或多边税收协定、情报交换专项协定。相应的示范法也具有一定的指引作用,如《OECD 税收协定范本》及注释、OECD 税收情报交换协议范本及注释等。

期税务检查”(Module 5 – Simultaneous tax examinations)和“授权代表访问”(Module 6 – Tax examinations abroad)。这种编排结构非常便于手册的使用。如果部分国家很少或甚至不使用其中的部分模块,其就可以忽略相应的模块。例如,实务中很多国家之间的税收协定只是笼统地要求相互交换涉税情报,事实上只存在专项情报交换的可能性,那么有关国家可能只需重点关注或借鉴新手册中的专项情报交换及其他的一般规则模块。如果其认为,需进一步开展自动或自发情报交换的,则可以借鉴新手册中的自发或自动情报交换模块。故这种专门模块编写方式,既反映了各种情报交换方式差异性的客观要求,也更有利于各国根据各自的情报交换政策选择和使用相关模块。

此外,新手册还进一步统一了相应的技术性规范。例如,在自动情报交换模块的附录中,并入了 OECD 于 1997 年修订的《自动情报交换标准磁格式及使用说明》《自动情报交换标准传输格式及使用说明》《标准磁格式与标准传输格式对接程序》等技术性规范;在同期税务检查模块的附录中,增加了《OECD 同期税务检查协议范本》《北欧国家同期税务审计指南》。这些附录文件可为开展自动情报交换与同期税务检查的税务部门提供非常有益的补充和参考。

(三)新手册的主要内容

新手册的内容得到了较大的丰富和充实:(1)总结各国开展情报交换实践中的经验和教训,对传统的三类情报交换形式(自动、自发和专项情报交换)进行补充和完善;(2)针对经济发展对国际税收征管带来的挑战,新增三类情报交换方式,即同期税务检查、行业范围交换和授权代表访问的操作方法和程序。

1. 补充与完善传统的情报交换方式,突出情报反馈的重要性

(1)对自动情报交换内容作出较大修改,突出其发展战略意义

首先,新手册强调了开展自动情报交换的积极意义。居民国税务当局既可以通过比对情报交换的信息与国内税收征管资料,确认居民纳税人是否如实申报了境外所得;也可以将纳税人个人取得大宗资产的情报用于评估其财产净值,了解其申报的收入是否合理。

其次,新手册基于澳大利亚税务局的实际经验,展现电子自动情报

交换的低成本、高效率优势。以磁介质或电子形式接收的外来自动情报可以直接导入接收国的税收数据系统(一般需要运用计算机转换程序进行数据的对接),实现与纳税人申报信息的自动比对。

最后,新手册引入了自动情报的传递格式标准,增加了传递媒介的使用内容,包括标准传输格式的优点及其与标准磁格式(Standard MIDI File,SMF)的对接程序等内容。

新手册认为,自动情报交换将成为未来战略风险分析工具。这种预见已经被证明是准确的。

(2)充实自发情报交换的策略和案例,增强其可操作性

在自发情报交换模块中,首先,新手册提出了鼓励和提高各国开展自发情报交换积极性的具体策略,包括:在年度报告中公布自发情报的数量;定期对基层税务人员进行全面培训,提高其制作自发情报的意识;与其他国家税务当局谈签谅解备忘录及其他类似的法律文件,鼓励和督促自发情报交换有效实施。其次,新手册列举了可制作并提出自发情报交换的具体情况,以帮助基层税务人员识别偷漏避税线索并开展情报交换。这些情况主要包括:

①有理由怀疑另一国因此遭受重大的税收流失;

②怀疑向另一国居民支付的款项未向该国税务部门申报;

③纳税人在一国获得税收减免后,对另一国的纳税义务应增加;

④一国纳税人与另一国纳税人在一国或多国进行交易的方式,导致可在一方或双方国家的节税效应;

⑤一国有理由怀疑企业集团内部通过人为地转移利润实现节税效应;

⑥另一国纳税人存在偷避税筹划可能性。

为了增强自发情报交换模块的可操作性,新手册还增加了 3 个开展自发情报交换的范例。

(3)强调了情报反馈的重要性

对于专项情报交换,新手册未作大的变动。其主要是强调,税务当局之间及时和全面的反馈非常重要。这主要表现在以下三个方面:

①这有助于提高下一步情报交换工作的质量;

②可以增进税务人员提供情报的动力；

③反馈所承载的情报有效性信息，有助于税务机关获取所需资源。在某些情况下，请求国税务当局应当考虑向被请求国提供关于情报有效性的反馈。

此外，新手册还对反馈内容作出具体建议，如反馈应包括查补税额、发现的逃税方法及对情报有用程度的评估等细节。

新手册还进一步强调，情报交换双方税务当局之间不但要提供情报反馈，而且要将这些反馈的信息传递给基层税务人员。

2. 对新增三类情报交换的操作规程作出详细指引

（1）同期税务检查模块

在 OECD 2004 年版《税收协定范本》第 26 条中，同期税务检查还不是一个正式而完整的组成部分，而是以《OECD 同期税务检查协议范本》的形式纳入附录中，供使用者参考。新手册参考了《OECD 同期税务检查协议范本》和《北欧国家同期税务审计指南》的内容，建立了同期税务检查模块。其内容主要包括：

①强调了开展同期税务检查的优势。作为税务部门的征管手段之一，同期税务检查可以有效应对国际偷漏避税（其检查范围既包括直接税，也包括间接税），有助于发现发生在某个国家中的法律或程序滥用行为，保证不同国家税务机关间情报交换的高效率，帮助税务机关加深对纳税人经营活动的全面了解；同期税务检查可以通过不同国家税务机关间的相互合作，共同实施检查，减少重复检查，降低纳税人的遵从成本；同期税务检查也有助于防止双重征税，避免根据《OECD 税收协定范本》第 25 条及其类似规定启动相互协商程序。

②新手册列举了应开展同期税务检查的 7 种具体情况及相应的法律依据。

③新手册明确了开展同期税务检查人员各自的职位和职责分工。其主要包括同期税务检查协调员、指定代表、审计员以及计算机协调员等。

④新手册详细列举了开展同期税务检查的 10 个具体步骤及各步骤的实施方略：初步选案、就选案协议一致、初步检查、联系纳税人、召开初

步预备会、与纳税人会谈、深入检查、结案、起草报告和提出改进措施。

(2)行业范围交换模块

新手册有关行业范围交换模块的内容主要包括:

①行业范围交换的定义、作用以及法律依据;

②行业范围交换请求的函件内容,如行业范围交换的对象、参数、指定代表、开会的时间和地点等;

(3)交换的对象,强调交换对象的范围可以扩大到资产结构和融资安排等战略性问题

(4)以制药和渔业为例,说明召开行业范围交换会议时可以深入讨论的内容

(5)授权代表访问模块

新手册有关授权代表访问模块的内容主要包括:

①授权代表访问的作用。授权代表访问有助于节省时间、反应迅速、提高效率、避免重复检查,有助于税务部门深入了解本国居民与境外关联方的交易与其他关系,有助于检查纳税人保存在境外的涉税资料等。

②授权代表访问的方式,包括主动与被动两种。被动参与访问的授权代表只能参加与情报请求相关的部分税务检查活动,而且仅能直接与被请求国税务官员联系,而不能直接约谈纳税人或其他个人。主动参与访问的授权代表的权利相对广泛,如可以约谈涉案纳税人,检查与该纳税人相关的资料等。

③授权代表访问的法律依据、主要参与方及其权利义务。

④以图表方式介绍了授权代表访问的 8 个步骤:根据情报交换条款判断是否有权提出情报请求;决定是否提出授权代表访问请求;提出进行授权代表访问的请求;作出接受或拒绝授权代表访问的决定;被请求国通知请求国参与检查的时间和程序;请求国委派授权代表进行访问;起草和发送报告;实施改进授权代表访问的措施。

(四)新手册的特点

1. 灵活性更高

新手册的模块编排方式,增加了各情报交换具体方式模块与通用

模块的连贯性,以及各模块适用的独立性,有利于参与情报交换的各国根据本国的情报交换实践和需要,灵活选用相关的模块。

2. 互动性更强

随着加强国际税收合作的需要日益迫切,各国税务机关已不满足于停留在“你来我往”若干回合的情报交换方式,而是谋求面对面的沟通与交流,并在必要的时候采取联合行动。为此,新手册结合部分国家开展同期税务检查、行业范围交换和授权代表访问的经验,增加了相应三个新型交换方式模块,为各国开展这三种情报交换提供指南,不仅有助于更好地发挥情报交换的功效,更有助于增进各国税务部门之间的国际税收情报交换合作,使情报交换的互动性更强。

此外,新手册在多个模块中都强调了情报交换意见反馈的重要性,以最大限度地增强各国提供情报的积极性,为增强税务机关的合作与互动创造了更有利条件。

3. 操作性更强

(1)新手册丰富和充实了各种情报交换形式的具体内容,特别是增加了许多案例(如行业范围交换),提示了适合开展情报交换的疑点或线索(如自发情报交换),详细规范开展情报交换的具体步骤(如授权代表访问),甚至明确了情报交换具体工作人员的职位设置和职责分配(如同期税务检查)。这些新增内容使新手册更加详尽具体,操作性更强。

(2)新手册充分借鉴了各国开展税收情报交换的实际经验。例如,新手册以澳大利亚税务局开展自动情报交换的效果为例,说明电子自动情报交换的优点。新手册还参考《北欧国家同期税务审计指南》,明确同期税务检查的职位设置和职责分配等内容。正是基于各国实践经验的支撑,新手册更贴近实践,能更有效地指导实践。

4. 时代性更强

新手册不但及时、准确地反映了 OECD《税收协定范本》第 26 条的修改内容,而且能够与时俱进,紧扣新时期国际税收情报交换的脉搏,预示了情报交换的发展方向。特别是在自动情报交换模块中,新手册分析了其从纸质交换到采用“标准磁格式”,再到“标准传输格式”的历程,准确地预见到,借助标准磁格式和计算机加密技术,自动情报交换传递效率大幅提高,将成为战略分析风险的重要工具。这些内容无不体现了新手册的时代特色,突出了信息化条件下税收情报交换的特点。

第三节 美国法框架下的税收信息交换国际合作

一、美国税收信息交换国际合作制度概述

美国的税收法律制度比较健全,投资环境良好,为各国投资者青睐。美国为了鼓励外国投资,一方面,其税法为外国投资者设立许多免税或减税优惠政策,如外国人将钱存在美国银行,其利息可免征所得税和遗产税;外国人出让美国股票或债券,可免缴增值税。另一方面,虽然对于外国人来源于美国的投资收入,应扣缴30%的预提税,但是,如果收款人的国家或地区和美国签订有相应的税收协定,其扣缴税率可能减至0、5%、10%或15%不等。这些针对外国投资的税收优惠,实务中易被滥用于规避美国纳税义务。比如,美国人只要在境外避税港或其他税收协定缔约国设立公司或信托等,隐藏其美国身份,再以外国投资者的身份回美国投资,就可以享受相应的税收减免优惠。

美国为加强对涉外税收的征管,不仅与其他国家签署了大量的税收协定和税收信息交换专门协定,国内也出台了大量相应的税收法规,以加强对涉税信息的收集与利用。借助与他国签订的《税收协定》《税收信息交换协定》,以及《美国国内税收法典》(操作手册)、FATCA等国际、国内税法,美国建立了比较完善的税收信息交换法律机制,①以严厉打击相应的逃避税活动。例如,美国司法部2020年5月1日发布公告称,经美国司法部、财政部金融犯罪调查执行局、国税局犯罪调查科、联邦调查局、联邦储备委员会、纽约州金融服务管理局与联合国反洗钱金融行动特别工作组的联合调查,确认以色列的最大银行以色列工人银行瑞士分行协助美国纳税人隐匿银行账户5500多个,相应美国

① 有关美国《海外账户税收遵从法》所确立的金融税收信息自动交换制度,将在第三章第一节专门探讨。

纳税人逃避税额高达 76 亿美元。为此，该行同意支付巨额罚款 874,270,000 美元。此外，该行同时还被调查出，在国际足联 2015 年世界杯申办中存在洗钱活动，为此支付罚金并冻结有关资金共计 30,063,317 美元。上述两项合计高达近 10 亿美元。但这还只是相应"多米诺骨牌效应"的开始，因为上述 5500 多个美国纳税人还将面临相应的民事、刑事责任追究。另如，在 Facebook 与美国国家税务局（Internal Revenue Service，IRS）税务纠纷案中，美国国家税务局认为，Facebook 将利润转移至爱尔兰，应因此补缴拖欠税款 90 亿多美元。[①]这种严厉打击对社会各界产生了巨大震动。

二、美国税收信息交换国际合作的机构及操作程序

美国税务机关对税收情报交换国际合作相当重视，其机构设置、人员配备、操作流程等都比较完备，借助税收情报交换打击跨国偷漏避税的积极作用得到有效发挥。

（一）美国税收信息交换的机构设置与人员职责

美国国家税务局是税收情报交换的主管机关，下设大中型企业管理局，负责管理国际司、工业司和其他直属机构。美国国家税务局局长授权国际司司长全权负责税收情报交换工作，由国际司下辖的海外运作部具体实施。海外运作部负责管理美国在全球的税收事务。国外的机构由税务专员负责管理，开展税收情报交换是其职责之一；国内的机构由收入代表负责管理。此外，与加拿大、法国及太平洋沿岸国家的情报交换工作由设在华盛顿总部的情报交换一队和情报交换二队实施，两者均由海外运作部管理。税务专员的具体职责包括：参与谈判并实施税收协定及税收情报交换协议，分析、跟进并审核情报交换专案，识别并报告情报交换过程中发现的问题，加强与协定缔约国的沟通与联

---

① Jeffery Leon, *Facebook Heads to Trial in Tax Dispute That Could Cost $9 Billion*(Sept. 25, 2020), https://news. bloombergtax. com/daily-tax-report/facebook-heads-to-trial-in-tax-dispute-that-could-cost-9-billion. Facebook Inc. & Subsidiaries v. Commissioner of Internal Revenue(United States Tax Court. Docket for Case#:021959 – 16)(Sept. 25,2020), https://www. bloomberglaw. com/public/desktop/document/FacebookIncSubsidiariesv COMMISSIONEROFINTERNALREVENUEDocketNo0219?1588616372.

系等。驻华盛顿总部的情报交换一队负责同期税务检查、征收相互协助及情报数据库管理等工作。情报交换二队负责调查及分析离岸信用卡偷漏避税等案件，与法国和加拿大进行专项情报交换，与所有协定国进行自动情报交换，从法院取得对偷漏避税案件嫌疑人的传票等。美国国家税务局设在各州的基层税务机关负责对具体情报的收集、制作与核查，并统一向海外运作部主管报告工作。

（二）美国税收信息交换的操作程序

《美国国内税收法典》（操作手册）分门别类地对税收情报交换的操作程序作出了详细规定。其主要内容如下：

1. 专项税收情报交换

专项税收情报交换包括对外专项情报交换和外来专项情报交换。其中对外专项情报的来源大部分集中在对纳税申报表的审核环节，也有部分来自征收和稽查环节，由美国国家税务局设在各地的基层税务机关负责制作，上报给国际司海外运作部的税务专员或情报交换二队，由这两个部门指定项目分析人员全程跟进。外来专项情报由税务专员或情报交换二队根据大企业管理局与小企业和自雇者管理局之间的备忘录对职责的划分，分发到相关的基层税务机关进行核查。

情报核查完毕后，基层税务机关应将结果上报给税务专员或情报交换二队，由其负责将情报内容交换给对方国家。如有必要，还应抄送小企业和自雇者管理局的税法遵从部门。

2. 自动税收情报交换

目前，美国与签有税收协定或情报交换协议的国家或地区，都采用电子情报的形式进行对外自动情报交换和外来自动情报交换。根据情报交换的方向，这些情报分别由位于费城的服务中心和位于马丁斯堡的计算机中心在处理申报表的过程中收集制作或筛选核查。

3. 自发税收情报交换

美国的自发情报交换主要针对非居民、外国企业及部分美国公民（包括自然人和企业实体）。美国对外交换的自发情报通常由基层税务机关的国际税收调查员在税务审计过程中收集制作，报经上级税务机关核准后，上报税务专员或情报交换一队或二队。收到基层税务机关上报的自发情报后，税务专员或情报交换一队或二队应对所交换的情报进行审核，然后转给相关国家的主管税务机关，并负责跟进对方国家对该自发情报的核查结果。

4. 同期税务检查

美国国税局开展同期税务检查的对象主要包括跨国企业和非企业实体(如个人与合伙企业)，具体包括以下四类：(1)与同期税务检查参与国企业存在关联关系的关联企业；(2)经营行为在全球或同期税务检查参与国具有举足轻重地位的企业及其关联方；(3)在同期税务检查参与国相对应的纳税年度存在共性问题(如运用类似的转让定价策略和避税手法以及潜在的偷漏避税趋势等)的纳税人；(4)对同期税务检查参与国均产生税收利益的纳税人。美国目前已与澳大利亚、加拿大、法国、德国、意大利、韩国、日本、墨西哥、挪威、菲律宾、瑞典和英国等国家签订了开展同期税务检查的书面安排。

5. 行业范围情报交换

开展一项行业范围交换前，美国国税局会指定一名全权代表，负责统筹安排行业范围交换的具体事宜。行业范围情报交换的主要形式是参与交换的国家定期派出税务专员、情报交换项目分析人员及税务稽查人员参加会议，对双方都具有重大利益的行业情况进行交流，共同探讨相关问题，共享研究资源，讨论公平交易原则的比较方法，或者组织召开相应国际税收问题研讨会，对新出现的税收问题进行合作等。

三、美国的税收信息交换国际合作范本

美国有关税收信息交换国际合作的税收协定范本主要有1996年《美国所得税协定范本》(*United States Model Income Tax Convention*)。作为美国对外谈签税收协定的基础性文件，其第26条对税收信息交换国际合作作出了比较完备的指引：①

---

① 《美国所得税协定范本》自1981年发布以来，先后于1996年、2006年、2016年修订。美国财政部2016年2月17日发布的《美国所得税协定范本》为其新版。但就其中第26条的修改而言，主要发生在1996年版。

(一)关于信息交换税种的范围

根据该范本第26条第1款的规定,该协定适用于缔约国税务机关确定应予交换的税收信息,包括有助于缔约国执行本协定及符合税收协定要求的国内税法的相关税收信息,而不拘泥于有关税种的名称或内容异同的文字比较。

(二)关于信息交换方式

根据该范本第26条第1款的要求,缔约国主管当局"应当交换"(shall exchange)与该协定条款的执行相关或与缔约国国内法执行相关的信息。"应当交换"的方式包括主动的或应请求的自发交换与自动交换。特别在自动交换条件下,相应涉外税收信息丰富,工作量大,对数据处理能力、信息交换软硬件的要求高,故其不仅要求信息交换工作人员具有较高的责任性和较强的工作能力,还要求配套有大数据处理能力强的涉税信息收集、共享与处理的软硬件。

(三)关于可交换信息的范围

根据该范本第26条第1款的要求,缔约国主管当局应交换与本协定条款的执行相关或与缔约国国内法执行"预期相关的"信息。"预期相关"是一个相当宽泛的用词,可大幅降低信息交换请求方证明其有关请求正当性和合法性等责任,客观上更有利于涉税信息的收集与筛选。故尽管早期的美国范本和OECD范本规范使用的都是"必要的",但其长期被等同地解释为"相关的"信息。① 1996年版本将其明确为"相关的"信息,而2006年版本则进一步将其发展为"可预期"的"相关性",从而更有利于规范和统一相应的做法和分歧,扩大所交换信息的范围。

---

① 如1984年《中美税收协定》第25条(Exchange of Information)第1款规定:"缔约国双方主管当局应交换为实施本协定的规定所必需的情报,或缔约国双方关于本协定所涉及的税种的国内法律所必需的情报(以根据这些法律征税与本协定不相抵触为限),特别是防止税收欺诈、偷漏税的情报。情报交换不受第一条的限制。缔约国一方收到的情报应作密件处理,仅应告知与本协定所含税种有关的查定、征收、管理、执行或起诉、裁决上诉的有关人员或当局(包括法院和行政管理部门)。上述人员或当局应仅为上述目的使用该情报,但可以在公开法庭的诉讼程序或法庭判决中透露有关情报。"

(四)关于金融信息披露义务

该范本1996年版本明确要求,被请求方不能仅因为所涉信息由金融机构拥有而拒绝交换,间接地消解了缔约对方相应金融保密机制的对抗力。[①] 这是美国范本不同于《欧盟利息税指令》、原OECD范本及联合国范本相应条款的另一独特之处。这对后者的修订起到引领作用。其后,美国《海外账户税收遵从法》与该范本的做法一脉相承。而OECD范本及联合国范本中的私权保护条款要求防止泄露纳税人的银行账户信息,致使税务机关在采集涉税信息时往往因缔约国的银行保密法而难以进行。

(五)关于国内税收利益

该范本1996年版从正反两方面明确要求,被请求方应该取得并交换所请求的相应涉税信息,而不管该缔约方本国的税收征管是否同样需要这些信息。[②] OECD 2005年范本受其影响,进一步明确要求,即使被请求国的税收征管不需要被请求交换的信息,其也应当依缔约对方的请求,为其收集、提供相应的税收信息。这使税收信息交换的国际合作相对独立于缔约国国内的税收信息采集及税收征管工作,有助于突出前者的重要性与独立价值。

四、美国税收信息交换机制对我国的启示

美国税收情报交换工作做到了"定位准确、法律健全、手段到位、程序完备",可为我国有效地开展税收情报交换提供有益启示。

---

① Paragraph 5 of Article 26: In no case shall the provisions of paragraph 3 of this Article be construed to permit a Contracting State to decline to supply information solely because the information is held by a bank, other financial institution, nominee or person acting in an agency or a fiduciary capacity or because it relates to ownership interests in a person.

② Paragraph 4 of Article 26: If information is requested by a Contracting State in accordance with this Article, the other Contracting State shall use its information gathering measures to obtain the requested information, even though that other Contracting State may not need such information for its own tax purposes. The obligation contained in the preceding sentence is subject to the limitations of paragraph 3 of this Article but in no case shall such limitations be construed to permit a Contracting State to decline to supply information solely because it has no domestic interest in such information.

（一）信息化征管流程建设是情报交换的重要条件和物质保障

美国的税收情报交换工作与信息化税收征管流程紧密结合，美国国家税务局与银行、保险公司及各企业的计算机联网，纳税人的纳税申报、审核评税、税款征收、欠税催缴等都由计算机完成。高效的信息化征管手段和明确的纳税申报义务为税收情报交换提供了有效的情报来源。

我国应充分运用信息化革命的成果，有效利用5G技术、大数据、云计算、区块链、物联网等现代信息科学成果，加强对有关税收信息的收集、识别、比对和分析，精准打击相应的国际偷逃避税行为。

（二）税收情报交换与税收征管、税务稽查互相配合，增强偷漏避税打击合力

情报交换是打击国际偷漏避税的有力武器。近年来，越来越多的美国公民利用避税港进行偷漏避税活动，如在离岸银行开设信用卡以获取隐匿的未税收入。为了打击这类偷漏避税行为，美国国家税务局实自2000年10月开始实施“离岸信用卡项目”，美国国家税务局国际司会在必要的时候与那些签订了税收情报交换协议的避税地国家或地区进行情报交换，以获取案件调查的佐证。2004年，为了进一步提高税务机关对国际偷漏避税的识别和打击能力，美国与英国、加拿大、澳大利亚三国成立了联合情报中心，由这四国分别派出情报交换代表专职负责跨境偷漏避税的情报交换工作。

事实上，只有税收情报交换与征管、稽查两大环节相互协助，密切配合，才可更好地形成打击国际偷漏避税的合力。而我国目前的税收情报交换与征管流程可以说是相对脱节的，外来的情报核查请求更成为稽查部门必须“额外”完成的任务甚至“负担”。因此，应当借鉴美国的做法，将情报交换融入日常征管与稽查工作中，使税收情报成为征管和稽查信息的必要补充和重要组成部分，从而实现情报交换与征管、稽查环节的良性互动。

（三）税收情报交换应以健全的法律为保障

通过健全的法律保障税收情报交换工作有效开展，需要做到如下三点：

(1)应提高有关税收情报交换的立法层级,详尽具体地规定操作规程。为了便于指导基层税务机关开展税收情报交换工作,美国国税局在《国内税收法典》(操作手册)第四章“税务检查”第六十节“国际税务检查程序”中,对情报交换的机构和流程作了详尽而具体的规定,甚至细致到情报交换请求函应包含什么内容、如何起草情报交换进度报告等细节,为基层税务机关开展情报交换提供了全面而具体的指引。就我国而言,现阶段已经基本形成了由税收协定、税收情报交换专项协议、国内规章三者构成的多层级税收情报交换法律体系。但总体而言,与税收协定相比,专项协议的数量相对较少,与避税地国家或地区签订的税收情报交换协议相对不多,因而未能建立起广泛而有效的国际税收情报交换网络。此外,我国国家税务总局《国际税收情报交换工作规程》对同期税务检查、行业范围情报交换和授权代表访问等对打击国际偷漏避税针对性更强的情报交换手段规定得比较笼统和粗泛,不利于指导基层实践,需要进一步充实。

(2)建立中央与地方税务机关之间的偷漏避税情报交换机制。美国除了积极参与同其他国家之间的税收征管合作以外,美国国家税务局还启动了恶意避税交易项目(Abusive Tax Avoidance Transaction),在联邦与州一级税务机关之间建立了国内税收情报交换机制。相比之下,我国国家税务总局与省级税务局之间、各省税务局之间,以及同一省各地税务局之间尚未充分建成高效的相应信息共享平台。这不仅不利于加强非居民纳税人的税源管理、打击大型跨国企业的避税行为,也容易造成税收管理资源的浪费和政策执行口径的不一致等问题。

(3)制定专门法律,扩大税收情报来源渠道。为尽可能广泛地收集税收情报,美国建立了“第三方信息申报”制度,成为美国税收征管与执法的重要基础之一。所谓第三方信息申报制度,就是规定所有的人(包括公司、合伙企业、个人、房产和信托等)都必须填写相应的信息申报表,向美国国家税务局申报某公历年度内应申报交易的有关信息,并同时将所申报信息附送有关的取得收入者。实施第三方信息申报制度既有利于督促取得收入者自觉并准确地申报应税所得,也便于美国国家税务局将第三方申报信息与取得收入者申报的信息进行比对，发现未申报或不实申报的纳税人或交易事项。我们可借鉴美国的相应做法，通过制定专门法律，建立广泛的情报交换网络和明确具体的情报交换操作指引，以拓宽税务机关获取税收情报的渠道，改进我国的情报交换工作。①

（四）谈签同期税务检查协议，丰富税收情报交换手段

美国国家税务局对同期税务检查相当重视，在《国内收入法典》（操作手册）第四章“税务检查”第六十节“国际税务检查程序”中，专门制定了《实施美国同期税务检查项目的指导原则和程序》，对同期税务检查的各方面细节作出了具体规定。由于同期税务检查的对象多为大型跨国企业及其分布在世界各国的关联企业，因此，开展同期税务检查加强了美国与其他国家税务机关的合作，使跨国偷漏避税活动无可遁形。目前，在我国，由国家税务总局组织各地反避税部门开展的大企业协查联查与同期税务检查有共通之处，但检查的范围仅限于国内，尚无法达到同期税务检查条件下，协同各国税务机关力量集中打击跨国偷漏避税的效果。因此，我国宜在总结大企业协查联查经验的基础上，与跨国投资交易密切的国家或地区签订同期税务检查协议，并参考美国的操作程序，制定我国开展同期税务检查的工作规程。

（五）建立科学、规范的税收情报交换相关程序

多年来的实践证明，美国的纳税人识别号制度不仅成为税务机关强化税收征管的基石，也为税务人员在情报核查过程中准确查找纳税人发挥着重要的作用。相比之下，我国到目前为止尚未建立起统一规

---

① 国务院法制办公室2015年1月5日曾公布国家税务总局、财政部起草的《税收征收管理法修订草案（征求意见稿）》及其说明全文公布，征求社会各界意见，试图建立相应的第三方信息申报制度，但最后未得到立法部门的支持，如该征求意见稿第21条建议：“从事生产、经营的纳税人应当按照国家有关规定，持税务登记证件，在银行或者其他金融机构开立基本存款账户和其他存款账户，并将全部账号向税务机关报告。银行和其他金融机构应当在从事生产、经营的纳税人的账户中登录纳税人识别号，并在税务登记证件中登录从事生产、经营的纳税人的账户账号。税务机关依法查询从事生产、经营的纳税人开立账户的情况时，有关银行和其他金融机构应当予以协助。”第30条建议：“纳税人及与纳税相关的第三方应当按照规定提交涉税信息。”

范的纳税人识别号体系,[①]遑论在与协定国的情报交换中互相提供纳税人识别号了。因此,有必要在规范和完善纳税人识别号体系的同时,参照 OECD《税收情报交换操作规程》的要求,逐步建立与协定国在情报中互相提供纳税人识别号的机制,实现与国际惯例的接轨,提高情报交换效率。

(六)进一步完善情报交换操作性机制

为了督促基层税务机关尽可能按时完成情报核查,并及时掌握核查的进度,根据《美国国内税收法典》(操作手册)的要求,负责专项情报交换、同期税务检查和行业范围交换的税务人员应定期起草进度报告,上报国际司备查。此外,上级税务机关向基层税务机关发送对外专项情报交换评估问卷、基层税务机关向上级税务部门上报收到情报确认函及主管人员联系方式等做法,也有助于保证情报交换的质量和效率。国家税务总局出台的《国际税收情报交换工作规程》对我国税务机关的情报交换工作作出了较具体的指引,促进了情报交换的质量和效率,但并未强制性地要求各地定期上报情报核查进度。对于未按规定的时限要求上报核查结果的省级税务局,国家税务总局往往采取发送书面催办函的方法,督促其尽快核查上报。这种做法虽然较以往有所改进,但仍然不利于保证核查情报的基层税务机关按时完成核查任务,也不利于国家税务总局跟进情报核查的进度。因此,宜借鉴美国的相应做法,要求基层税务机关定期上报各类情报交换的进度报告,保证情报交换能够按时保质地完成。

---

① 如《税收征收管理法修订草案(征求意见稿)》第 8 条规定:“国家施行统一的纳税人识别号制度。”第 18 条规定:“纳税人识别号由税务机关统一登记管理。”第 22 条规定:“税务部门通过纳税人识别号进行税务管理,实现社会全覆盖。纳税人签订合同、协议,缴纳社会保险费,不动产登记以及办理其他涉税事项时,应当使用纳税人识别号。”第 31 条规定:“从事生产、经营的单位和个人在其经济活动过程中,一个纳税年度内向其他单位和个人给付五千元以上的,应当向税务机关提供给付的数额以及收入方的名称、纳税人识别号。单次给付现金达到五万元以上的,应当于五日内向税务机关提供给付的数额以及收入方的名称、纳税人识别号。”

第四节　其他重要税收信息交换国际合作框架

一、欧盟的利息税信息交换合作

欧盟的税收情报交换法律始于1977年《欧共体关于直接税合作的互助指令》(*the Directive on Administrative Cooperation in Direct Taxation*)。① 该指令要求各成员交换"一切有助于如实课税的信息"。在此后的三十多年,该指令历经多次修改,直到欧盟委员会认为"在原有体系内的翻修已经无法适应当下欧盟内部市场对于税务互助的要求",于2011年2月15日废止该指令,代之以《欧盟税收行政合作指令》(*Council Directive* 2011/16/*EU of* 15 *February* 2011 *on administrative cooperation in the field of taxation*),自2013年1月1日起生效。根据《欧盟税收行政合作指令》的要求,各成员在税收情报交换领域负有更广泛的自动交换义务,且承担的职能更为明确,主要体现在以下方面:

(1)所适用的税收种类相当宽泛。除了现有指令已涵盖的增值税、关税、消费税及强制性社保金之外,该指令还适用于一切直接税和其他间接税。

(2)实施机制强制、有效。由欧盟委员会负责审查和评估指令的实施工作,各成员的税务机关应当设立相应的中心联系办公室、联络部门及负责人,以确保与其他成员国以及欧盟委员会的联络工作畅通无阻。

(3)成员方职责明确、具体。在情报交换实施方式上,要求各成员自2014年1月1日起,针对特定类型的所得实施强制性的自动情报交换,并且应当在5种法定条件下进行自发情报交换。此外,成员还可以通过境外实地稽查、同步税务稽查、行政通知、提供反馈、分享实务经验

---

① 其全称为 *Council Directive 77/799/EEC of* 19 *December* 1977 *Concerning Mutual Assistance by the Competent Authorities of the Member States in the Field of Direct Taxation and Taxation of Insurance Premiums*, OJ L 336, 27. 12. 1977, p. 15。

等方式加强税务合作。

(4)技术支持可靠。要求利用欧盟开发的公共通信网络(Common Communication Network,CCN)作为电子数据传输的平台。

(5)禁止拖延。指令为各国税务机关履行指令中的各项义务设立了明确的时限。

在欧盟的税收情报交换机制中,欧盟《利息税指令》所确立的自动税收情报交换制度具有里程碑意义。[①] 为加强各成员方对各其居民储蓄利息的税收征管,欧盟委员会于2003年6月出台《利息税指令》(于当年6月正式生效,2005年7月1日开始执行)。该指令主要针对欧盟成员方居民在海外设立银行账户的逃避税行为,试图确保取得利息的居民所在地国享有独占性课税权。随着跨境资金流动的便利性和无纸化,居民所在地国难以掌握其居民在境外的利息信息,因此相应信息的自动交换成为该指令的核心制度。例如,该指令第9条规定,利息支付机构的成员方主管当局必须在每一财政申报年度终了后6个月内向税收居民国税务当局提供有关利息税的信息。这些信息包括取得利息受益人的身份和居住国、支付机构的地址和名称(姓名)、受益人的存款账户及利息的数额等。

为确保该指令顺利通过,该指令还允许成员方在一定期限内暂缓实施自动情报交换,[②]但在其他成员方对欧盟范围内的跨境利息免税的情况下,须征收预提税,其中75%的预提税应当转交给利息受益人母国,如采用这一例外条款的奥地利和卢森堡,自2011年7月1日起,其预提税率从原来的20%提高至35%。[③]

该指令经2014年3月、2014年12月、2015年11月等多次修正

① 其全称为 *Council Directive* 2003/48/*EC of* 3 *June* 2003 *on Taxation of Savings in the Form of Interest Payments*。

② 参见梁若莲编著:《税收协定解读与应用》,中国税务出版社2012年版,第280页。

③ Ingo Kleutgens, Cornelia Wiendl, Susan Günther, *Decision on Repeal of Directive* 2003/48/*EC of the Council on Taxation of Savings Income* ("*EU Savings Directive*"), accessed September 15, 2020. https://www.lexology.com/library/detail.aspx? g = 02ab29d9 - 12c0 - 42cd - b363 - 9dcca24a4064.

后,适用范围进一步扩大至欧盟以外的区域,以及与利息类似的其他收入,如股息、来自投资基金和人寿保险的收益等。为防止义务人为规避该指令而将资金转移到欧盟外,欧盟还积极与非欧盟成员签谈相应协定。目前其已与瑞士、安道尔、列支敦士登、圣马力诺、摩洛哥、也门、英属维尔京群岛等国家和地区达成相应的自动情报交换或预提税征收协议,中国香港特别行政区、中国澳门特别行政区和新加坡等被列为下一步的谈判对象。①

欧盟上述税收指令建立了一个比较完备的涉税信息交换与共享机制,不但明确了信息交换程序的基本流程和要素,如交换对象、金额、频度与类型,而且由于它不包含一般税收协定中常见的信息披露限制性条件,使被请求国更难以拒绝信息交换的请求。同时,欧盟《利息税指令》还尽可能地涵盖了重要的非欧盟国家和成员国的属地,从而使信息交换的范围得到进一步扩大。但欧盟同时也承认,其中的税收情报自发交换条款尚未得到完全执行。②

自2015年1月1日起,被称为"欧盟版FATCA"的《欧盟行政合作指令》(*the Directive* 2011/16/*EU on Administrative Cooperation*)正式实施。该指令第8条(税收信息自动交换)及相应修订案,不仅将实施《金融账户信息自动交换标准》确定为欧盟成员国的强制性义务,将涉税信息范围从利息所得扩大至雇佣所得、董事费、寿险产品、养老金、不动产所有权及所得这五类信息,还将红利、资本收益和其他形式的金融收入和账户余额等内容纳入自动信息交换范围。③

欧盟上述成功经验,对于全球性自动税收信息交换标准的设立具

---

① Ingo Kleutgens, Cornelia Wiendl, Susan Günther, *Decision on Repeal of Directive* 2003/48/*EC of the Council on Taxation of Savings Income* ("*EU Savings Directive*"), accessed September 15, 2020. https://www.lexology.com/library/detail.aspx? g = 02ab29d9 - 12c0 - 42cd - b363 - 9dcca24a4064.

② European Parliament, *European Parliament Resolution of* 25 *November* 2015 *on Tax Rulings and other Measures Similar in Nature or Effect*, accessed September 25, 2020. https://eur-lex.europa.eu/legal-content/EN/TXT/PDF/? uri = CELEX:52015IP0408.

③ 参见黄云:《〈行政合作指令〉修订计划:欧洲版FATCA初现端倪》,载《国际税收》2014年第7期。

有重要的借鉴意义。

二、《多边税收征管行政互助公约》框架下全球性的税收信息交换国际合作

随着经济"全球化"进程不断加速,相应的人员、资本、货物和服务大幅加速跨国流动。为解决该条件下产生的纳税人跨国经营的无国界性与税收征管的国界性矛盾,1988 年 1 月 25 日,欧洲委员会和 OECD 在法国斯特拉斯堡共同制定了《多边税收征管行政互助公约》(1995 年 4 月 1 日生效)。[①] 其中,公约为解决跨国税收征管中的信息不对称问题,要求成员之间加强相应的税收信息交换合作。该公约最初被定位于区域性公约,仅向该两国际组织的成员方开放,但 2008 年全球金融危机爆发后,各国财政紧张,加强税收征管、增加财政收入成为各国面临共同的目标,税收征管国际合作因此得到了国际社会的高度重视。2009 年 4 月,G20 伦敦峰会呼吁世界各国采取联合行动,打击国际逃避税。

2010 年 5 月,OECD 与欧洲委员会响应 G20 号召,通过议定书,对《多边税收征管行政互助公约》进行修订,不仅吸收了税收信息交换国际合作发展新成果,还将公约向全球所有国家开放。[②] 修改后的公约于 2011 年 6 月 1 日生效。目前已有 70 多个国家承诺或签署该公约。

《多边税收征管行政互助公约》共六章总计 32 条,主要规定三种税收征管协作方式:税收信息交换、税款追缴和文书送达,其中的信息交换国际合作最为基础、最为重要。[③] 除适用于上述三种协助方式的一般性规定外,该公约第三章(协助的形式)第一节(情报交换)使用 7

---

① 虽然《多边税收征管行政互助公约》主要出自 OECD 和欧洲委员会的努力,但其目前已经扩张为全球性公约,成为最重要的税收信息交换国际合作多边公约,因此,本书将其从 OECD 制度框架下分离出来,作独立评析。

② 参见《多边税收征管行政互助公约》第 28 条(公约的签署和生效)第 5 款。

③ 《多边税收征管行政互助公约》第 1 条(公约适用对象及人的范围)第 2 款规定:"此类征管协助应包括:(一)情报交换,包括同期税务检查及参与境外税务检查……"

个法条(自第4条至第10条),除对专项情报交换[①]、自动情报交换[②]、自发情报交换[③]、同期税务检查[④]、境外税务检查[⑤]的有关条件和要求作出较明确规定外,还对应予交换情报的范围、[⑥]专项情报交换和自发情报交换项下对纳税义务人的通知保障,[⑦]以及有关情报存在矛盾条件

---

① 《多边税收征管行政互助公约》第5条(专项情报交换)规定:"一、应请求国请求,被请求国应向请求国提供符合第四条规定的、涉及任何具体人员或交易的情报。二、如被请求国现有税收情况资料中的情报不够充分,从而不能满足情报交换请求,该国应采取一切必要措施,提供请求国要求提供的情报。"

② 《多边税收征管行政互助公约》第6条(自动情报交换)规定:"两个或两个以上的缔约方应根据相互协商所确定的程序自动交换涉及不同类别案件且符合第四条规定的情报。"

③ 《多边税收征管行政互助公约》第7条(自发情报交换)规定:"一、尽管没有收到事先请求,在下列情况下,缔约一方如知晓相关情报,应向缔约另一方提供:(一)缔约一方有根据认为缔约另一方可能遭受税收损失的;(二)某纳税义务人在缔约一方取得了减税或免税,因此可能会增加其在缔约另一方税收或纳税义务的;(三)缔约一方的纳税义务人与缔约另一方的纳税义务人在一个或多个国家进行商业交易,交易方式可能导致缔约一方或另一方税收减少或双方的税收均减少的;(四)缔约一方有理由怀疑因在企业集团内部人为转移利润而可能造成少缴税款的;(五)缔约一方提供给缔约另一方的情报,可能使缔约另一方获得与评估纳税义务有关的情报。二、各缔约方应采行必要的措施和程序,确保获得本条第一款所述情报,向缔约另一方传送。"

④ 《多边税收征管行政互助公约》第8条规定(同期税务检查)规定:"一、应缔约一方请求,两个或两个以上的缔约方应共同协商、确定同期税务检查的案件和程序。相关各方应决定其是否希望参与某项具体的同期税务检查。二、在本公约中,同期税务检查指由两个或两个以上的缔约方安排,同时在各自境内,对某人或存在某种共同或关联利益的多人进行的纳税事项检查,以交换各自由此所获的相关情报为目的。"

⑤ 《多边税收征管行政互助公约》第9条(境外税务检查)规定:"一、应请求国主管当局请求,被请求国主管当局可在其境内某项税务检查活动中的某一适当环节,允许请求国主管当局代表在场。二、如接受上述请求,被请求国主管当局应尽快通知请求国主管当局该项税务检查的时间和地点、指定进行该税务检查的机关或官员,及被请求国对进行该检查所要求的程序和条件。有关进行该税务检查活动的所有决定均应由被请求国做出。三、缔约一方可通知任一公约保存人其一般不接受本条第一款所述请求的意向。上述声明可在任何时间做出或撤销。"

⑥ 《多边税收征管行政互助公约》第4条(一般规定)第1款规定:"在公约涵盖的税种范围内,凡是与缔约方运用或实施相关国内法有可预见相关性的情报,各缔约方均应进行交换。"

⑦ 《多边税收征管行政互助公约》第4条(一般规定)第3款规定:"任何缔约方均可通过向公约保存人提出声明的方式,表明在依照第五条和第七条规定提供有关其居民或国民的情报前,依据国内法,其主管当局可通知该居民或国民。"

下通知缔约对方的义务等作出规定。[①]

此外,《多边税收征管行政互助公约》还使用大量篇幅对请求税收情报交换的条件与文书、可拒绝协助的事宜与方式、所交换情报的使用与保密、相关诉讼的管辖权等作出明确规定。例如,要求缔约方在开展税收信息交换合作的同时,保护纳税人的隐私权和知情权,要求各缔约方对纳税人信息采取严格的保密措施,且仅用于税收征管目的。[②]

就国际条约的竞合适用问题,《多边税收征管行政互助公约》规定,在当事国同为该公约缔约方,并且又签署了其他税收条约的条件下,允许当事国选择最有效、最适当的条约执行。[③] 该公约被认为是获取税收信息和降低跨国税收征管行政成本的有益工具,被视为 OECD 构建全球税收合作多边机制的一项重大成果。[④]

2013 年 1 月 17 日至 18 日,首届金砖国家税务局长会议在印度新德里举行,会议通过《德里宣言》,并发表金砖国家税务局长会议公报,明确了需进一步扩大税收政策与税收管理合作的七大领域,并明确强调,应当促进各国之间的税收信息交换合作。[⑤] 2013 年 7 月,G20 财政部长与央行行长会议支持 OECD 将《多边税收征管行政互助公约》框架下的税收信息自动交换作为全球税收情报交换的新标准。

2013 年 8 月,中国在巴黎签署该公约,成为该公约的第 56 个签约方。这也是中国签署的第一份多边税收条约。2015 年 6 月,第十二届

---

① 《多边税收征管行政互助公约》第 10 条(内容矛盾的情报)规定:"如缔约一方从缔约另一方获取的有关某人的税收情报与其掌握的情报内容相矛盾,应将该情况通知提供情报的缔约另一方。"

② 参见《多边税收征管行政互助公约》第一章"公约范围"(第 1、2 条)、第二章"一般规定"(第 3 条)、第四章"关于各种协助形式的规定"(第 18 条至第 23 条)等。

③ 参见《多边税收征管行政互助公约》第 27 条。

④ Thomas Slattery, *Taking a Bit Out of Crime: Bitcoin and Cross-border Tax Evasion*, Brooklyn Journal of International Law, Vol. 39, No. 2, 2014.

⑤ 该会议公报倡导的 7 项合作包括:在考虑发展中国家普遍需求和"金砖五国"共性需求的基础上,为国际税收和转让定价国际规则的制定做出贡献;通过加大国际合作力度,有效应对不遵从行为,强化税收征管;加强征管能力建设;分享各国在应对滥用税收协定、转移利润等逃税和不遵从行为等方面的实践经验;形成"金砖五国"合作机制,打击恶意税收筹划等方面的逃避税行为;促进有效信息交换;与会各国共同关心的其他税收问题。

全国人民代表大会常务委员会第十五次会议决定批准该公约。该公约自2016年2月1日起对中国生效，适用于2017年1月1日及以后的纳税期限或征税行为。国家税务总局局长王军对此做出高度评价："我国作为世界第二大经济体，在外资不断进入的同时，对外投资亦发展迅速。加强跨境税源管理，打击跨境逃避税，是我国税收征管面临的难题。批准这一公约将有助于拓展我国国际税收征管协助的广度和深度，提高对跨境纳税人的税收服务和征管水平，挤压跨境逃避税的筹划空间，维护我国税收权益。"

值得注意的是，中国在批准该公约时，对其中的税收追缴和文书送达协助方式，以及公约涵盖的税种等作出保留。① 因此，该公约对中国而言，实质上已经被演化为一份税收信息交换合作国际公约。

① 该决定声明："一、根据《公约》第三十条第一款第（一）项的规定，对《公约》第二条第一款第（二）项提及的税收，未列入《公约》适用的税种，不提供任何形式的协助。二、根据《公约》第三十条第一款第（二）项的规定，不协助其他缔约方追缴税款，不协助提供保全措施。三、根据《公约》第三十条第一款第（四）项的规定，不提供文书送达方面的协助。四、根据《公约》第三十条第一款第（五）项的规定，不允许通过邮寄方式送达文书。五、对《公约》第二条第一款声明，《公约》适用于根据中华人民共和国法律由税务机关征收管理的税种。……七、对《公约》第四条第三款声明，在依照《公约》第五条和第七条规定提供有关中华人民共和国居民或国民的情报前，中华人民共和国主管当局可通知其居民或国民。八、在中华人民共和国政府另行通知前，《公约》暂不适用于中华人民共和国香港特别行政区和澳门特别行政区。"

第三章　金融税收信息自动交换比较研究

在经济全球化背景下，税基税源的无国界流动与各国税收征管活动的国界内运行，导致税务机关与纳税人之间严重的信息不对称。特别是近年来纳税人通过境外金融机构持有和管理海外资产，将收益隐匿在海外，借以逃避居民国纳税义务的现象越来越普遍，造成各国不同程度的税收流失。虽然这一问题并非始于今日，但2008年爆发的金融危机导致以美国为首的发达国家政府收入大幅缩水，财政赤字严重，终于促使其痛下决心，正视并打击本国纳税人利用海外金融账户的偷逃避税行为。美国国会通过其《海外账户税收遵从法案》，要求外国金融机构自动、批量地向美国税务部门报告其美国纳税人的账户信息。如不遵守，将对外国金融机构源于美国的付款扣缴30%的惩罚性预提税。而以英国、法国为代表的欧洲国家则推动G20和OECD在全球范围内开展税收透明度建设和情报交换，将自动情报交换作为新的全球标准，并支持OECD会同G20成员制定《金融账户涉税信息自动交换标准》。

第一节　美国FATCA项下的金融信息自动交换机制

一、FATCA出台的背景及目的

FATCA是美国政府强力规制美国居民海外避税行为的产物。该法不仅极大地增强了美国政府对其纳税人海外资产配置活动的税收征管能力，还引领着全球金融账户涉税信息自动交换国际合作的发展。

2007年美国次贷危机引爆了全球金融危机,严峻的国内外经济形势致使美国财政面临巨大压力。为缓解财政赤字压力,美国开始考虑如何进一步将美国公民和企业的海外收入、资产纳入税收征管范围。尽管美国在1970年《银行保密法》(*Bank Secrecy Act*)前就已经明确要求,美国纳税居民(个人)拥有或支配海外金融账户,并且相应账户的加总金额超过1万美元或等值存款额的,都必须向美国财政部报告其外国银行和金融账号(Report of Foreign Bank and Financial Accounts, FBAR),申报其在外国银行和金融机构持有账户或资产的相关信息。[①] 但该法事实上并未真正落实。[②]

为配合FBAR的实施,美国于2009年10月出台FATCA。[③] 该法于同年12月修订后,于2010年3月作为《奖励雇佣恢复就业法案》(*Hiring Incentives to Restore Employment Act*, 2010. *Public Law No.* 111 – 147[Mar. 18. 2010], §§501 – 541, HIRE)的一部分,成为《美国联邦税法典》(*Internal Revenue Code*, IRC)第四章(第1471条至第1474条)。该法通过为美国付款人设定高比例的预提税扣缴义务,迫使外国金融机构提供其美国客户的涉税信息,以便找出隐藏在背后的美国纳税人。基于国内外多方面的异议与反对,该法案的实施推迟到2014年7月1日方正式启动,并定于2014年至2017年分阶段正式

① 根据FBAR,所有的美国纳税人只要自1月1日至12月31日任一时间点拥有或支配海外金融账户或资产(包括银行账户、证券账户、有现金价值的年金合约和人寿保险等),且加总金额超过1万美元的,必须每年向美国财政部金融犯罪调查执行局填报114外国银行和财务账号申报表(2014年以前为TD F. 90 – 22.1表)。申报内容包括申报人基本信息、外国金融机构名称、地址、账户类型、账户号码及当年年度最高余额等。故意未申报FBAR或者未留存账户记录,罚款为每年账户最高余额的50%或10万美元(二者选较高值者);非故意不申报FBAR的,处罚1万美元;刑事处罚最高可判处10年有期徒刑,可并处50万美元刑事罚金。民事处罚和刑事处罚可同时进行。未申报海外金融账户的民事责任的追溯期为6年。

② FBAR申报在2011年修订后开始从严执行。

③ 对美国纳税人而言,FBAR申报与FATCA申报是同时并存的两套海外金融资产申报体系。前者是由FinCEN主管的海外银行账户披露申报,后者是由IRS主管的海外特定金融资产披露申报。虽然两者的申报内容部分重合,但须独立申报。因本书聚焦税收情报交换国际合作,故未进一步展开FBAR申报问题。

实施。但是,其中的所得税预扣处罚却因相应的责任豁免期一再延长而推迟到2019年12月31日执行,故其全面实施应是自2020年1月1日起。[①]

FATCA直接指向并试图突破外国的银行保密制度,破除各国银行保密制度对美国纳税人偷逃避税行为的庇护,因此受到多方的反对。例如,从经济效益层面,一国严格的银行保密制度无疑可增强该国对国外资金和投资的吸引力,可能为其带来大量海外资金,但这往往侵蚀了其他国家的税基,成为偷逃漏避税者的"天堂",甚至沦为洗钱、恐怖融资等违法犯罪活动的"保护伞"。[②] 以瑞士、奥地利为代表的离岸金融中心极力地维护其国内银行保密制度,以维持其建立在严格银行保密制度上的金融业竞争优势;而以美国为首的发达国家则不断敦促这些离岸金融中心或者避税地与其交换相应的税收信息交换,以便获取其海外居民纳税人的税务信息。故不论是《OECD税收情报交换协议范本》,OECD、联合国或美国的税收协定范本中的税收情报交换条款,还是修订后的《多边税收征管行政互助公约》等,均要求在税收情报交换

① 参见虎潇秋:《2020年元旦起,美国新税法正式实施:隐瞒中国境内账户,或面临重罚及刑牢》,载https://www.jiemian.com/article/3821879.html,最后访问时间:2020年5月20日。

② 有关数据显示,中国香港特别行政区、英属维尔京群岛和美国等,既是中国境外投资的主要投资地,也是向中国境内投资最多的国家和地区。例如,英属维尔京群岛尽管仅153平方千米,2万多常住人口,却有来自世界各地的80万多家公司(2011年)在此注册。在当地多如牛毛的"离岸公司"中,与中国投资有关的数以万计。这类为离岸公司所偏爱的"避税天堂"通常具有以下特点和优势:(1)低税率,其对外经营所得一般为零税率或超低税率,避税者一般通过三角贸易方式达到避税目的。(2)法律制度比较完善,金融服务业比较发达。避税港一般都是政治、经济和贸易环境非常稳定的地区,其经营成本低、风险小。(3)隐私权受到严格保护。当地政府为吸引外国投资,往往允许银行客户、公司股东匿名,并且不允许对外提供外国投资者的财务信息,可为避税者、洗钱者等提供良好的安全保障。(4)注册登记简单,企业注册资金一般要求很低,没有或仅要求很低的商业登记费。(5)企业的维持或管理简单,一般为"邮箱公司",每年只需要缴纳为数不多的年费,一般无须提交财务年报、审计报告。例如,英属维尔京群岛《国际商业公司法》可为外国企业在岛设立的"离岸公司"提供如下优惠政策:可以任何货币作为公司的注册资本,没有最低注册资本限制;"离岸公司"注册后,除每年交纳营业执照续牌费外,免交所有当地税项;注册公司只需1名股东和1名董事,无须雇用该岛居民为公司职员;无须申报管理者资料,账目和年报可不公开。

过程中,不应以金融信息保密作为拒绝情报交换的理由:“缔约国不能仅因某一情报由银行、其他金融机构、受托人或其他被委托人所掌握而拒绝提供该情报。”[①]而美国出台 FATCA,以该法的域外适用方式推行上述国际共识,是一国通过国内法突破其他国家银行保密制度的成功尝试。

二、FATCA 主要内容

(一)确立美国纳税人账户分级管理制度

美国纳税人账户是指由一个或多个“特定美国人”持有的金融账户,或者由该美国人直接或间接拥有 10% 以上控制权的外国实体所持有的金融账户。“特定美国人”作为美国纳税人,包括美国公民和居民,但排除了退休基金、房地产投资信托、政府、免税公司等。[②] 为了减轻 IRS 对尽职调查程序的行政管理成本,FATCA 对美国纳税人账户进行差别管理,即将这些账户区分为原有账户和新建账户、个人账户与实体账户、高价值账户与中低价值账户,并对不同类型的账户设定了不同程度的调查和报告义务。一般来说,外国金融机构(Foreign Financial Institution,FFI)所要履行的调查和报告义务随着账户价值的增高逐渐加重,小额账户一般则可以免除调查和报告义务。小额账户一般指:(1)个人在同一 FFI 的存款账户总价值不超过 5 万美元;(2)个人保险合同或养老金合同的现金价值不超过 25 万美元;(3)实体的账户价值不超过 25 万美元。[③] 这种分级管理虽然可以减轻 IRS 海外账户信息的管理成本,但可能会增加相应 FFI 的遵从成本。FFI 可能更希望对

---

① See OECD, Article 5 para. 4, *Agreement on Exchange of Information on Tax Matters* (2002); OECD, Article 26 para. 5, *Model Tax Convention on Income and on Capital* (2004); OECD, Article 21 para. 4, *Convention on Mutual Administrative Assistance in Tax Matters* (2010). etc.

② See Sec. 1473(3) IRC, Sec. 1471(d)(1) IRC, Sec. 1473(2)(3) IRC.

③ See *Proposed Regs*. sec. 1. 1471 – 4(c). (Proposed Regs. refers to IRS-Reg – 121647 – 10, Feb. 8, 2012(*Regulations Relating to Information Reporting by Foreign Financial Institutions and Withholding on Certain Payments to Foreign Financial Institutions and Other Foreign Entities*)). See *Proposed Regs*. sec. 1. 1471 – 4(c)(3)(ii)(B), sec. 1. 1471 – 4(c)(4)(iii)(A).

其各类账户适用统一的规则，以简化实施程序。

（二）明确美国纳税义务人等各方的申报义务

FATCA 为了防止美国纳税人滥用离岸地避税，[①]该法案要求：（1）包括拥有美国居留权的外国人在内的美国纳税人须申报其海外资产。[②] 该法所定义的"美国纳税人"包括居住在美国境内、在海外拥有 5 万美元以上资产，或者居住在美国境外、在海外拥有 20 万美元以上资产的美国公民和持有美国绿卡的外国人，他们均需要在 2012 年 4 月 15 日前向美国政府申报；必须申报的信息主要包括海外股票及债券、已达退休年龄人士的海外退休金、各种对冲基金和私募基金等。藏匿海外资产拒不申报的，视为逃税，处 1 万美元罚款。经 IRS 接连通告后仍不缴纳相关税费的，最高罚款可达 5 万美元，严重的可并处刑罚；故意少报的，处少报部分 40% 的罚款，严重的可并处刑罚。（2）与美国有业务往来的外国金融机构（外国银行、基金管理公司、保险公司和对冲基金等）均应与美国签约，同意提供其美国客户信息。（3）与美国企业进行贸易或商业交易的外国企业，须向美国付款人提供其主要股东（持股 10% 以上）的信息。否则，将视为不与美国政府合作。上述"不合作"者在美国有"预提税收入"（Withholdable Payments）的，美国将对该收入课以 30% 的惩罚性预提税，由向外国金融机构和外国企业支付的美国付款人扣缴。

由上可见，在 FATCA 框架下的涉税信息申报主体主要包括：（1）在海外有金融资产、投资或贸易的美国纳税义务人；（2）在美国投资或进行贸易的外国金融机构和企业；（3）与前两者发生支付关系的

---

① 美国税法中的"美国纳税人"，包括美国公民及其税务居民。为了防止偷逃漏税，美国税法要求美国纳税人申报多种"信息报表"（information returns），以追踪纳税人在海外的银行账户和海外公司的经营和分配情况等，作为课税依据。信息报表虽然不是报税表，但如果不申报，往往会遭到比报税表违法更高的罚款。

② 居留权外国人，指具有美国永久居留权或在美国有实质性居留（1 年内在美国居留达到或超过 183 天）的外国人，其纳税义务与美国公民基本相同，应就其全球范围的一切收入和资产履行纳税义务。相对而言，作为非居留权外国人，仅需就来源于美国的收入及位于美国境内的资产履行纳税义务。

美国付款人。这三种主体均有申报交易另一方涉税信息的法定义务,从而构成一个可以对所报涉税信息相互比对的信息报告链。三者之间互相牵制,如果一方申报,而另一方不报或所报内容不一致,不申报或错报的一方很容易被发现,从而遭受处罚。而众多的三角链相互联结,就足以形成完整的涉税信息申报网。如就个人而言,符合 FATCA 要求的美国个人纳税人必须逐年在规定的个人报税时间里填写 8938 表,向 IRS 申报其海外的资产信息。经核实未能提交海外资产报告的,其将面临 1 万至 5 万美元的罚款。

FATCA 通过强化申报义务、加大处罚力度,①增强涉税信息透明度,保障美国能获取其纳税人海外账户的涉税信息,以调查和防止美国纳税人的海外偷漏避税行为。

(三)要求外国金融机构向 IRS 提交金融税收信息

国际支付一般需通过银行等金融机构进行,外国金融机构因此成为 FATCA 主要的信息报告责任方。该法要求相应的外国金融机构向美国充分披露其客户涉税信息,因此引发了全球各国政府及金融机构的极大关注。鉴于其具体实施客观上需要其他国家的配合及必要的实施准备,因此被延期执行:②非美国金融机构需要在 2013 年 1 月 1 日至 6 月 30 日与美国政府签订合约,签约的外国金融机构应在 2015 年 6 月 30 日前完成所有涵盖账户的尽职调查。③ 其后这个签约时间又被推迟到 2014 年 1 月 1 日,预提税罚则被推迟到 2016 年 1 月 1

① 如此高额的惩罚性预提税足以迫使外国金融机构和外国非金融机构向美国联邦税务局自动申报其美国客户的账户信息,除非其自动放弃美国市场。

② 2012 年出台的 FATCA 实施细则,要求所有的非美国金融机构(FFI),包括银行、投资银行、信托公司,以及非美国的非金融机构(NFFE)鉴别并向美国国税局披露其美国客户(包括美国公民和绿卡持有者)账户的详细信息,并承担代扣代缴义务,否则该机构任何来源于美国的收入款项,以及销售或处分美国证券所得等,都将被加征 30% 的预提税。

③ 是否参与合作,或者能否成为合作账户的回复时间,一般个人和法人账户为 2015 年 6 月 30 日前。高价值账户者(多于 100 万美元)为 2015 年 12 月 31 日前。金融机构本身的为 2014 年 12 月 31 日前。

日执行。①

根据 FATCA 的要求,FFI 必须与美国财政部长签订合作协议,承诺就其掌握的美国纳税人账户向 IRS 履行尽职调查与报告义务(Due Diligence and Report),从而取得"合作外国金融机构"(Participating FFI,PFFI)资格(Sec. 1471(b)of the Internal Revenue Code,IRC.),须填报 8966 表,直接向 IRS 报告其有"美国标识"客户的账户信息。PFFI 为此应告知和提醒开设海外账户的美国公民有关 FATCA 的要求;向 IRS 提供美国纳税人海外账户信息的年度报表,特别是美国纳税人的税号"TINs"(Tax Identification Numbers)及出生日期"DOB"(Dates of Birth)。该法案所定义的 FFI 范围非常广泛,②不仅包含商业银行、投资银行、信贷联盟等外国银行业机构,也包含那些主业是为他人持有金融资产的外国实体和主要从事投资或证券交易的外国实体,如证券公司、清算公司、信托公司、托管银行、共同基金、对冲基金、组合基金、私募基金、风险投资基金等投资工具(Sec. 1471(d)(5) IRC.)。

此外,PFFI 还应安排其关联企业(一般指拥有 50% 以上控制权的企业)向 IRS 注册,后者亦因此被视为 PFFI(Sec. 1471 -4(e)(1) IRC)。FATCA 因此被进一步扩大适用到跨国关联企业。

FATCA 项下应提交的情报相应广泛。根据其实施细则 Regs. sec. 1. 1471 -4(d)(3)(ii)(iii)的要求,PFFI 应报告的情报主要包括:(1)账户持有人的姓名、地址和税务代码;(2)账户号;(3)账户余额或价值;(4)账户全年有关股息、利息和出售或赎回股权、债权的付款信息;(5)转移或关闭储蓄账户、托管账户、保险账户和养老金账户的信息;(6)IRS 要求提供的其他信息。此外,根据该 Regs. sec. 1. 1471 -4

---

① 但其后对于签署 FATCA 模式一管辖区的海外金融机构(FFIs),再次给予 3 年宽限期,即在 2019 年 12 月 31 日之前,不提供有"美国标识"客户的税号(TIN)的,不构成重大违规。但是,自 2020 年 1 月 1 日起,宽限期结束,FATCA 将全面发力,美国纳税人的海外资产将因此大批量曝光。参见美国财政部 *Notice* 2017 -46 *on TIN and DOB requirements*(Oct. 11, 2017),https://www2. deloitte. com/lu/en/pages/tax/articles/otn-notice -2017 -46 - tin. html。

② 外国金融机构是指在一国境外注册,并经所在国家或地区金融监管当局或行业协会认可的金融机构。

(d)(6)的要求,PFFI 每年还应向 IRS 报告以下信息:(1)含有美国标识的账户总数量和总价值;(2)不含美国标识的账户的总数量和总价值;(3)处于休眠状态的账户的总数量和总价值。

根据 FATCA 项下尽职调查程序的要求,账户持有人应承担举证责任,证明其自身的账户性质。账户的持有人如果不能证明自己非美国纳税人,或者其不能向 FFI 提供必要的证明文件,包括那些因不愿放弃当地法律授予的保密权利而拒绝向 FFI 提供免责授权的账户持有人,都将被认定为“不合作的账户持有人”(Recalcitrant Account Holder,RAH)(Sec. 1471(d)(6)IRC.)。对于支付给 RAH 的任何可预提款项(Withholdable Payment),预提代理人(Withholding Agent)均应扣除 30% 的预提税;如果 RAH 依然拒绝合作,FFI 应当关闭该 RAH 的银行账户。[①] 该预提款项范围广泛,包括源于美国境内的利息、股息、租金、转让各类资产、特许权使用费及营业外收益等所得,以及其他固定或可预计的年度或定期的收益、利润和所得,出售或处分美国股权或债权财产取得的总收入,但不包括非融资性的正常业务所得。[②] 预提代理人是指能够控制、收取、保管、处分或支付可预提款项的任何个人或实体,包括美国境内的美国法人和其境外的 PFFT。

根据预提代理人的不同,预提税有两种实施模式。第一种是由美国法人作为预提代理人的,由其对向 NPFFI 支付的可预提款项代扣 30% 的预提税。这种预提税从 2014 年 1 月 1 日起实施。第二种是由 PFFI 作为预提代理人的,由其对向 NPFFI 和 RAH 转付的可预提款项代扣 30% 的转付预提税(Foreign pass through Withholding Tax)。转付预提税制度是为了防止 NPFFI 利用 PFFI 在美国从事间接投资而设计的。故即便 PFFI 向 NPFFI 支付的款项可能是来自美国境外的款项,亦被视为美国源泉税对象。转付预提税从 2017 年 1 月 1 日起实施。

---

① See Sec. 1471(b)(1)(D)(ii) IRC,Sec. 1471(b)(1)(F)(ii)IRC.,Regs. sec. 1. 1471 - 4(d)(3)(ii)(iii).

② See Sec. 1473(1)(A)(B)IRC.

三、FATCA 引发的国际税法争议

FATCA 作为美国的国内税法，但直接指向其他国家属地管辖权项下的税收事务，在国际社会引发了较大争议，其主要包括：

（1）其超长的域外税收管辖权与外国属地管辖权的冲突问题。根据国际法属地管辖原则，美国本土以外的金融机构属于该机构所在国的税收居民，非基于特别的国际条约和国际惯例的要求，美国无权要求上述金融机构直接向 IRS 提供资料。但 FATCA 的实施，使美国的税收管辖权向域外广泛延伸，远远超出美国辖区，必然与其他国家的属地管辖权发生冲突。

（2）与外国金融保密制度的冲突问题。一般而言，金融客户信息是一国金融业的核心机密信息。各国均不同程度地授予其金融机构金融信息保密权，金融业因此被公认为对客户信息保密程度最高的行业。许多金融机构所在地为了保护客户的隐私或商业机密，禁止金融机构对外提供客户信息。FATCA 这种情报申报要求，实质上是倒逼外国金融机构所在地国修改其相应的保密法，可能会强烈冲击他国的经济主权甚至国家安全。

（3）其信息交换的成本承担问题。FATCA 要求 FFI 和外国非金融机构（NFFI）向 IRS 自动申报相应的涉税信息。但对于这些外国金融业者而言，如果其履行 FATCA 上述情报申报义务，就不仅面临本国金融保密法及相应金融合同项下保密义务的限制，还承担高额的合规成本。因为它们须对所有客户进行深入细致的尽职调查，以识别其中的美国客户，收集客户的相应信息，并定期向 IRS 申报。为此，其将面临技术开发、设备更新、人员配备及培养等多方面的额外支出。国际银行家协会预计，全球主要银行的相应合规成本可能超过 2.5 亿美元。

（4）其惩罚性预提税的实施问题。FATCA 要求，对于向拒绝提供信息的账户和不参与 FATCA 合作的外国金融机构的所得支付，应扣缴 30% 的预提税。这对外国的扣缴代理人而言，可能违背所在地的强制立法，因为许多国家不允许协助执行其他国家的惩罚性税收措施。另外，即使签有双边税收协定的，该类收入的预提所得税率一般不会超

过10%。为促进合作,鼓励税收遵从,FATCA为此规定,对于未合规的非金融机构以及拒绝合作的账户,如果最终能向IRS披露相应信息并述明其身份的,其仍可享受协定待遇并申请退回此前被额外预提的税款。而对于FATCA的惩罚性预提税率与美国所缔结税收协定中的预提税条款(一般指股息、利息或特许权使用费条款)之间的冲突,税收协定可优先适用。[①]

另外,美国FATCA及其实施还可能导致实质不公平。因为美国为实施FATCA所推出的双边合作协议模式,即使是其中的互惠模式,也主要是形式上的对等。事实上,更多的可能是其他国家更多地甚至单边地向美国提供信息。而美国基于其FATCA法律体系,至今未签署也未承诺执行OECD的《多边自动信息交换协议》。这可能导致美国本土成为其所反对的避税安全岛,如美国学者安娜·斯旺森曾发文指出,美国已成为全世界最大的避税港之一。[②]

四、FATCA的实施

FATCA项下的长臂管辖、信息报告及相应惩罚性预提税制度,旨在借助外国金融机构打击美国纳税人的海外偷逃避税。IRS曾预计,FATCA的实施将在未来10年内为美国带来87.14亿美元的税收。[③]然而,不可忽视的是,FATCA作为美国国内法,对位于其境外的外国企业实行长臂管辖,要求外国机构履行情报申报义务,本质上属于极为强硬的单边措施,必然受到其他国家的抵制。故FATCA出台后,引起了世界各国、金融行业等各界的强烈关注。以国际金融协会为代表的行业组织明确反对FATCA,要求美国停止这一单边行为,认为应由金融

---

① See Regs. Sec. 1. 1474 -5(a)(3)(ii).

② 转引自龚辉文:《对BEPS行动计划及其成果的若干认识》,载《中国财经报》2016年7月12日,第6版。

③ See Joint Committee on Taxation, *Estimated Revenue Effects of the Revenue Provisions Contained in an Amendment to the Senate Amendment to the House Amendment to the Senate Amendment to H. R.* 2847, *the "Hiring Incentives to Restore Employment Act" Scheduled for Consideration*, by the House Committee on Rules on 4 March 2010 (Sept. 7, 2020), https://www.jct.gov/publications.html? func = startdown&id = 3650.

稳定委员会和G20等国际多边组织研究制定规制全球避税的合作规则。[①] 部分国家为抗衡美国FATCA,准备制定本国版FATCA,要求美国金融机构协助执行。部分外国金融机构为减轻FATCA施加的财务负担,则开始对美国人开立账户设立种种限制,甚至拒绝为美国人开立账户。[②]

此外,FATCA对投资美国的外国资本也会产生不利影响。美国作为全球主要的资本输入国,约有超2万亿美元的外国投资。如果对相应投资收入征收高达30%的预提税,也可能会威慑投资者,导致大量资本外流,部分富豪甚至因此放弃美国国籍。例如,Facebook联合创始人之一爱德华多·萨维林是16岁时移民美国的巴西裔亿万富翁,但其在2012年5月宣布放弃美国国籍,选择成为1名新加坡公民。外界普遍认为,萨维林此举是为了避税。因为当时正值Facebook上市,按其发行价区间上限计算,萨维林所持的5310万股价值高达38.4亿美元,需要缴纳至少6亿美元的税金。由于新加坡没有资本利得税,故他只需要再向美国政府补交1.5亿美元的税金即可。

鉴于此,为减小FATCA的实施阻力,美国通过国内、国际双层措施,多管齐下,积极推进FATCA实施进程。

(一)要求外国金融机构寻求其客户放弃保密权利

对于愿意遵从FATCA但面临金融保密、个人隐私保护或其他法律障碍的外国金融机构,FATCA提出的应对方案是,如果金融机构所在国法律禁止该机构对外提供美国客户的信息或扣缴相应预提税,金融机构应当在合理时间内与客户沟通,取得客户同意放弃相关权利的证明;若客户未在合理时间同意放弃,则该金融机构应关闭该账户或将该账户转移至其他金融机构。未达到以上要求的金融机构,仍列为"非合规金融机构"。

---

① See Michel S. D. & Rosenbloom H. D., *FATCA and Foreign Bank Accounts: Has the U. S. Overreached?*, Tax Analysts, May 30, 2011.

② 参见崔晓静、熊昕:《FATCA政府间协议范本对我国的影响及对策》,载《税务研究》2013年第12期。

(二)与有关国家签署金融信息交换协定以平衡相互之间的权利义务

FATCA 要求海外金融机构与美国国家税务局直接签订情报申报协议并提交其美国客户的相应金融信息,但只要外国金融机构所在地法律限制或禁止相应的信息跨境流通,相应的金融信息交换事实上就缺乏可操作性。为避免其他国家的对抗,争取各国的支持,美国主要通过谈签双边合作协定,以平衡相互的权利义务。2012 年 2 月 7 日,美国与法国、德国、意大利、西班牙、英国发表《关于改善国际税收遵从、执行 FATCA 的政府间方法的联合声明》(*Joint Statement from the US, France, Germany, Italy, Spain and the UK*)称,这些国家同意部分实施美国 FATCA;而作为对等回报,美国也将为该五国收集和分享美国金融机构所持有的这些国家纳税人的账户信息。① 该声明意味着有关国家同意构建一种 FATCA 实施替代机制,从而使外国金融机构只需遵守"FATCA 伙伴"国家之间的协议而非 FATCA 本身。该联合声明本质上是通过国际磋商机制实施一国国内法的成功尝试,消解了西方主要国家反对 FATCA 的阻力。这为美国将其国内做法进一步推向世界,将美国模式的国际税收情报交换制度推向世界开辟了道路。

2012 年 9 月,美国与英国签署互惠型的 FATCA 实施政府间协议,标志着 FATCA 的域外实施取得突破性进展。

美国与其他国家的签约进度起初比较缓慢。有学者因此担心,为避免 FATCA 项下美国制裁引发巨大国际金融动荡,美国届时可能不会实际制裁,FATCA 因此很可能像欧盟航空碳税一样"无疾而终"。②

FATCA 在美国国内也一直遭到共和党、海外美国居民及美国金融机构的反对,还出现不少要求废除 FATCA 的民间组织,如"Repeal FATCA"。特朗普甚至在其竞选纲领中明确表示,如果大选获胜,将废

① *Joint Statement from the US, France, Germany, Italy, Spain and the UK* (Sept. 20, 2020), https://www. treasury. gov/resource-center/tax-policy/treaties/Documents/FATCA-Joint-Statement-US-Fr-Ger-It-Sp-UK-02-07-2012. pdf.

② 参见黄素华、高阳:《国际税收情报交换制度进入快速发展期》,载《国际税收》2014 年第 2 期。

除 FATCA，但他目前并未采取相应践诺行为。因为“如果 FATCA 被废止，以 FATCA 为蓝本、由 OECD 主导推动并已有全球超过 100 个国家承诺实施的金融账户涉税信息自动交换标准（Common Reporting Standard，CRS）将陷入非常尴尬的境地，甚至引发美国会否成为 CRS 法外之地的疑虑”。[①]

目前国际社会多倾向于以政府间互惠合作模式实施 FATCA，并且推进速度很快，成效显著。截至 2019 年年底，与美国正式签署实施 FATCA 政府间协议的辖区，以及经双方同意视同已签署协议的辖区已近 120 个，[②]诸如英国、丹麦、墨西哥、德国、西班牙、挪威、爱尔兰、日本和瑞士等。

（三）推出规范 FATCA 实施的国内配套法规

为推进 FATCA 顺利实施，美国在国内法上也做出了相当程度的调整。美国财政部于 2012 年 7 月 26 日发布《改善税收遵从、实施 FATCA 政府间协议范本》（*Agreement code between the Governments to Improve International Tax Compliance and to Implement FATCA*，FATCA IGAs）。该协议范本旨在创设一种基于政府间国际合作、以“对等”为条件、以自动情报双边交换为保障的逃税避税规制机制，以克服 FATCA 单边模式的不足，从而使 FATCA 从单向税收信息报告走向双向信息交换。具体而言，该范本建立了实施 FATCA 的两种协议模式：模式一是通过缔约国政府间的合作开展情报交换，包括互惠型和非互惠型两种子模式。在互惠模式下，美国金融机构同样应审查和报告其掌握的缔约对方纳税人的账户信息，实现缔约双方之间的双边自动信息交换。而非互惠模式主要是低税或零税制的避税地单方向美国报送信息，而其本身则无须美国提供相应信息。模式二则沿袭了 FATCA 的初始模式，由外国金融机构直接向 IRS 报送信息。

---

① 参见梁若莲：《特朗普税改方案对我国的影响与对策建议》，载《税收经济研究》2017 年第 3 期。

② 参见《离岸公司进入裸奔时代，开曼将公开所有公司受益所有权信息》，载 http://www.sohu.com/a/351171588_467320，最后访问时间：2020 年 6 月 10 日。

根据该协议范本的规定，一旦签订政府间协议，缔约对方的金融机构即被视为参与的或合规的外国金融机构，其无须再直接与 IRS 订立协议或直接向 IRS 报告其美国客户信息，美国也不再对支付给缔约国金融机构的可预提款项征收 30% 的预提税。

为保障 FATCA 的顺利实施，2013 年 1 月 17 日，美国财政部还发布长达 543 页的 FATCA 实施细则 TD9610，以防止该法被规避。

FATCA 还得到来自美国法院的明确支持。在佛罗里达州及得克萨斯州银行公会诉美国国税局案中，华盛顿联邦地区法官詹姆斯·勃斯伯格于 2014 年 1 月 16 日判决认定，美国的金融机构不能拒绝提供外籍客户在美国的账户资讯，因为“FATCA 可改善美国税务申报的合规状况，并有利于防止在美国境内外的逃漏税行为，互惠的税务信息交换机制构成跨政府合作的基础”。[①] 这种政府间的行政合作与 FATCA 项下私主体的涉税信息申报义务共同构成打击国际避税的“天罗地网”。[②] 截至 2017 年 12 月底，全球 NFFI 在美国国税局注册 GIIN 号码（全球机构申报号码）的机构就已经超过 40 万家。

FATCA 指向国际偷漏逃避税，效果明显，事实上代表了大多数国家加强其税收征管的心声，起到了“头羊效应”。OECD 其后主导推进的 CRS 本质上是借鉴美国做法建立的一种多边模式 FATCA。[③] 而英国则在英联邦成员之间实施其英国版 FATCA。[④] 2017 年，英国与其 6 个海外领土（安圭拉、百慕大、直布罗陀、英属维尔京群岛、开曼群岛、特克斯与凯科斯群岛）和 3 个皇家属地（根西岛、泽西岛和马恩岛）签订了透明度要求更高的互换受益所有权信息的双边协议。英国 2018 年《制裁与反洗钱法》则进一步要求其 14 个海外领地，必须在同年

---

① 参见郭红雨、刘超、杨曦：《全球反跨国避税行动渐入佳境》，载《中国税务报》2014 年 3 月 12 日，B05 版。

② 参见佚名：《你被“肥咖”了吗？美国全球征税，你的财富无所遁形！》，载 http://mt.sohu.com/20160902/n467325007.shtml，最后访问时间：2020 年 5 月 10 日。

③ FATCA 因此称为美版的 CRS。

④ 参见燕彬：《认识 FATCA 和 CRS：涉税信息交换与全球资产透明全指引》，法律出版社 2018 年版，第 52 页。

6 月 30 日前完成受益所有人的登记,①并最晚应于 2020 年 12 月 31 日公开登记册(后调整至 2023 年年底),否则,英国将采取强制措施,诸如罚款、注销公司、没收资产,甚至高达 2 年刑期的刑事责任。开曼群岛于 2019 年 10 月宣布,为配合欧盟反洗钱五号令的要求,其将在 2022 年出台立法,于 2023 年向公众公开登受益所有人记册。届时,有关受益所有人的姓名、生日、居所、国籍、持股信息等关键涉税信息将会进入公众视野。有学者曾设问:“在强制性的全球国际税收情报交换体系尚没有有效建立起来之前,这种以国内法域外适用实施税收情报交换的方式会否成为主要经济体的一种趋势?”②笔者深以为然。FATCA 标准事实上已经成为当前自动信息交换国际新标准的重要参照乃至基础。③

五、FATCA 对中国的影响及应对

(一)FATCA 对中国的影响

美国是中国海外投资最重要的目的地之一,中国亦是美国投资者的主要选项之一。④ 美中两国作为全球第一、第二大经济体,经济贸易联系非常紧密。两国加强税收信息交换合作,虽然理论上可为两国规制国际偷漏避税,以及反恐、反腐及反洗钱国际合作提供良好的制度支撑,但也存在不少实际困难。故最初面对强势的 FATCA,中国学者有的主张坚决反制,有的主张理性应对。如有学者提出,因美国企业和公

---

① 该法案项下的受益所有人主要包括:直接或间接持有公司 25% 以上股权或投票权的人;有权任命或罢免公司大多数董事的人;能实际影响或控制公司的人。

② 参见梁若莲:《FATCA 来了,“肥猫”去哪儿》,载《中国税务报》2014 年 7 月 9 日,B06 版。

③ 参见马乐:《OECD 税收情报自动交换新标准的发展与局限》,载《暨南学报(哲学社会科学版)》2015 年第 5 期。

④ 根据投资机会与投资风险的关系,一般可将世界各地的投资区域分为四类:(1)高机会、低风险地区,主要为法治程度高、投资市场成熟的欧美发达国家。(2)高风险、高机会地区,如印度、越南、俄罗斯和沙特等日趋开放的发展中国家。(3)高风险、低机会地区,如伊朗等开放度不高的中东国家。(4)低风险、低机会地区,如秘鲁、智利等低开放度的发展中国家或不发达国家。如美国,凭借其稳定的投资环境、完善的法治机制及其低信用风险,位列第一类地区的榜首,受到了各国投资者的青睐。美国已经多年来成为中国投资者的最佳投资目的地。

民在中国金融机构的资产远远大于中国居民企业和个人在美国金融机构的资产。这意味着中国向美国交换的FATCA涉税信息量要比美国向中国交换的相应信息量多得多,中国将承担更多的义务。中国政法大学施正文教授则认为,现在很多中国富人把财产转移到了美国,而美国人却没有多少财产在中国。如果中国不与美国签署FATCA实施协议,就意味着资产流失。故税收信息共享不仅直接有益于中国税收管理,还可间接推进中国的反腐进程。① 也有人认为:"中国实施FATCA,有利亦有弊,总体来说利大于弊。"②事实上,FATCA对中国的影响是综合性的,但总体上是正向效应。

首先,因我国相关金融机构客观上无法回避美国FATCA的域外税收管辖权,故唯有理性决策,积极应对。中国银行、中国建设银行等金融机构不仅与中美经济贸易活动联系紧密,往往还设有离岸架构,如果中国不与美国签署FATCA实施协议,除非完全退出美国市场,否则相应金融业务必然面临惩罚性的30%预提税。事实上,在中美正式签署FATCA实施协议之前,我国许多从事境外金融业务的金融机构就已经纷纷采取相应的自助行动。据美国国家税务局2014年6月3日公布的注册金融机构名单,已有212家中国金融机构依照FATCA的要求在美国国税局办理GIIN全球信息申报编码。到2017年12月,该数据已增至1734家。截至2019年年底,已增加到2384家。这些中国金融机构一直在严格执行美国纳税人在中国金融机构的身份识别和留存等合规性遵从工作。所收集的金融账户涉税信息,虽然目前因故尚未交换,但一旦交换条件成熟,就会被交换。

其次,中国实施FATCA最直接、明显的影响是,中国金融业将为此产生较高的合规成本。一是时间成本。按照FATCA的要求,中国金融机构需为对金融账户作尽职调查和信息报告,投入大量成本开展

---

① 参见吴斌:《专家:美国提供中国公民在美银行账户对中国有两大好处》,载http://www.chinavalue.net/Biz/Blog/2014-6-29/1054358.aspx,最后访问时间:2020年5月10日。

② 参见梁若莲:《FATCA来了,"肥猫"去哪儿》,载《中国税务报》2014年7月9日,B06版。

前期研究、流程再造、系统改造和人员培训等一系列准备工作。根据中国银行业协会2012年发布的报告，为遵从FATCA，仅中国金融机构系统改造一项，国内金融机构就需组建专门工作团队，耗时18个月至24个月。二是运营成本。据普华永道估计，中国金融机构为此投入的成本为0.3亿至1亿美元。① 但考虑到中国亦会实施由G20推动的OECD"多边FATCA"，即CRS，上述投入将助于减少和降低中国实施CRS的成本和难度。

再次，实施与美国的FATCA协议，将倒逼中国金融和税收领域的改革突破。中国深层次的制度改革往往会打破现行的权力与利益格局，必然遭到既得利益阶层的抵制。这在中国金融和税收领域亦不例外。故借助实施中美之间的FATCA协议，将金融机构向税务机关自动交换金融账户信息的机制从法律层面固定下来，才能为税务机关收集和交换相应金融涉税信息，识别、分析、监控和应对跨境税收风险搭建长效机制，夯实税源信息基础。

最后，金融账户信息交换客观上有利于促进我国的反腐与反恐工作。当然，这无疑会导致贪腐阶层的极力抵制。②

（二）中国应对之策

为共同应对FATCA实施对中国的影响与挑战，2012年5月，第四轮中美战略与经济对话在北京举行，双方承诺就FATCA的实施方案寻求合作。中美两国随后在2013年6月签订FATCA备忘录。中国人民银行虽然当时曾经表示，中国境内的银行和金融机构不会向美国披露相关信息，因为这不符合中国的法律规定。③ 但其后在不到一年的时间，中美于2014年6月30日基于FATCA IGA模式一签署了互惠型

① 参见付树林：《中国执行FATCA需要付出更多的努力》，载http://blog.sina.com.cn/s/blog_b59a54560102uwx8.html，最后访问时间：2019年8月20日。

② 参见梁若莲：《FATCA来了，"肥猫"去哪儿》，载《中国税务报》2014年7月9日，B06版。

③ 参见轶名：《美国纳税人注意了！中美FATCA海外金融账户交换提速》，载https://view.inews.qq.com/a/，最后访问时间：2020年6月10日。

政府间金融信息交换合作协议(以下简称 FATCA 政府间协议)。[①] 至此,FATCA 在中国实施的国际法障碍可能已基本消除。[②] 为执行该双边协定,中国宜尽快修订和完善我国《税收征收管理法》《商业银行法》《反洗钱法》等相关法律法规,从以下六方面建立或完善相应的税收情报交换配套制度:

第一,建立相应的第三方信息报告制度。修改《税收征收管理法》,在其中增加金融机构主动批量向税务机关提供金融账户信息等涉税信息的义务,要求金融机构定期、主动地向税务机关报告相关信息。金融机构所报告信息的范围,应扩大到至少涵盖 FATCA 合作协议所要求的信息。

第二,明确情报交换机制是国家税收征管机制的有机组成部分,税收情报的收集或交换均直接服务于国家税收征管。根据我国《税收征收管理法》第 54 条第 6 项的规定,目前税务机关的金融检查权主要包括:(1)经县以上税务局(分局)局长批准,凭中国统一格式的检查存款账户许可证明,查询从事生产、经营的纳税人、扣缴义务人在银行或者其他金融机构的存款账户。(2)税务机关在调查税收违法案件时,经设区的市、自治州以上税务局(分局)局长批准,查询案件涉嫌人员的储蓄存款。然而,税务机关查询所获得的上述资料,不得用于税收以外的用途。由此可知,现行法律框架下税务机关的金融检查权具有如下特点:(1)税务机关获取涉税金融信息的方式是主动调查,而不是金融机关定期地主动报告;(2)启动调查程序的门槛较高,收集信息的审批

① 但也有不少称其为“草签”。参见宗禾:《中美就实施 FATCA 达成初步协议》,载《中国政府采购》2014 年第 7 期。在美国财政部的官网上,中美两国相应协议的状态显示为“Agreement in Substance”(达成一致协议),而非通常的“In Force”(生效)或“Signed”(签署),亦未附有相应的文本。Fatca Agreements and Understandings in Effect by Jurisdiction (Sept. 20, 2020), https://home.treasury.gov/policy-issues/tax-policy/foreign-account-tax-compliance-act.

② 虽然如此,因中国与美国尚还未正式签署或实施 FATCA 政府间协议,故尽管美国金融机构会将中国居民个人 2017 年 1 月 1 日之后在美账户的有关信息申报给联邦税务局,但是这些信息要等中美之间的 FATCA 政府间协议正式实施,并且中国在信息保密和数据安全保障达标之后才会交换给中国政府。

程序比较严格，税收机关的调查积极性可能因此不足；(3)获得的信息有限，主要包括纳税人和扣缴义务人的存款账户余额、资金往来情况及储蓄存款；(4)信息使用范围受到严格限制，不得用于税收以外的用途。因对外交换情报直接服务于外国接受方而不是我国的税收征管，因此，税务获得的上述信息能否用于对外情报交换是有疑问的。显然，这远远不能满足我国实施FATCA政府间协议的需要。

第三，尽快修改我国《商业银行法》《反洗钱法》等法律，消除其中与税收协定情报交换冲突的银行保密规定。尽管税务机关获取金融机构的涉税信息作为加强税源监控的重要手段，对于加强国内、国际税收管理具有十分重要的作用。税务机关多年来也一直在呼吁增订税收征管法相应内容，但囿于金融部门等方面的抵触未能见效，如我国《商业银行法》第29条、第30条、第53条，《银行业监督管理法》第11条，《储蓄管理条例》第5条、第32条，《人民币银行结算账户管理办法》第8条都规定了银行的保密义务，这与FATCA政府间协议项下我国所承担的情报交换义务均有冲突。另外，即使允许交换的信息，也往往附加有诸多限制，导致信息获取或交换的程度、程序等均与FATCA的要求存在差异。故财税与金融部门应当充分利用FATCA实施战略良机，以改革、开放大局为重，尽快就上述法律修改内容达成共识。

第四，进一步完善《国际税收情报交换工作规程》。例如，FATCA政府间协议第3条第6款要求成员方按照相关双边税收协定履行义务。根据《中美双边税收协定》第25条的规定，情报交换不受缔约国一方或者双方居民条件的限制。但是，根据国家税务总局《国际税收情报交换工作规程》第8条(情报交换的一般范围)的要求，纳税人的范围仅限于税收协定缔约国一方或双方的居民。显然，两者在情报持有人的范围上并未完全重合。

第五，构建系统性的情报信息交换与共享平台，健全信息交换合作机制。通过数据的标准化建设、交换流程的操作性规范，实现政府间各部门和金融机构之间的信息共享，提高自动情报交换整体质效。为此，应当做到如下几点：(1)深入研究分析FATCA的技术要求，制定中国实施FATCA的技术标准，并据此对中国税收征管信息系统进行升级改造,实现金融账户信息的电子收集、识别、处理和交换,提高自动情报交换的效率。(2)建立全国联网的个人和企业所得税征管信息系统,实现与美方交换过来的中国居民金融账户信息、第三方信息及其他征管信息的电子比对与关联整合,使之成为中国规制跨境偷逃避税机制的重要内容。(3)加强 FATCA 与 OECD 金融账户信息自动交换两项机制之间的衔接与整合,奠定我国多边自动情报交换工作的坚实基础。①

第六,深入研究如何通过 FATCA 实施机制促进我国的反腐、反洗钱、反恐工作。随着中国经济崛起,对外开放进程的加快,我国的海外移民、海外转移资产规模巨大。如就移民美国而言,《2015 年胡润中国投资移民白皮书》显示,截至 2014 年年底,计有 220 万中国出生者居住在美国,其中取得了美国国籍的 40 余万,获得美国绿卡的 160 余万。据福布斯杂志报道,美国 2013 年批准的投资移民案中,中国富人竟高达 80% 。② 这些移居美国的华人将大量中国境内资产转移到美国,其中不乏用于洗钱目的的非法所得和贪腐所得。借助执行 FATCA 政府间协议获取相应的涉税信息,中国政府将可以掌握和控制国内居民企业和个人将中国境内资产转移或隐匿至美国的有关信息。但是,上述信息目前被限制用于相应的税收征管,而且反腐、反洗钱、反恐等另有专门的国际立法和跨境协作机制,国际法中的这种部门分割、条块分割导致各类国际合作机制中所交换的信息尚无法共享,不利于有效打击相应的违法犯罪行为。因此,我们有必要深入研究能否以及如何建立一种新的共享机制或协调机制,实现这些不同渠道所获取信息的共享,从而实现涉税信息的效用最大化。这不仅有利于加大打击国际偷逃避税行为的力度,也无疑有利于促进各国正在大规模推进的反腐、反恐和反洗钱等各项工作。

---

① 参见梁若莲:《FATCA 来了,"肥猫"去哪儿》,载《中国税务报》2014 年 7 月 9 日,B06 版。

② 佚名:《美国移民:大数据告诉你,30 年来有多少中国人移民美国》,载 http://bbs.tianya.cn/post-338-51556-1.shtml,最后访问时间:2019 年 8 月 30 日。

第二节 OECD金融账户涉税信息自动交换机制

一、《金融账户涉税信息自动交换标准》概述

金融账户涉税信息自动交换，是指一国(地区)的金融机构通过尽职调查程序识别另一国(地区)税收居民个人和企业在该机构开立的账户，定期向金融机构所在国(地区)主管部门报送上述账户的名称、纳税人识别号、地址、账号、余额、利息、股息以及出售金融资产的收入等信息，再由该国(地区)税务主管当局与账户持有人的居民国税务主管当局开展信息交换，最终实现各国(地区)对跨境税源的有效监管。

随着经济全球化进程不断加深，跨境经贸活动日益普遍。与此伴随的是，各国税务机关须通过加强相应国际合作，方可确保纳税人向正确的税收辖区缴纳金额正确的税款。因为在经济全球化背景的财务制度下，即使跨国纳税人循例管理其跨境财务，一国税务机关亦难以突破他国税境的限制实施全球税收征管。开展交换税收情报、提高税收透明度因此成为各国开展国际税收合作的重要前提和核心内容。[①]

多年来，无论是OECD成员国与G20成员，还是其他国家所开展的税收情报交换，主要限于缔约一方应缔约对方的请求而展开的专项情报交换，如OECD《税收协定范本》第26条往往被视为专情报交换国际合作的法律基础。但是，随着经济全球化日渐深入，有限而零碎的专项情报交换难以应对经济全球化导致的海量跨境涉税数据。

近年来，全球提高税收透明度的努力，特别是在自动情报交换方面，即税收收入来源国向税收居民国系统地、定期地、批量地传递纳税人涉税情报，得到了前所未有的发展。因不论是向海外隐匿资产，还是关联交易中的转移定价等，往往均须借助相应的国际金融流转渠道，加强金融服务跨境税收情报交换因此成为各国加强涉外税收征管合作的首选。

---

① 参见燕彬：《认识FATCA和CRS：涉税信息交换与全球资产透明全指引》，法律出版社2018年版，“自序”。

2014 年 7 月,OECD 借鉴美国 FATCA,发布《金融账户涉税信息自动交换标准》,试图为国际社会推荐其创设的金融账户涉税信息自动交换标准。该标准被视为税收信息自动交换多边模式的最新成果。国际社会因此将其喻为"全球账户税收遵从法案",[①]显示其借鉴于但高于美国的 FATCA 标准。例如,《金融账户涉税信息自动交换标准》项下的统一报告标准(Common Reporting Standard,CRS)要求签署国(或地区)之间定期互相披露对方国家(或地区)税收居民在本国的金融账户信息,以提升税收透明度和打击跨境逃税和洗钱等违法行为。这标志着税收情报交换从专项情报交换时代迈进了全面推进自动情报交换标准时代。

目前几乎所有的金融中心,均承诺实施该标准。这将促进两大跳跃式变革:一是世界各国税务机关对其纳税人的财务金融状况将了如指掌;二是国际社会联手打击离岸逃税的能力显著提高。在这一转变发生之前,已有证据表明其可能带来的潜在收益。例如,2009 年挪威通过从几个协定缔约方收到自动税收情报,对超过一定门槛的自动情报与挪威纳税人的所得税申报表进行比对调查,发现 38.7% 的应税所得没有向挪威税务部门申报。丹麦为此实施特别项目,运用所收到的自动税收情报进行了 1000 项审计,实现了额外的税收收入。丹麦税务部门还向其他纳税人发出了 1100 份信函,信函中包括了丹麦税务部门收到的纳税人境外所得的相关信息,促使 440 名纳税人在纳税申报表中申报了以前年度瞒报的境外所得,表明不遵从比率达到 40% 。

二、《金融账户涉税信息自动交换标准》出台背景

在《金融账户涉税信息自动交换标准》出台前,国际社会长期以来,除了开展专项和自发情报交换等形式的税收征管协作以外,仅在少数国家之间存在自动情报交换,但其中存在一些系统性问题,导致各辖区无法充分实现这种税收征管协作方式的潜在利益。

自动交换情报无法覆盖全球各国而仅局限于少数"愿意参与情报

① 参见华税律师事务所国际税务部:《美国 FATCA 法案对国际税收征管秩序的影响》,载《中国税务稽查》2014 年第 2 期。

交换的联盟”,意味着自动情报交换的利益始终有限。因为其难以遏制避税者通过向避税港转移资产,避税者无须担心其离岸金融业务情报被交换。

首先,有效的自动情报交换通常需要事先明确拟交换情报的类型,接收情报的辖区才能清楚地知道他们将会获得什么样的情报,以便对这些情报进行处理和使用,提高税收遵从。先前的自动情报交换机制难以有效回应相应挑战,即如何在及时准确地识别高风险领域和确保所交换情报的范围,以及应报告情报的金融机构范围足够广泛之间取得适度平衡,以防止报告义务要求被轻易规避。例如,2005 年《欧盟利息税指令》不仅推动自动情报交换向前迈出了开创性的一步,还带给人们一个重要启示:如果情报交换的范围太窄,就会为报告人留下规避的空间,影响情报交换的整体有效性,导致情报交换系统虽然发生运行成本,却无法实现潜在收益。比如,如果只交换个人持有的金融账户的信息,人们就会在所有权架构中插入实体,以便规避报告义务。同样,如果严格限定应报告所得的定义,不仅容易忽略金融账户中的资本,还为某些产品的使用留下空间。因为从技术上讲,这些产品并不会产生协议明确定义的所得。在确定应报告情报的金融机构范围时,也会遇到类似问题。

其次,早先的自动情报交换还存在所交换情报的质量和格式不标准等问题。因为所交换的情报往往是国内申报机制的副产品,是根据国内税制设计的,可能并不关注其他缔约国能否确保本国居民的税法遵从度。如果有关的情报数据难以有效嵌入接收国的税收信息体系,就难以完成相应的比对与分析。

再次,金融机构收集情报过程中标准化尽职调查规则的缺失,往往导致各辖区所交换情报的类型缺少确定性,情报要素不完整,难以实现重要数据的有效比对,如尽管 OECD 早在 1987 年就推荐各国收集非居民投资者的纳税人识别号(Taxpayer Identification Numbers,TID),但是几乎没有辖区将这一建议落到实处。此外,信息技术格式也不够标准化,如所使用的交换介质包括纸质文件和磁带等,进一步加大了系统使用数据的难度。

最后,所交换的数据与涉税年度往往相隔数年,进一步降低了数据对于接收国的有效性。

为了解决上述操作性困难,世界各国开始整合需求,制定更高的自动情报交换国际标准,以便全面发挥自动情报交换的巨大潜力。

三、金融账户涉税信息自动交换标准的演进

OECD 一直支持自动情报交换领域的国际协调,推动搭建自动情报交换法律框架,实现各国情报交换格式的标准化。随着自动情报交换面临的挑战日益突出,OECD 成员国和 G20 成员对于更加有效利用这一合作形式的愿望与日俱增。2012 年 OECD 向 G20 提交了题为《自动情报交换:是什么、如何运作、带来什么利益以及未来还需要怎么做》的报告。[①] 该报告探讨了相应关键性问题,明确了通过更广泛国际协调可能解决的问题,得到 G20 的认可。

随着人们逐渐认识到自动情报交换的优势,进一步加强这一领域国际协调的呼声渐高,各国也开始努力寻找应对自动情报交换挑战的对策,来获取其潜在的利益。美国制定 FATCA 就是一个比较成功的典型。该法对应申报的金融机构和账户作出较宽泛的定义,并标准化其数据格式。FATCA 虽然只是一项单边措施,但是通过加强与意大利、法国、德国、西班牙和英国等欧洲大国的国际合作,美国很快意识到采取政府间协作方式实施 FATCA 的益处。与此同时,欧洲国家也开始加强合作,努力解决妨碍自动情报交换有效实施的难题,建立类似的自动情报交换机制,并主张构建统一的自动情报交换国际模式。这一举措也符合业界的需求,并在国际银行及其协会的意见陈述中得到反映。最早表达这一需求的是与 OECD 频繁接触的亚洲银行。

基于金融机构将在国际税收遵从领域发挥更大作用的事实,其密切关注可能出现大量不同甚至相互矛盾的国际信息报告机制。因为这将导致操作困难以及遵从成本的多重上升。它们希望表达的核心是:

---

① See OECD, *Automatic Exchange of Information What It Is, How it Works, Benefits, What Remains to be Done* (Sept. 20, 2020), http://www.oecd.org/ctp/exchange-of-tax-information/automatic-exchange-of-information-report.pdf.

它们愿意执行全球报告标准,但这一标准必须是全球统一的标准。在这个问题上,政府和企业的利益并不冲突,为数众多的报告机制不但会导致金融机构运营成本提高,而且由于无法解决税务机关在提高自动情报交换有效性方面的关键难题,将会影响各国实现自动情报交换的潜在利益。因为情报交换统一标准或标准化的缺失,最终会使税务机关利用所交换的情报加强税收遵从的难度更大、成本更高。为此,各国政府立即开始呼吁建立自动情报交换的全球统一标准,使其成为打击避税效果最好、成本最低的工具。G8 和 G20 成员首脑对此发挥了强有力的政治领导作用。2013 年全年,这两大国际组织雄心勃勃,努力保持议程上的各项工作的快速进展势头。在 2013 年 4 月,G20 财长们就期待着自动情报交换新全球标准的出台,并敦促"各辖区朝着与协定缔约国自动交换情报的方向迈进……"2013 年 7 月,G8 领导人会议通过 OECD 题为《税收透明度的阶跃式变化》的报告,承诺"建立税务机关之间自动情报交换的全球新标准"。

与此同时,许多国家加入欧洲国家的行列,共同承诺根据国际统一标准相互间开展自动情报交换。这一标准后来演进为"统一报告标准"(CRS)。截至 2014 年夏季,就有 60 多个辖区承诺早期实施自动交换国际新标准。G20 领导人加速推进了这一发展势头。在 2013 年 9 月圣彼得堡峰会上,G20 领导人表示全力支持 OECD 的工作,要求 OECD 在 2014 年 2 月召开 G20 会议之前按时提交新标准,在 2014 年夏季前完成最终的技术性工作。对于制定一个标准而言,这是一个令人难以置信、雄心勃勃的时间表。因为它需要得到 OECD 以及与之共同努力的 G20 成员的一致同意,但是其背后强有力的政治支持使之成为可能。

为了能够按照 G20 的时间表推进工作,OECD 成员国和 G20 成员负责制定这一标准的代表们不得不夜以继日地工作。在此过程中,中国也发挥了重要作用。

中国国家税务总局的相关人士是 OECD 第十工作组的副主席,该工作组由制定这一标准的数位专家组成。该工作组拟制《金融账户涉税信息自动交换多边主管当局协议》及《海外金融账户共同申报准则》

或 CRS。2014 年 2 月,OECD 在其总部巴黎发布《金融账户信息的自动交换标准》。该标准为自动情报交换此前面临的问题提供了清晰的解决方案,如对金融机构、金融账户及应申报个人(如包括个人、实体以及法律安排)作出宽泛定义,并详细地规定了金融机构应遵循的尽职调查规则,以确保所收集数据的一致性。最重要的是,该标准项下的技术标准化,要求相应的数据完整,并符合所要求的特定格式。

为实施多边标准而建立多边法律框架,也是标准制定之初就已被纳入考量。如果继续沿着双边协议的路线行进,不但面临偏入"单一标准路径"的风险,而且需要谈判的协议数量将相当惊人。如 2014 年 10 月,51 个辖区在柏林签署实施 CRS 的多边协议时,仅耗时 5 分钟。而如果采用签署双边协议的方法,将需要分别进行 1275 场谈判。将现行的《多边税收征管行政互助公约》作为法律基础,是一种合理的选择。这一税收征管协作的多边工具此前早已存在,并获得了 G20、OECD 和欧洲委员会的全面批准,可为自动情报交换提供法律基础。成员方基此公约或相互间的双边税收协定开展自动情报交换,只需签订主管当局协议即可开始实施。[①] 并且,《多边税收征管行政互助公约》也允许成员方签订双边或多边主管当局协议,并制定保护措施,确保数据保密。结合灵活的国内报告机制和框架性的 CRS 主管当局协议,既有助于实现标准化,又为成员方在情报交换时间和缔约方选择上留有足够的灵活性和掌控力。

CRS 的很多规定有赖于金融机构执行,金融机构位于 CRS 执行的第一线。特别是那些在多个辖区经营的金融机构会最先注意到是否存在标准执行不一致或者缺乏指导等问题。故制定 CRS 时如果不征求它们的意见,将难以达到预期目的。在征求意见过程中,为回应金融机构诉求而进行的重大修改主要包括五个方面:(1)简化尽职调查程序;(2)简化居民身份标记的搜索;(3)允许更广泛地使用公开情报;(4)提供多种选择,包括对存量客户的新设账户采用减负规则;(5)提供更宽泛的方法,提高尽职调查程序的效率。

---

① 主管当局协议对于情报交换的内容和时间等相关管理细节已提出明确要求。

与企业进行密切协商，亦将成为制定与实施 CRS 的关键点。税务与企业在这一点上具有共同利益，以确保最初制定的统一标准始终如一。

OECD 委员会在 2014 年年底通过了 CRS，随后 G20 领导人以强有力的措辞对其背书。欧盟通过了一项指令，将该标准转化为欧洲法律。值得注意的是，对于非金融中心的发展中国家而言，实施该标准并非硬性要求，而且这些国家还可以从税收透明度和情报交换全球论坛获得技术援助。

此后，OECD 不断完善 CRS 制度体系。例如，OECD 在 2017 年 9 月发布了支持国别报告交换和税收裁定交换的最新 IT 工具和指南，以便就此前获取的国别报告和税收裁定交换信息提供适当反馈。2018 年 3 月 9 日，OECD 发布了新的《针对规避 CRS 安排和不透明离岸架构的强制性披露规则范本》（以下简称《CRS 强制披露范本》）。[①] 该范本要求律师、会计师、财务顾问、银行和其他服务提供商在某些情况下通知税务机关。[②] 该范本强调，为了实现其目标，信息披露中介机构所在的辖区与纳税人税务居民辖区之间须建立可靠的信息交换关系。[③] 2019 年 6 月 27 日，OECD 进一步更新了与 CRS 相关的强制披露规则（Mandatory Disclosure Rules，MDR）项下交换所收集信息的制度框架和指南，以支持 CRS 项下的税务信息交换、国别报告交换和税收裁定交换。该强制披露与交换将以强制披露规则的主管当局多边协议（Multilateral Competent Authority Agreement，MCAA）为基础。该强制披露规则（Extensible Makeup Language，XML）（可扩展标记语言）架构通过采用标准化格式电子信息的使用，为主管当局之间的强制披露规

---

① 其与 BEPS 第 12 项行动计划《强制披露规则》最终报告中包含的最佳实践建议所述的强制披露概念一致。

② 如自然人纳税人使用共同申报准则下的避税安排或不透明离岸结构等情况。

③ 信息交换框架是 OECD 根据《多边税收征管行政互助公约》制定，以确保相关信息及时、有序地交换到相关纳税人的居民辖区的基础性制度安排。

则信息交换提供技术支持。[①] 用户指南则具体解释 XML 架构中需要包含的信息，如阐释架构如何适用的示例等。更新的共同申报准则和国别报告相关架构将适用于 2021 年 1 月 1 日及之后的所有税务信息交换，而与税收裁定交换相关的架构应于 2020 年 4 月 1 日生效。[②]

四、《金融账户涉税信息自动交换标准》运行框架

《金融账户涉税信息自动交换标准》借鉴了美国 2009 年《海外账户纳税法案》的有关做法。该标准要求各国之间进行自动、系统化的税收信息交换，以便使纳税人居住国与纳税人账户所在国能自动分享各自纳税人在对缔约对方境内的金融账户的涉税信息。[③] AEOI 标准包括包含两个部分：《主管当局协定范本》（*Model Competent Authority Agreement*，CAA）及报告与谨慎义务的一般标准《通用报告准则》或 CRS（*Common Reporting Standard*）及其条款释义。

CAA 是规范各国（地区）税务主管当局之间开展金融账户涉税信息自动交换的操作性文件，以互惠型模式为基础，分为双边和多边两种版本。其主要包含若干“鉴于”条款及七个部分的正文。“鉴于”条款主要包含国内报告与注意义务的规范表述、保密原则、保障措施及必要的信息交换基础设施等。正文部分包括关键术语界定、拟交换信息的类型、交换的时间与方式、保密性与数据保障措施、主管当局之间的磋商、协议的修改及协议期限等。就体例结构而言，CAA 与美国 FATCA 项下的合作协议范本的差别不大，但前者的互惠程度高于后者。在 CAA 项下，信息交换双方的报告义务是互惠的，但 FATCA 与此不同，

---

① 强制披露规则可扩展标记语言架构是一种电子数据引用文档，用以确保所有辖区遵循通用的数据分类和命名规则，方便税务机关有序收集和交换共同申报准则项下有关的避税安排和不透明离岸结构的信息。

② 参见安永税务：《经合组织发布与技术驱动的特定纳税人信息交换相关的最新框架和多种技术资源》，载 https://www.sohu.com/a/326443462_676545，最后访问时间：2020 年 8 月 10 日。

③ 美国因有自己的 FATCA 体系，故其未参与 CRS 体系。全球 130 多个国家/地区的几十万个海外金融机构，需要依据 FATCA 或相应政府间协议向 IRS 报告美国纳税人的海外资产。但在这 130 多个国家中，与美国实施涉税利息信息对等交换约 50 多个，其余都是向美国的单边申报。

其实施协议不仅有互惠型的,还有单边向美国提交信息的非互惠型;即使前者,也非完全对等。例如,FATCA 协议范本(互惠版)第 2 条规定,FATCA 合作伙伴交换给美国的信息包括托管账户信息,但美国金融机构交换给对方的信息不包括该项内容。

CRS 规定了金融机构收集和报送外国税收居民个人和企业金融账户信息的相关实体和程序要求。主要包括:应交换的账户信息、履行申报义务金融机构的范围、申报账户的种类及申报金融机构应遵循的尽职调查程序。① 其中的"金融机构"包括资产托管机构、存储机构、投资公司及特殊的保险公司。如果它们表现出被用于逃税的风险低,则可免于报告。对于消极企业,则应报告其相关控制人。应报告的账户包括个人和实体(包括信托与基金)的所有账户。CRS 第 7 节"有效执行"还明确要求相关国家或地区应具备以下执行新标准的配套规则与程序:防止金融机构、个人或中介组织规避该标准的规则;金融机构保留相应记录的规则;查验金融机构遵循报告与注意义务的行政程序;确保免于报告义务的实体及账户不被滥用于逃税的行政程序;针对不履行行为的有效强制措施等。

根据 CRS 开展金融账户涉税信息自动交换的流程,首先由一国(地区)的金融机构通过尽职调查程序识别另一国(地区)税收居民个人和企业在该机构开立的账户,按年向金融机构所在国(地区)主管部门报送账户持有人名称、纳税人识别号、地址、账号、余额、利息、股息以及出售金融资产的收入等信息,再由该国(地区)税务主管当局与账户持有人的居民国税务主管当局开展信息交换。具体而言,CRS 流程包括以下承前启后的六个环节:(1)收集客户税务资料;(2)验证文档及税务情况;(3)客户税务情况分类;(4)确定应申报的交易;(5)编制报告及信息申报表;(6)向税务机关传送及申报。

《金融账户涉税信息自动交换标准》出台后,较快地得到了国际社会的较广泛接受。2014 年 5 月,包括美国、欧盟、澳大利亚、瑞士等发

---

① 参见马乐:《OECD 税收情报自动交换新标准的发展与局限》,载《暨南学报(哲学社会科学版)》2015 年第 5 期。

达国家或地区及中国、巴西、印度等发展中国家在内的48个国家或地区共同发表《税务信息自动交换宣言》,承诺执行上述银行间信息自动交换全球新标准(Global Accoant Tax Compliane Act,GATCA),以打击国际偷逃避税和税务欺诈。宣言不仅表达了各成员方在信息自动交换上的共同立场,还对如何执行《金融账户涉税信息自动交换标准》项下的新标准作出安排。①

CRS已经在全球100多个国家得到推广和实施,国际社会目前已经进入了前所未有的税收透明时代。根据OECD秘书长Angel Gurria的介绍,在2017年9月开始第一次交换和2018年9月第二批配对国家之间的CRS涉税信息交换,有90多个税务管辖区之间交换了4700万条离岸金融账户信息,涉及资产价值达49,000亿欧元。② 另如在OECD重点观察的40多个主要的国际金融中心,其个人和离岸公司的银行账户在2000~2008年增长迅猛。这些离岸账户历史最高峰是在2008年,当年的资产总共高达16,000亿美元。但是,随着国际反避税行动逐步展开,2009年至2019年离岸账户资产全球平均下跌34%,高达5551亿美元。这可能主要归功于CRS金融账户涉税信息的交换。

不可忽视的是,《金融账户涉税信息自动交换标准》也存在若干不足。比如,其没有类似于美国FATCA项下高达30%的惩罚性预提税及相应的强制执行机制,也没有明确的标准实施时间节点,而是取决于各参与方的意愿。事实上,仅承诺实施CRS是远远不够的,还需达到相应的数据保密与安全国际标准的条件下,达成交换合意的有关国家或地区之间才可能实际交换相应金融税收数据。因此,尽管G8、G20都对此表示大力支持,但不论是其财政部长与央行行长的宣言,还是其领导人的宣言,均未涉及明确具体的执行机制。例如,根据CAA第7

① See OECD, *Declaration on Automatic Exchange of Information in Tax Matters*, (Sept. 5, 2020), https://www.oecd.org/mcm/MCM - 2014 - Declaration-Tax.pdf.

② 参见秦扬:《CRS力度再加大! OECD更新强制披露规则》,载https://www.sohu.com/a/325042579_679414,最后访问时间:2020年5月10日。

节“协定期限”的规定,CAA 只有在每一个主管当局嗣后通知其具备了执行该协定所必需的国内法律机制后才生效。此外,该标准在具体实施中同样具有很高的不确定性:因为任何一个主管当局都可以以税收信息交换对方有重大不履行行为由终止本方的信息交换;任何一个主管当局都可以通过书面方式,单方面地通知对方终止本协定的执行。

另外,值得注意的是,CRS 作为《金融账户涉税信息自动交换标准》项下推荐使用的涉税金融信息自动交换统一标准,虽然有助于防范纳税人海外匿资,是打击海外偷漏逃税等违法犯罪活动的利器,但其本身并无任何强制力。[①] 故许多中国媒体在宣传时使用“CRS 国际协定”并不准确,易导致读者误以为 CRS 本身就是一份国际协定。只有有关国家在签署税收协定或税收情报交换协定,并将该准则作为彼此之间相应的信息交换标准,该准则因此成为相应税收协定或情报交换协定的一部分,在缔约国之间才具有强制性。故尽管中国国家税务总局于 2015 年 12 月签署《金融账户涉税信息自动交换多边主管当局间协议》,并承诺于 2018 年 9 月开始基于 CRS 对外自动交换相应的金融账户信息,并不意味着我国会对所有签署了《金融账户涉税信息自动

---

① 目前已有 100 多个国家和地区承诺推行 CRS。承诺在 2017 年进行第一次信息交换 50 多个国家和地区,于 2016 年 1 月 1 日实施新的账户开户流程。中国是承诺第二批实施 CRS 的国家,于 2017 年 1 月 1 日实施新的账户开户程序,于 2018 年进行第一次信息交换。其中承诺 2017 年进行首次信息交换的辖区有:开曼群岛、塞舌尔、安圭拉、阿根廷、巴巴多斯、比利时、百慕大、英属维尔京群岛、保加利亚、哥伦比亚、克罗地亚、库拉索岛、塞浦路斯、捷克共和国、丹麦、多米尼加、爱沙尼亚、法罗群岛、芬兰、法国、德国、直布罗陀、希腊、格陵兰、格恩西岛、匈牙利、冰岛、印度、爱尔兰、马恩岛、意大利、泽西、韩国、拉脱维亚、列支敦士登、立陶宛,卢森堡、马耳他、墨西哥、蒙塞拉特岛、荷兰、纽埃、挪威、波兰、葡萄牙、罗马尼亚、圣马力诺、斯洛伐克共和国、斯洛文尼亚、南非、西班牙、瑞典、特立尼达和多巴哥、特克斯和凯科斯群岛、英国。承诺 2018 年进行首次信息交换的辖区有:俄罗斯、澳大利亚、阿尔巴尼亚、安道尔、安提瓜和巴布达、阿鲁巴、奥地利、巴哈马群岛、伯利兹、巴西、文莱、加拿大、智利、中国、库克群岛、哥斯达黎加、加纳、格林纳达、印度尼西亚、以色列、日本、科威特、马来西亚、马绍尔群岛、毛里求斯、摩纳哥、瑙鲁、新西兰、卡塔尔、圣基茨和尼维斯、萨摩亚、圣卢西亚、圣文森特和格林纳丁斯、沙特阿拉伯、新加坡、圣马丁岛、瑞士、土耳其、阿拉伯联合酋长国、乌拉圭、瓦努阿图以及中国香港、澳门特别行政区。See OECD, *Activated Exchange Relationships for CRS Information*, (Sept. 8, 2020), http://www.oecd.org/tax/automatic-exchange/international-framework-for-the-crs/exchange-relationships/.

交换标准》或 CRS 的国家交换相应的税收信息。事实上,相应税收信息交换的对方仅限于与我国签署了相应税收协定、税收情报交换协定,或共同加入了税收行政合作互助公约,并且缔约各方之间同意基于 CRS 标准实施信息交换的国家或地区。

五、实施《金融账户涉税信息自动交换标准》面临的挑战及展望

(一)面临的挑战

目前,各国政府、金融机构和 OECD 等利益相关方的关注重点是如何实施 CRS。只有该标准的有效实施,相应的自动情报交换计划才能落地。各国政府和金融机构在实施该统一标准的过程中,都面临多重挑战。

对各国政府而言,最大的挑战是如何正确实施 CRS。这首先是国内实施国际规则的配套立法问题。在立法上要为企业留有足够的时间,搭建必要的系统,并确保 CRS 正式实施时,系统能够有效运转。各国政府需按照标准本身制定出相应的详细规范,并为所交换的情报保密。这些情报是高度敏感的,当且仅当充分遵守有关保密和数据安全的规定时,才能进行交换,如 2017 年我国国家税务总局、财政部、中国人民银行、银行业监督管理委员会、证券监督管理委员会、保险监督管理委员会为此制定了《非居民金融账户涉税信息尽职调查管理办法》。

成功实施标准的另一个要求,是尽早规划,事先处理,将所交换的情报纳入税收征管系统,强化遵从管理。这要求具备必要的能力和资源,确保能充分实现这一丰富而崭新的数据来源的预期利益。

金融机构同样面临着诸多挑战。从长远来看,CRS 虽然可将整体成本降至最低,但是金融机构为遵守 CRS 的投入无疑是巨大的。对于金融机构来说,较为常见的实施挑战通常包括:(1)克服“FATCA 疲劳”;(2)使预算获得通过;(3)确定其客户的身份地位(对于 FATCA 与 CRS 而言,可能不同);(4)审核和修改执行程序,吸收法律部门介入;(5)推动信息技术部门及早参与,并与之密切合作。这将是 CRS 成功推行的关键。

OECD 也因此将工作计划的重点转移到该标准的实施。OECD 的

任务可以分解为以下三方面:(1)支持各国政府制定、实施必要的国内法规,确保尽职调查程序能够得到有效执行,情报能够得到有效收集;(2)帮助税务机关思考和解决交换、保护和充分利用所交换情报等方面的管理能力和专有技术问题;(3)为有需要的辖区提供援助和支持。为此,OECD 须与世界各国政府和企业并肩努力,确保各国政府在将 CRS 转化为国内法律和指引时,对该标准及其解释的理解保持一致。这包括为各国政府和企业提供机会,分享实施中出现的问题,同时随时请求 OECD 层面的必要指导。

OECD 也在不断开发和完善 CRS 门户网站"Automatic Exchange Portal"。[①] 该门户网站将涵盖与各国政府和企业实施该标准相关的各类信息,包括有助于金融机构执行该标准的纳税人识别号信息。

OECD 还在与世界各国的税务机关携手合作,解决实施 CRS 的操作层面问题,推动各国分享组织和技术方面的最佳实践经验,力争从更广泛的自动交换中受益。这包括与税务机关的信息技术专家共同努力,就如何满足标准中的信息技术要求及需要额外指导和帮助的领域达成共识。

此外,OECD 与税收透明度和情报交换全球论坛通力合作,致力于为有需要的辖区提供支持和援助。目前,OECD 已经为有关的政府官员举办了实施 CRS 的一系列区域性联合培训。此外,如果某些发展中国家在实施该标准需要获得技术援助,借助税收透明度和情报交换全球论坛正在开展的试点项目可以帮助这些国家推进实施进程。

只有各方并肩合作,才可确保最初制定的统一标准始终如一,用共同的方法解决共同的问题,确保严格的时间进度。所有这些工作旨在发挥该标准的最大效力,同时确保 CRS 始终贯穿整个实施过程。从多边合作的层面保持实施过程一致,符合为政府和企业利益出发而执行 CRS 的逻辑,是标准实施之初拟定的终极目标。这也就意味着不同的实施水平,不会造成经济扭曲和破坏公平竞争,这是能成功实施 CRS

---

① See OECD, *Automatic Exchange Portal* (Sept. 19, 2020), http://www.oecd.org/tax/automatic-exchange/.

的关键。

（二）展望

自瑞士2014年11月签署多边主管当局协议，越来越多的辖区签署协议及其相关后续协议。加入同一机制的辖区越多，效果也就越明显。同时，通过该标准的实施、培训、支持和援助等促进共识的工作将继续推进，如中国作为G20轮值主席国，曾在2016年5月中旬承办了税收征管论坛（Forum on Tax Administration，FTA）大会。来自38个FTA成员经济体、6个受邀的非成员经济体及7个国际组织参加。会议重点探讨了国际税收征管合作和情报交换、税基侵蚀和利润转移（BEPS）项目成果实施、税收征管能力建设、FTA未来工作展望等一系列重大议题。税收透明度和情报交换全球论坛亦在同步推进与CRS相关的同行审议工作。该论坛已应邀监督新标准的实施，并进一步发挥其现有的监督专项情报交换实施标准的作用。这一监督对于确保在公平的基础上有效实施CRS，实现各方利益的最大化至关重要。相应的培训和支持也将伴随这一实施过程。如果该标准被正确地贯彻执行，同行审议流程将被大大简化，可为企业和政府节约成本。

此外，国际社会也在考量如何将自动情报交换领域的这一重大转变融入更广泛的议程，以及它将对OECD成员国和G20成员其他领域的工作产生什么影响。例如，为了实施该标准，需要建立居民国的CRS，并进一步推进OECD与金融业共同开展的落实协定救济和提高遵从专项工作（Treaty Relief and Compliance Enhancement，TRACE），为来源国提供预提税减免的统一模式。CRS和TRACE的实施，都有赖于共同的利益相关方，基于相同的基础架构和技术解决方案。将两者有机结合，有助于全面提高效率，降低各方成本。TRACE目前正集中力量推动其与CRS的协调一致，以实现效率收益的最大化。包括企业在内的各方始终全力支持TRACE的工作。还有不少评论人员认为，应将其与BEPS项目征集有关防止协定滥用第6项行动的意见联系起来。

情报交换的潜在收益在税收合作其他领域得到了认可。随着世界各国的联系日益密切，透明度已经成为国际法律议程的重要议题，金融账户信息更应如此。当前，OECD和G20正致力于：

(1)基于 BEPS 第 13 项行动计划的分国别报告;

(2)基于 BEPS 第 5 项行动计划,强制性地自发,或“自动”地交换某些裁决;

(3)根据 BEPS 第 12 项行动计划,推行强制披露义务。

为此,需要在两者之间保持平衡,既要避免税务机关被海量数据淹没,为有效使用数据而疲于奔命,又要防止企业因遵从数据收集和报告义务而过度负担。

各国税务机关密切合作、确保税法得到有效遵从的能力正发生根本性变革。这场变革不仅有益于公共财政,还有助于强化纳税人的信念,即大部分人自愿遵从的法律正得到有效的贯彻执行。

第三节 中国金融账户涉税信息自动交换面临的问题及解决

一、中国积极地参与金融账户涉税信息自动交换标准的制定与实施

作为 G20 合作伙伴,我国积极地参与金融账户涉税信息自动交换标准的制定与实施。2014 年 9 月,我国在 G20 财政部长和中国人民银行行长会议上承诺将实施该“标准”,将首次对外交换信息的时间确认为 2018 年 9 月。[①] 2015 年 7 月,第十二届全国人大常委会第十五次会议批准我国加入《多边税收征管行政互助公约》(2016 年 2 月对我国生效),为实施“标准”奠定了多边法律基础。2015 年 12 月,经国务院批准,国家税务总局签署《金融账户涉税信息自动交换多边主管当局间协议》,为我国与其他国家(地区)间相互交换金融账户涉税信息提供了操作层面的多边法律工具。2016 年 10 月,国家税务总局公布《非居民金融账户涉税信息尽职调查管理办法(征求意见稿)》,向社会公开征求意见。2017 年 5 月 9 日,《非居民金融账户涉税信息尽职调查管理办法》正式发布。按照所确定的时间表,我国金融机构于 2017 年 7

① 中国内地和香港、澳门特别行政区自 2017 年 1 月 1 日起,正式成为第二批加入 CRS 的国家和地区。

月1日开始对新开立的个人和机构账户开展尽职调查;2017年12月31日前完成对存量个人高净值账户(截至2017年6月30日金融账户加总余额超过100万美元)的尽职调查,[①]并于2018年5月31日前向税务主管部门报送信息。2018年9月,国家税务总局与相关其他国家(地区)税务主管当局进行了第一次交换信息。到2018年12月31日前,金融机构应完成对存量个人低净值账户和全部存量机构账户的尽职调查。截至2020年5月,加入CRS的150多个国家或地区中,已有93个与中国CRS"配对"成功,传统避税天堂如开曼群岛、英属维尔京群岛(BVI)、百慕大群岛、瑞士等,以及中国富人跨境投资偏好的中国香港特别行政区、新加坡等均包括在内。向中国发送信息的有69个国家或地区,中国则向97个国家或地区发送信息。[②]

根据《非居民金融账户涉税信息尽职调查管理办法》的要求,我国金融机构应对在本机构开立的相关账户进行尽职调查,识别其中的非居民金融账户,记录并报送非居民金融账户相关信息。其中的"非居民"是指中国税收居民以外的个人、企业和其他组织,但不包括政府机构、国际组织、中央银行、金融机构或者在证券市场上市交易的公司及其关联机构。[③] 其中的"非居民金融账户"指在我国境内的金融机构开立或者保有的、由非居民持有或者有非居民控制人的消极非金融机构持有的金融账户。金融机构应当自识别出非居民金融账户之日起,将其归入非居民金融账户进行管理。

---

① 我国应承担OECD金融账户涉税信息尽职调查和信息报送工作的"金融机构",主要是指依法在中国境内设立的金融机构,不包括我国金融机构在海外的分支机构。这些金融机构按照业务类型分为四类:存款机构、托管机构、投资机构和特定的保险机构,不包括金融资产管理公司、财务公司、金融租赁公司、汽车金融公司、消费金融公司、货币经纪公司、证券登记结算机构等。上述金融机构可以委托第三方代为开展尽职调查和信息报送,但相关责任仍由金融机构承担。基金、信托等属于投资机构的,可分别由基金管理公司、信托公司作为第三方完成尽职调查相关工作。

② OECD, *Activated Exchange Relationships for CRS Information* (Sept. 13, 2020), http://www.oecd.org/tax/automatic-exchange/international-framework-for-the-crs/exchange-relationships/.

③ 其中的"中国税收居民"是指中国税法规定的居民企业或者居民个人,其中的"证券市场"是指被所在地政府认可和监管的证券市场。

上述金融账户持有人同时构成中国税收居民和其他国家(地区)税收居民的,金融机构也应当收集并报送其账户信息。根据账户持有人的不同,金融账户被区分为个人账户和机构账户。个人账户和机构账户又以2017年6月30日为节点,进一步划区分为新开账户和存量账户。每种账户的尽职调查程序均有所不同。

就所报送信息的范围而言,[①]金融机构应当汇总报送境内分支机构的下列各类非居民账户信息,并注明报送信息的金融机构名称、地址及纳税人识别号:

(1)个人账户持有人的姓名、现居地址、税收居民国(地区)、居民国(地区)纳税人识别号、出生地、出生日期;机构账户持有人的名称、地址、税收居民国(地区)、居民国(地区)纳税人识别号;机构账户持有人是有非居民控制人的消极非金融机构的,还应当报送非居民控制人的姓名、现居地址、税收居民国(地区)、居民国(地区)纳税人识别号、出生地、出生日期。

(2)账号或者类似信息。

(3)公历年度年末单个非居民账户的余额或者净值(包括具有现金价值的保险合同或者年金合同的现金价值或者退保价值)。账户在本年度内注销的,余额为零,同时应当注明账户已注销。

(4)存款账户的,报送公历年度内收到或者计入该账户的利息总额。

(5)托管账户的,报送公历年度内收到或者计入该账户的利息总额、股息总额,以及其他由于被托管资产而收到或者计入该账户的收入总额。报送信息的金融机构为代理人、中间人或者名义持有人的,报送因销售或者赎回金融资产而收到或者计入该托管账户的收入总额。

(6)其他账户的,报送公历年度内收到或者计入该账户的收入总额,包括赎回款项的总额。

(7)国家税务总局要求报送的其他信息。

上述报送信息中涉及金额的,应当按原币种报送并且标注原币种

---

① 参见2017年中国银行业监督管理委员会、中国证券监督管理委员会、中国保险监督管理委员会《非居民金融账户涉税信息尽职调查管理办法》第35条。

名称。

对于存量账户，金融机构现有客户资料中没有居民国（地区）纳税人识别号、出生日期或者出生地信息的，无须报送上述信息。但是，金融机构应当在上述账户被认定为非居民账户的次年年底前，积极采取措施获取上述信息。

非居民账户持有人无税收居民国（地区）纳税人识别号的，金融机构无须收集和报送纳税人识别号信息。[①]

作为G20成员和OECD合作伙伴国，我国秉持着“大国税务”的理念，不但承诺，而且事实上快速实施OECD金融账户涉税信息自动交换标准。[②] 以该标准为核心所建立的全球金融账户涉税信息自动交换网络正日渐扩大和完善，税收透明度不断提高。在全球金融账户涉税信息自动交换国际合作的大力打击下，利用海外账户偷漏避税的空间可望被大幅压缩。当前，我国的税收透明度建设，要求进一步完善金融账户涉税信息自动交换的法律、管理和技术准备。

二、我国实施金融账户涉税信息自动交换面临的挑战

如前所述，金融账户涉税信息自动交换主要缘起于欧美国家面临的财政困局，并得到了G20首脑的背书和大力推动。尽管在法律层面未形成硬性约束，各国领导人的政治承诺亦会使各承诺国面临国际道义的压力。

作为G20合作伙伴，我国应从务实角度出发，积极参与推动实施金融账户涉税信息自动交换，履行《多边税收征管行政互助公约》项下的义务和政治承诺，树立和展示我国负责任大国形象，不断增强中国在世界税收领域的影响力和话语权。事实上，开展金融账户涉税信息自动交换也有助于强化我国的跨境税收的征管，有助于将金融机构向税务部门主动报送金融涉税信息的机制从法律和操作层面建立并固定下

---

① 参见国家税务总局：《金融账户涉税信息自动交换标准简介》，载 http://www.chinatax.gov.cn/aeoi_index.html，最后访问日期：2020年9月10日。

② 将CRS要求转化为国内法，除进一步设立和完善相应国内法律法规外，很大程度上还涉及IT系统水平提升、信息数据安全与隐私保护等技术性问题。

来，为税务机关识别、分析、监控和应对跨境税收风险，特别是防范高净值人群利用海外金融账户转移和隐匿资产，逃避我国纳税义务搭建长效机制，有助于我国夯实税源信息基础。不可忽视的是，我国实施金融账户涉税信息自动交换标准，仍面临着不少挑战。

（一）税收法律有待完善

首先，在国际法层面，我国虽已对外签署100多个双边税收协定、情报交换专项协定和税收安排，正式加入《多边税收征管行政互助公约》，签署了《实施税收协定相关措施以防止税基侵蚀和利润转移的多边公约》，但尚需与更多的经贸伙伴签署相应的双边税收协定、情报交换专项协定及金融账户涉税信息自动交换主管当局协议。这将是我国更好地实施该标准应完成的国际法治保障建设。

其次，在国内法层面：一是现行《税收征收管理法》没有为金融机构等第三方设定向税务机关主动报告涉税信息的义务，无法满足金融账户涉税信息自动交换的要求。此外，《税收征收管理法》对税收情报交换的证据效力不够明确，对自然人纳税人的税务登记及税收保全与强制措施的适用等规定也不能满足税收情报交换的需要。二是《个人所得税法》于2018年修订后，为适应我国对外经济发展形势的需要，尽管加强了其与税收协定或安排、《企业所得税法》及《税收征收管理法》的衔接，增加了个人所得税反避税条款，以加强对“走出去”个人（特别是高净值个人）取得境外所得的税收征管，但其实际执行效果如何，仍有待时间的检验。

（二）税收征管机制有待优化

在国际税收情报交换实践中，外国税务机关交换给我方的税收情报可以直接作为征税依据的情况非常少见，更多的只是为税务机关的日常税收管理提供重要的风险线索。近年来，尽管我国核查所交换税收情报的能力显著提高，但是我国从外国税务机关获得的税收情报与纳税人征管数据、其他部门共享数据及第三方数据等相关信息之间存在割裂与脱节现象，利用税收情报分析研究跨境逃、避税模式，以点带面地识别、分析、应对跨境税收风险，并在此基础上构建国际税收风险管理体系的能力亟待提高。如果不采取有效措施优化国际税收征管体制，提升国际税收风险管理能力，金融账户涉税信息自动交换不仅无法发挥其提示跨境税收风险的“四两拨千斤”之效，反而将徒增税务机关和金融机构的管理和遵从负担。

（三）大数据处理能力有待提高

金融账户涉税信息自动交换机制能够发挥最大效用的前提是，所交换来的金融账户涉税信息能够与一国税收征管的其他数据进行电子比对。通过系统比对分析，自动提示税收管理的风险点，以便税务人员跟进并采取后续管理措施。从全国来看，我国尚未建立全国统一的个人所得税征管信息系统，各省税务部门使用单独开发运行、版本各不兼容的信息系统进行日常征管，造成纳税人在不同地区的涉税信息无法实现共享。在省级层面，各省税务机关对本省个人所得税征管信息系统中的各类数据尚无法实现系统自动关联整合与有效利用，信息零散化、碎片化现象较为严重。今后，通过自动情报交换机制交换的金融账户涉税信息也将面临同一问题，不难预见，账户信息的使用效率将大打折扣。在省以下层面，我国税收情报交换工作仍停留在“手工作坊”阶段，即多采用人工方式逐条处理自动税收情报，效率较低，显然不能满足多边、大批量地交换金融账户涉税信息的需要。

三、进一步完善与推进我国金融账户涉税信息自动交换机制

按照 OECD 设定的时间表，英国、法国、德国、意大利等欧洲国家及开曼群岛等离岸金融中心超过 40 个辖区建立的“早期实施小组”（Early Adopters Group），如期在 2017 年 9 月开展第一批金融账户涉税信息自动交换。对于有关立法和行政层面实施条件当时尚不成熟的我国而言，虽然未能“加入早期实施小组”，但在积极做好实施金融账户涉税信息自动交换各项准备工作的条件下，作为第二梯队，我国也于 2018 年 9 月首次对外自动交换相应涉税信息。但总体而言，不论所交换信息的质量、数量和地域范围，均有很大提升空间。故宜分阶段、分步骤采取各种措施，进一步完善我国的涉税信息自动交换机制。

（一）近期举措

1. 加强金融账户信息自动交换治理能力建设

实施 OECD《金融账户信息自动交换标准》，重点要强化 CRS 信息

治理能力。我国可从以下两个角度提升和强化 CRS 信息治理能力：

首先，在强化信息收集能力方面，可从三个方面入手：(1)可参照 2015 年《税收征收管理法修订草案(征求意见稿)》关于强制披露规定的框架，起草强制披露规则的细则，将 OECD 范本所列的规避 CRS 安排及不透明离岸架构的通用特征和具体特征等各项要求统筹考虑、吸收。(2)引入鼓励纳税人主动报告信息的自愿披露规则，缓解税务机关分析处理 CRS 信息、排除相应风险的压力，一次性地解决纳税人海外所得多年未申报纳税的历史遗留问题。将纳税人自愿披露信息与税务中介或顾问的强制披露信息相互比对，促使税务机关的信息分析和处理更加高效，跨境税源管理更加到位。(3)结合 OECD 与金融行动特别工作组关于制定受益所有权信息交换标准的国际趋势，参考借鉴英国等国家的经验，探讨在我国实施受益所有权信息收集和交换的可能性，以及如何做好相关实施准备。

其次，在强化信息处理能力方面，宜组建专业团队，分析、整合通过前述信息收集手段获取的避税筹划信息，抽丝剥茧，从中提炼纳税人避税的主要手法，形成有效的应对策略。

2. 建立跨部门协调机制

为做好金融账户涉税信息自动交换工作，宜进一步完善由中国人民银行和国家税务总局牵头，外交部、财政部、商务部、港澳办、银保监会、证监会等单位参加的跨部门协调机制。根据各部门职责共同推进相关工作，形成应对合力。要配合金融机构及其监管部门尽快完善信息报告和尽职调查工作手册，加强对金融机构执行自动信息交换标准的指导、管理和监督，及时解决信息交换过程中出现的不合规等问题，确保信息交换机制运转顺畅。

3. 加强与其他辖区的配合

宜加强与 G20 中的非 OECD 成员、特别是金砖国家的协调配合，就金融账户涉税信息自动交换实施中的重要问题交换意见、协调立场，共同维护发展中国家和新兴市场国家的利益。同时，要注意强调我国作为发展中国家的地位和立场，积极争取发达国家和国际组织帮助我国进行能力建设，提供技术支持。

4. 适时谈签主管当局协议

2014 年 11 月，习近平总书记曾在澳大利亚布里斯班 G20 峰会上呼吁：要加强全球税收合作，打击国际逃避税，帮助发展中国家和低收入国家提高税收征管能力。[①] 深化国际税收合作，是防范规避 CRS 报告义务的重要举措。例如，OECD 就保持 CRS 完整性所提出的三大举措，就包括与 CRS 各参与国分享规避 CRS 报告义务的方案、产品或者架构、安排的信息。对此，我国应密切跟踪 OECD 向各国分享的上述信息，借助相应信息的国际共享加强同国际联合信息分享与协作特别工作组（The Joint International Taskforce on Shared Intelligence Collaboration，JITSIC）成员开展信息交换，以及实施双边甚至多边的遵从行动，并积极申请税收透明度和情报交换全球论坛向我国提供防范规避 CRS 义务的征管能力培训和技术援助。通过不断深化国际合作，实现我国居民企业和个人跨境税源管理水平的显著提升。

要按照 OECD 关于双边签订金融账户涉税信息自动交换主管当局协议的要求，制作适合我国国情和利益需要的中国主管当局协议范本，并优先选择我国居民个人取得劳务、投资、财产所得较多的国家或地区适时开展交换主管协议的谈签工作。同时，还要根据我国金融机构实际情况，尽快确定免于报送义务的金融机构名单及金融账户涉税信息范围，切实减轻金融机构的合规负担。

为规避 CRS 涉税信息交换，目前中国部分高净值收入人群选择投资海外房地产、珠宝、艺术品、贵金属等 CRS 信息交换范畴之外的资产。但这事实上未必能如愿以偿。因为实物投资在变现时依然会转化成金融资产，有关信息仍属交换对象；而且，这些投资不仅持有成本高、变现能力差，其变现价值还存在较大的不确定性。

（二）中长期举措

金融账户涉税信息自动交换虽然只是一项信息交换机制，但它对国际税收规则、跨国纳税人的经济贸易行为以及各国税收征管体系的影响不可小觑。现阶段，我国实施金融账户涉税信息自动交换标准所

---

① 参见《防查并举打击国际逃避税》，载《中国税务》2015 年第 3 期。

遇到的障碍和困难，反映了我国国际税收管理体系存在的共性问题。我们不能头痛医头，脚痛医脚，满足于以短视的目光与措施解决金融账户涉税信息自动交换面临的具体问题，而应当提高站位，拓宽视野，以实施金融账户涉税信息自动交换为契机，从打造国际税收升级版的宏大视角，思考和审视我国国际税收法律完善、征管机制改进与系统优化等一系列问题，实现我国国际税收治理能力的跨越式提升。

1. 推动建设完备规范的国际税收法律体系

尽快修订我国《税收征管法》，借此明确：(1)税务机关可以根据税收征收和管理的需要，要求纳税人和包括金融机构在内的相关方，主动向税务机关提供境外涉税信息。(2)进一步完善以终身唯一的纳税识别号为核心的自然人税务登记制度，构建纳税人各类涉税信息的逻辑关联，便于税务机关整合分析相关征管数据及进行税收情报的分类检索。(3)明确通过情报交换机制从国外税务主管当局取得的税收情报，与税务机关从国内取得的证据具有同等效力。(4)将税收保全和强制执行措施的适用范围扩大到非从事生产经营的自然人纳税人，增加税务机关对自然人税收违法行为的执法刚性。(5)突破《商业银行法》《反洗钱法》等国内相关法律关于银行保密的限制，保障税务机关获取纳税人金融账户涉税信息，并开展国际税收情报交换。

要结合党中央提出的建立综合与分类相结合的个人所得税税制要求，强化个人所得税法对国际税收政策与管理的法律支撑，加强其与税收协定、《企业所得税法》及《税收征收管理法》的协调与衔接，建立与国际接轨的税收居民定义及所得来源地规则，完善包括一般反避税条款在内的个人所得税反避税规定，构建对我国居民个人、特别是高净值个人境外所得的政策体系和征管规范，同时要对个人所得税中可能出现的税基侵蚀与利润转移现象保持关注，积极采取措施加以防范。

2. 推动建设科学严密的国际税收征管体系

有效利用金融账户涉税信息打击跨境逃、避税行为，实现金融账户涉税信息自动交换多边协作机制的实际效用。按照金融账户涉税信息自动交换的主管当局协议，无论是我国金融机构报送的外国纳税人信息，还是外国金融机构报送的中国纳税人信息，都要通过税务机关实现交换。因此,一方面,对于我国金融机构报送的外国纳税人信息,我国税务机关不能仅仅满足于“中转站”功能,而要对外交换之前,充分挖掘其中有价值的线索,弥补我国对外籍个人股息、利息、金融资产转让等所得税收征管较为薄弱的不足;另一方面,对于外国金融机构报送的中国纳税人信息,要善于识别、发现和归纳其中的逃避税模式,力争查处一批典型大案要案,扩大金融账户涉税信息自动交换的威慑效果。在此基础上,利用金融账户涉税信息进一步丰富和完善国际税收风险监控指标体系,发挥风险监控在国际税收管理中的作用,逐步构建起科学严密的国际税收征管体系。

3. 推动建设稳定强大的国际税收信息体系

要按照 OECD 的技术模板和要求,尽快制定我国开展金融账户涉税信息自动交换的技术标准,并据此对我国税收征管信息系统进行升级改造,实现金融账户涉税信息的收集、识别、处理和交换的电子化和自动化,提高自动情报交换的质效。在此基础上,针对我国国际税收征管数据、第三方报告信息、跨部门共享信息及税收情报交换数据彼此割裂的现状,结合金税三期工程的推进,探索建立涵盖自动税收情报交换等各项业务、与相关政府部门联网的国际税收管理平台,整合分析各类数据与信息,加快数据库等新型技术手段的应用,深度挖掘数据中的国际税收风险管理线索,为强化跨境税收征管,挤压逃、避税筹划空间奠定税源信息基础。同时,要将金融账户涉税信息自动交换放到国际经济贸易合作迅猛发展的大背景中去认识,通过对所交换的金融账户涉税信息进行国际税收经济分析,洞察我国经济发展走向与市场特征,反映跨境经济活动对国际税收管理的影响,以及国际税收对不同生产要素跨境流动和配置的作用,掌握国际税收与对外经济发展共生共荣的内在规律,识别逃避税风险,并及时制定保护我国税基安全的应对举措,充分发挥国际税收在维护国家权益、服务对外经济中的积极作用。

第四章 BEPS 行动计划中的税收信息交换合作机制研究

第一节 BEPS 行动计划中的税收信息交换合作机制概述

一、BEPS 行动计划出台的时代背景

（一）BEPS 的含义

BEPS 是“Base Erosion and Profit Shifting”（税基侵蚀与利润转移）的缩写，通常指跨国经营企业利用不同国家、地区的税制差异和规则错配等进行税收筹划，利用其中的不足和征管漏洞，人为地将利润由高税率区向低（无）税率区转移，达到少纳税甚至不纳税效果，最大限度地避税，各国的税基因此被侵蚀。根据 OECD 统计，全球每年有 4% 至 10% 的企业所得税因跨境避税流失，每年税收损失为 1000 亿至 2400 亿美元。[①]

BEPS 是一种比较典型的避税筹划，虽然在形式上一般并不违背行为地的法律法规。然而，BEPS 会导致投资决策扭曲，致使资源流向税前回报率低而税后回报率高的经营活动，背离税收中性、税收公平等税收基本原则的要求。跨境经营企业可因此获利，得以谋取较国内经

---

① 参见赵婧：《我国今年反避税预计增加税收 600 亿元》，载 http://bgimg.ce.cn/cysc/newmain/yc/jsxw/201510/12/t20151012_6672472.shtml，最后访问时间：2020 年 7 月 10 日。

营企业更大的竞争优势。一旦企业可因避税而受益,纳税人整体的税法遵从度将因此普遍下降。故 BEPS 不仅扭曲竞争,导致资源配置低效率,还必然妨害税收法治秩序。

(二)OECD 与 BEPS 行动计划

避税与反避税作为矛盾的对立面,相互博弈,此消彼长。博弈的具体过程主要表现为促进或阻碍税收信息的有效收集与利用。伴随经济全球化和信息科技的高速发展,当今世界各国生产要素的跨境流动日益便捷,国际税收竞争日趋激烈。这一方面为跨国公司寻求避税提供了极大空间,另一方面也为有关国家加强反避税国际合作提供了原动力和资源支持。特别在 2008 年国际金融危机后,许多国家特别是经济发达国家为解决其财政困难,将打击国际避税作为增加财政收入的重要选项。

G20、OECD 作为国际社会最主要的财税国际组织之一,在税基侵蚀与利润转移规制国际合作方面发挥了重要引领作用:[①]2009 年 4 月,G20 伦敦峰会提出,对不愿进行税收信息交换的避税区采取限制措施;2011 年 11 月,G20 戛纳峰会修订《多边税收征管行政互助公约》,将公约向全球所有国家开放;2013 年 9 月,G20 圣彼得堡峰会承诺将实施自动情报交换,以提高税收透明度,并正式委托 OECD 启动研究消除 BEPS 的诸项行动计划;2014 年 7 月,OECD 对外发布了金融账户涉税信息自动交换标准,该标准随后在 2014 年 11 月 G20 布里斯班峰会通过;2015 年 10 月 5 日,OECD 正式发布 BEPS 15 项行动计划的研究成果,该行动计划随后于 2015 年 10 月 8 日获 G20 财政部部长与央行行长秘鲁利马会议审议通过,并于同年 11 月获 G20 安塔利亚领导人峰

① 参见龚辉文:《对 BEPS 行动计划及其成果的若干认识》,载《中国财经报》2016 年 7 月 12 日,第 6 版。

会批准,[①]"利润应在经济活动发生地和价值创造地征税"被确定为 BEPS 项目的总原则。[②] 这些成果和"一揽子"措施的出台,标志着国际税收体系改革取得重大成功,甚至被视为国际税收体系百年来的第一次根本性变革。[③] 有关加强税收信息交换、提高税收透明度的若干安排是其中最重要的内容和成果之一。

为推进 BEPS 行动计划实施,OECD 于 2015 年 11 月牵头成立了起草《实施税收协定相关措施以防止税基侵蚀和利润转移的多边公约》特别工作组,具体负责公约文本的起草。2017 年 6 月 7 日,《实施税收协定相关措施以防止税基侵蚀和利润转移的多边公约》首次联合签字仪式在法国巴黎 OECD 总部举行,中国、日本、德国等 67 个国家和地区政府的代表共同签署了该公约。《实施税收协定相关措施以防止税基侵蚀和利润转移的多边公约》共七章计 39 条,旨在为"一揽子"修订全球 3000 多份彼此差异的税收协定提供法律指引,[④]被视为国际税收改革的里程碑事件。该公约的原则性使其能帮助各国快速有效地落实 BEPS 最低标准,其灵活性又使其能最大限度地包容各国税收协定之间的差异,从而助力国际税收合作。

中国被选为公约起草工作组的第一副主席国,与其他 100 多个国家进行了为期 1 年的集体谈判与磋商,积极参与和组织公约条文的研

---

① 除《解释性声明》外,BEPS 15 项行动计划具体包括:第 1 项行动计划《应对数字经济的税收挑战》;第 2 项行动计划《消除混合错配安排的影响》;第 3 项行动计划《制定有效受控外国公司规则》;第 4 项行动计划《对利用利息扣除和其他款项支付实现的税基侵蚀予以限制》;第 5 项行动计划《考虑透明度和实质性因素,有效打击有害税收实践》;第 6 项行动计划《防止税收协定优惠的不当授予》;第 7 项行动计划《防止人为规避构成常设机构》;第 8 ~ 10 项行动计划《无形资产转让定价指引》;第 11 项行动计划《衡量和监控 BEPS》;第 12 项行动计划《强制披露规则》;第 13 项行动计划《转让定价文档和国别报告》;第 14 项行动计划《使争议解决机制更有效》;第 15 项行动计划《制定用于修订双边税收协定的多边协议》。

② 参见国家税务总局办公厅:《税务总局发布 OECD/G20 税基侵蚀和利润转移项目 2015 年最终报告中文版》,载 http://www.chinatax.gov.cn/n810214/n810641/n810697/n813233/c1836574/content.html,最后访问时间:2020 年 6 月 23 日。

③ 同上。

④ 如该公约第 1 条规定,本公约将修订所有符合第 2 条(术语解释)第 1 款第 1 项定义的"所涵盖税收协定"。

究与草拟，为公约制定做出了重要贡献。[①] 该公约已于 2018 年 7 月 1 日生效。[②]

就促进税收信息交换国际合作而言，《实施税收协定相关措施以防止税基侵蚀和利润转移的多边公约》强调，应将公约所辖仲裁程序中使用的相应税收信息视为国际、国内税收信息交换立法项下的信息，并承担相应的使用限制和保密义务。[③]

与《实施税收协定相关措施以防止税基侵蚀和利润转移的多边公约》配套的 BEPS 行动计划作为一项国际税改项目，得到了许多国家的积极响应，[④]如 BEPS 行动计划促使爱尔兰政府修改了其饱受他国异议的居民企业的定义。苹果公司此前就是综合利用爱尔兰税法对居民企业的定义、[⑤]欧盟之间的税收协定优惠待遇，以及欧盟成员企业之间的交易免缴企业所得税等方面的规定，将大量利润转移到避税国家或地区。鉴于 OECD 对增强国际税收透明度的重视及实质性课税原则的要求，爱尔兰政府为了保持其低税率公司税对外资的吸引力，在 BEPS 行动计划的推动下，规定所有在爱尔兰注册的公司在一段时间后将自动被视为爱尔兰的税收居民，应在爱尔兰缴税。“双层爱尔兰荷兰三

---

① 参见佚名：《中国政府签署〈BEPS 多边公约〉深化国际税收合作》，载 https://www.jiemian.com/article/1384646.html，最后访问时间：2019 年 4 月 23 日。

② 参见杨子晴：《强化国际税收秩序 BEPS 多边公约 7 月正式生效》，载 https://baijiahao.baidu.com/s? id=1595692885451690455，最后访问时间：2020 年 5 月 13 日。

③ 该公约第 21 条（仲裁程序的保密）规定：“一、仅为适用本章规定以及所涵盖税收协定和缔约管辖区双方国内法中关于信息交换、保密和征管协助的规定的目的，仲裁庭成员和每位成员的最多三位助手（以及预备仲裁员，但仅限于证明其符合仲裁员标准所需的程度）可知悉相关案件信息。仲裁庭或预备仲裁员获取的信息，以及双方主管当局从仲裁庭获取的信息，应被认为属于根据所涵盖税收协定中信息交换和征管协助的规定而交换的信息。二、缔约管辖区双方主管当局应确保，仲裁员及其助手在仲裁庭程序开始前，书面同意对仲裁过程中接触到的信息保密，就像对待所涵盖税收协定信息交换和征管协助条款，以及缔约管辖区适用的法律规定的保密和不泄露义务一样。”

④ BEPS 项目起初由 34 个 OECD 成员国、10 个非 OECD 的 G20 成员和 17 个其他发展中国家，共计 61 个国家共同参与。目前其成员已经多达 137 个。See OECD, *Inclusive Framework on BEPS: Members* (Sept. 22, 2020), http://www.oecd.org/tax/beps/inclusive-framework-on-beps-composition.pdf.

⑤ 爱尔兰将管理权和控制权不在爱尔兰境内的企业认定为非居民企业。

明治”的避税模式可能因此难以为继。

（三）中国与 BEPS 行动计划

中国是以 OECD 合作伙伴的身份参与 BEPS 行动计划的制定，在国际税收规则体系的构建和重塑方面发挥了积极的作用。据中国国家税务总局披露，中国向 OECD 提交国家立场声明和建议多达 1000 多条，其中许多意见在 BEPS 最终报告中有所体现。①

我国在 BEPS 行动计划通过后，也开始大力推进 BEPS 成果的国内法转化：对外加强相应的国际税收合作，对内则进一步完善相应的税收立法和征管体系。例如，我国在与智利 2015 年签署《对所得避免双重征税和防止逃避税的协定》时，加入了反协定滥用条款。② 在完善相应国内税收制度方面，国家税务总局出台了大量规章、规范，如发布 2015 年《关于非居民企业间接转让财产企业所得税若干问题的公告》、2015 年《关于企业向境外关联方支付费用有关企业所得税问题的公告》、2015 年《一般反避税管理办法（试行）》、2015 年《非居民企业间接转让财产管理办法》等多个强化反避税管理的规章和规范性文件。另外，2015 年修订的《特别纳税调整实施办法》亦多方吸收了 BEPS 报告的建议。其他的文件还有国家税务总局《关于完善关联申报和同期资料管理有关事项的公告》（国家税务总局公告 2016 年第 42 号）、国家税务总局《关于完善预约定价安排管理有关事项的公告》（国家税务总局公告 2016 年第 64 号）和国家税务总局《关于发布〈特别纳税调查调整及相互协商程序管理办法〉的公告》（国家税务总局公告 2017 年第 6 号）等。

二、开展税收信息交换合作是 BEPS 行动计划的重要内容

提高税收透明度是 BEPS 行动计划的主要目的和重要内容之一，而促进各国开展税收情报交换则是各国增强其税收透明度的核心内

---

① 参见国家税务总局办公厅：《国家税务总局发布 OECD/G20 税基侵蚀和利润转移项目 2015 年最终报告中文版》，载 http://www.chinatax.gov.cn/n810219/n810724/c1836574/content.html，最后访问时间：2020 年 6 月 23 日。

② 参见该协定第 26 条（享受协定优惠资格的判定）第 4 款。

容。在 BEPS 15 项行动计划中,有关提高税收透明度、促进税收信息交换合作的安排主要包括:

(1)行动计划 5《考虑透明度和实质性因素,有效打击有害税收实践》中关于增强透明度的安排。该项行动计划要求,改进针对有害税收实践的工作,需要优先考虑提升以下信息交换方面的透明度:信息交换的对象;信息交换的内容;信息交换的方法;所交换信息的保密性;针对过去和未来的裁定如何适用的框架;信息交换的实际操作困难及问题解决;关于裁定的最佳实践等。该行动计划还要求按年度提交开展情报交换的情况表,同时计划建立一个专门的监督机制。行动计划为此还具体地提出了相应的指导性建议,如就信息交换的对象,建议成员方应就以下六个方面内容实施强制性的自发情报交换:有关优惠制度的裁定、常设机构的裁定、跨境单边预约定价协议或其他单边转让定价裁定、调减利润的裁定、导管公司的裁定,以及可能导致 BEPS 问题的其他裁定。当然,该行动计划除建议强制性提高透明度外,还强调了国际税收征管中的实质性因素,以便对现有的有害税收实践框架进行补充和改进。

(2)第 12 项行动计划第二阶段成果《强制披露规则》对制定信息强制性披露规则的要求。针对各国税收机关不能及时、全面地获取恶意税收筹划方案等相关信息,导致税务机关无法通过税务审计、法律修订或风险评估与合规程序改进等措施快速应对税务风险等问题,OECD 借鉴了实施强制披露规则国家的经验,在充分考虑税务机关和企业管理成本的基础上,提出了一系列有关强制披露规则制定的建议,以确保各国之间保持最大程度的一致性,同时满足当地需求,降低纳税人的合规成本。[①] 有关强制披露规则设计的建议主要涉及相应的标准框架及其他可选方案,以便既能确保各国具有足够的灵活性来处理本国特有的风险,又能确保税务机关能够控制披露的数量和类型。第 12 项行动计划还包括就税收筹划安排设计和实施相应的国际信息共享模

---

① 参见马媛媛:《BEPS 行动计划 12、第二阶段成果 6:强制披露规则》,载《国际税收》2015 年第 10 期。

式，但这需要与 BEPS 其他行动计划，如第 5 项和第 13 项行动计划的信息交换安排进行协调。[①] 由于该行动计划中的强制披露建议不是 BEPS 最低标准，各国可自行选择是否引入该制度。

（3）行动计划 13《转让定价文档和国别报告》中对相关涉税信息的披露要求。该项行动计划不仅要求跨国公司提供其主体文档、本地文档和国别报告，还建议成员方政府根据签订的相关税收协定进行信息自动交换。其中，第五章还提供了国别报告信息交换的多边主管税务机关协议范本。OECD 还将 2014 年《转让定价同期资料和分国信息披露指引》纳入该项行动计划，以便各国税务机关指导纳税人对其自身交易进行评估，为其国际税收征管收集更多资料，促进其税收透明度。

根据行动计划 13 的指引，中国国家税务总局局长王军与加拿大、印度、以色列和新西兰税务局局长于 2016 年 5 月 12 日共同签署《转让定价国别报告多边主管当局间协议》。该协议明确了跨国企业集团资料报送的义务，以及各国税务部门之间信息交换的义务。这有利于各国税务部门了解跨国企业集团全球经营状况，促进纳税遵从，确保国际税收体系公平。根据该协议的要求，全球收入合并超过 7.5 亿欧元的跨国企业集团，由其母公司向所在国的税务机关按年报送集团全球所得、税收和业务活动的国别分布情况及其他指标；相应跨国企业集团应逐年报送上一年度的转让定价国别报告信息。这些信息计划于 2018 年在协议签署国税务主管部门之间进行交换。[②] 我国税收信息交换国际合作程度有望因此不断加强，国际税收透明度有望不断提高。

三、对 BEPS 行动计划中税收信息交换合作机制的评析

BEPS 行动计划成果公布以后，OECD、G20 国家及许多其他参与方均给予高度评价和充分肯定，甚至认为这是对国际税收规则的“百

---

① 参见马媛媛：《BEPS 行动计划 12、第二阶段成果 6：强制披露规则》，载《国际税收》2015 年第 10 期。

② 参见中国国家税务总局办公厅：《中国签署多边税收协议》，载 http://www.chinatax.gov.cn/n810219/n810729/c2138006/content.html，最后访问时间：2020 年 5 月 18 日。

年重塑”。[①] 这当然涵盖了有关税收信息交换国际合作机制的新发展,如廖体忠认为,该文件对我国在应对 BEPS 问题时应当如何改革税收情报交换制度起到了相关指引作用。[②] 世界知名税务专家、维也纳经济大学教授杰弗里·欧文斯先生认为,BEPS 的 15 项行动计划不仅要求 OECD 和 G20 开展前所未有的税收情报交换合作,要求发展中国家也参与,还确定了非常严格的截止时间。这虽然有助于税收情报交换工作的进步,但对各国税收情报交换制度也提出了新的挑战。[③] 田雯琦等学者认为,虽然 BEPS 的初衷是回应各国对于国际税收规则的协作需求,但通过 BEPS 与其他国家协调,有助于协力开展税收情报交换工作。[④] 温彩霞等学者认为,BEPS 15 项行动计划成果为国际税收领域通过多边税收情报交换合作、应对共同挑战提供了良好范例。世界主要经济体通过密集的多边谈判与协调,在转让定价、防止协定滥用、弥合国内法漏洞、应对数字经济挑战等基本税收规则和管理制度达成了重要共识,有助于国际税收规则的重构和多边税收情报交换合作的开展,有利于避免因各国采取单边行动造成对跨国公司的双(多)重征税、双(多)重不征税,以及对国际经济复苏的伤害。[⑤]

BEPS 的许多成果已逐步得到许多国家特别是欧盟国家接受,被转化为国内法,如欧洲委员会发布《在欧盟范围内建立公正高效的公司税体系》,表示欧盟会有效吸收 BEPS 行动计划的成果,让其能够切实地应用于欧盟。[⑥] 欧盟财政部长在 2015 年 10 月达成一致意见,同意根据 BEPS 行动计划 5 的要求,修订 2011/16/EU 指令(《税收征管相

---

① 参见郝昭成:《百年重塑国际税收新体系》,载《国际税收》2016 年第 11 期。

② 参见廖体忠:《BEPS 行动计划的影响及我国的应对》,载《国际税收》2014 年第 7 期。

③ 参见[奥]杰弗里·欧文斯:《“后 BEPS 时代”及对中国的影响》,载《国际税收》2014 年第 7 期。

④ 参见田雯琦、[美]罗伯特·史密斯、韦伟:《企业面临的重要税务议题:转让定价与海关估价》,载《涉外税务》2013 年第 5 期。

⑤ 参见温彩霞、刘嘉怡、于佳音:《国际税收合作迈上新台阶——BEPS 项目最终成果公布》,载《中国税务》2015 年第 12 期。

⑥ 参见张智勇:《欧盟反避税机制的新发展》,载程卫东、李以所主编:《欧洲法律评论》(第 2 卷),中国社会科学出版社 2017 年版,第 31 页。

互合作指令》)，要求就(跨境)税收预裁定和预约定价安排(Advance Pricing Arrangement，APA)等的基本信息进行前期的信息交换。

如前所述，我国根据行动计划 13 的指引，与加拿大等共同签署《转让定价国别报告多边主管当局间协议》。我国《企业所得税法》亦根据 BEPS 行动计划 5 的指导，在其第六章确定了反避税规则。国家税务总局还参照 BEPS 行动计划 8～10、BEPS 行动计划 14 等方面的要求，出台大量实施规范，为反避税及相应税收信息的收集和提交提供详细指引和规范。[①] 例如，国家税务总局 2017 年 3 月 17 日《关于发布〈特别纳税调查调整及相互协商程序管理办法〉的公告》(国家税务总局公告 2017 年第 6 号)明确指出："为深入贯彻落实《深化国税、地税征管体制改革方案》，进一步完善特别纳税调查调整及相互协商程序管理工作，积极应用税基侵蚀和利润转移(BEPS)行动计划成果，有效执行我国对外签署的避免双重征税协定、协议或者安排，根据《中华人民共和国企业所得税法》及其实施条例、《中华人民共和国税收征收管理法》及其实施细则的有关规定，制定了《特别纳税调查调整及相互协商程序管理办法》现予以发布，自 2017 年 5 月 1 日起施行。"

不可忽视的是，国际社会对 BEPS 成果也存在一些不同声音。如美国乔治梅森大学麦卡特斯研究中心 2016 年 3 月 17 日发布题为《OECD 征服美国：理解 BEPS 项目和税收协调的代价和后果》的研究报告，报告中认为 BEPS 项目试图将公司税收的管理由各个国家转向国际组织，以此来改变国际税收体系，其结果虽然是强化和统一了税收规则，但牺牲了遵从效率、纳税人的权利和国家制定适合自身国民的税收政策的能力，破坏了国家主权。[②] 部分相关的国际行业组织，如国际商会、欧洲银行联合会等也对 BEPS 的一些计划和建议可能引发的风险、企业增加成本等表示担忧。罗申美国际会计事务所对全球企业高

---

① 参见张泽平：《BEPS 行动计划对我国国内税收立法的影响及应对——以打击有害税收实践行动方案为视角》，载《国际税收》2015 年第 6 期。

② 参见龚辉文：《对 BEPS 行动计划及其成果的若干认识》，载《中国财经报》2016 年 7 月 12 日，第 6 版。

管组织的一次问卷调查显示，多数企业认为 BEPS 行动计划的实施，将增加企业税负和税收遵从成本。[①] 巴哈马拿骚研究所 Jorge C. Borlandelli 教授认为，OECD 所推动的 BEPS 行动和税收情报交换将影响对欠发达国家的投资，对欠发达国家长远发展有负面影响。[②]

我们赞同上述专家评析意见，关键在于如何做到"两害相权取其轻，两利相权取其重"。BEPS 行动计划与税收情报交换相互交叉、重叠，二者相辅相成，相互依赖、相互支持。事实上，除上述第 5、13 项行动计划直接涉及相应的税收情报交换外，其他各项行动计划的落地，诸如第 4 项行动计划《对利用利息扣除和其他款项支付实现的税基侵蚀予以限制》、第 6 项行动计划《防止税收协定优惠的不当授予》、第 7 项行动计划《防止人为规避构成常设机构》、第 11 项行动计划《衡量和监控 BEPS》等，无不建立在充分有效的税收信息交换基础之上，或服务于税收信息交换国际合作。没有充分、及时、有效的涉税信息交换，规制转让定价和滥用税收协定等侵蚀税基行为的国际合作就可能寸步难行。而这些行动计划的充分实施，亦有助于进行更充分、更全面的税收情报交换国际合作。

第二节　BEPS 税收信息强制披露国际合作机制的主要内容

一、税收信息强制披露国际合作机制的含义

强制披露机制，是指纳税人在采用自行设计或由代理人机构设计提供的避税交易或安排时，纳税人和代理人机构一方或双方有义务在规定期限内将避税交易或安排的详细信息报告给税务机关的制度。如

---

① 参见邱冬梅：《税收情报自动交换的最新发展及我国之应对》，载《法学》2017 年第 6 期。

② Jorge C. Borlandelli, MIM, *The Ignored Long Term Effects of the Global Forum on Transparency and Exchange of Information for Tax Purposes* (Sept. 20, 2020), https://www.nassauinstitute.org/article1285.

前所述,OECD 于 2013 年 7 月发布了 BEPS 15 项行动计划,其中的第 12 项行动计划主要就恶意税收筹划的交易、安排或结构的强制披露机制构建提出建议。随后,OECD 对强制披露机制作出了更深入的探索。

2014 年 7 月 15 日,OECD 发布了《金融账户涉税信息自动交换标准》。该标准由《主管当局间协议范本》(*Model Competent Authority Agreement*,MCAA)和《通用报告标准》(*Common Reporting Standard*,CRS)两部分内容组成。有关国家约定的首次信息交换时间为 2017 年 9 月或 2018 年 9 月。理论上,借助 CRS 实施,各国的税收透明度以及税务机关应对离岸逃税、避税的能力有望显著提升。但日常的税收征管、学术研究以及媒体反馈的最新信息显示,自 CRS 实施以来,一些税务顾问和中介机构为了帮助纳税人规避金融账户涉税信息报告义务,仍在继续设计、营销或协助实施某些离岸架构和安排。2017 年 5 月 13 日,七国集团(G7)为此发表《巴里宣言》,呼吁 OECD"讨论可能的方式,以应对规避 CRS 安排的行为和旨在提供不透明架构的受益所有人的行为"。OECD 为确保 CRS 的完整性,采取了涉税信息收集、信息分析和反制措施三项举措。在该三项举措中,信息收集居核心和基础地位,它为信息分析提供数据和事实,为反制措施的设计提供依据,并通过收集反馈信息验证反制措施的实效。

具体而言,OECD 采取以下两种方式收集涉税信息:(1)设立开放的线上"'规避 CRS 方案'举报平台",向社会公众收集信息;(2)于 2018 年 3 月发布的 CRS 强制披露范本,要求中介机构承担强制披露义务。[①] 正如该范本前言所述,该范本充分借鉴了 BEPS 第 12 项行动计划的成果,专门用于解决 CRS 规避方案特有的架构和安排所带来的避税问题。[②] 该范本虽已获 OECD 财政事务委员会批准,但该范本并不属于各国必须实施并接受审议的最低标准,而是供各国税务机关参考

---

① See OECD, *Game over for CRS avoidance! OECD adopts tax disclosure rules for advisors*(Sept. 12, 2020), http://www. oecd. org/tax/game-over-for-crs-avoidance-oecd-adopts-tax-disclosure-rules-for-advisors. htm.

② 参见马媛媛、梁若莲:《利用强制披露规则识别规避 CRS 安排和不透明离岸架构的思考与建议》,载《国际税收》2018 年第 11 期。

选用的最佳实践建议。①

在总结前期 CRS 信息交换资料收集和排查经验的基础上,OECD 于 2019 年 6 月 27 日更新发布《CRS 涉税信息交换避税安排和离岸结构强制披露规则 MDR 的框架文件》,以进一步增强 CRS 全球涉税信息交换国际合作的可操作性。②

英国、美国、加拿大等实施 CRS 信息强制披露的经验表明,通过强制披露机制尽早地获取纳税人的税务筹划信息,不但有助于税务机关及时修订法律法规或改进风险评估与合规程序,快速应对相应的税务风险,而且相应的信息作为税收情报交换的重要内容,将有助于大幅增进涉税情报交换的数量和质量。同时,涉税情报交换也可以成为强制披露的前奏或支撑,两者相辅相成,相互交融。从国际税收改革趋势和情报交换制度完善等需求来看,我国应尽快引入和完善 CRS 信息强制披露机制。

二、CRS 强制披露范本的基本框架

CRS 强制披露范本是 OECD 向各国税务机关提供的一个基于国际最佳实践的 BEPS 涉税信息强制披露规则框架。与 BEPS 第 12 项行动计划一样,该披露规则框架同样包含五类核心要素:(1)应披露的税收筹划的基本特征;(2)披露义务人;(3)披露时间;(4)应披露的信息内容;(5)不遵从的法律责任。

上述要素对于如何定义规避 CRS 安排和不透明离岸架构,与 BEPS 第 12 项行动计划的成果有所不同。OECD 在 CRS 强制披露范本中给出的建议较为宽泛,以便涵盖具有规避 CRS 立法效果的任何安排,以及任何可能导致无法准确识别受益所有人的不透明离岸架构。由负责设计、营销该安排架构的人员,或者知道或应该知道该安排架构、符合披露要求的人员向其所属国家(或地区)进行披露。需要强调

① 参见陈虎:《刍议 OECD 应对"规避 CRS 方案"措施》,载《税务研究》2018 年第 6 期。

② 参见佚名:《OECD 总结首次 CRS 交换经验,更新发布有关〈CRS 涉税信息交换避税安排和离岸结构强制披露规则的框架文件〉》,载 https://www.sohu.com/a/324113538_120172170,最后访问时间:2020 年 5 月 18 日。

的是,CRS 强制披露规则范本作为一种最佳实践指引,不会对各国家(地区)CRS 立法的实质性条款产生影响。作为信息收集工具,其根本目的和功能是通过阻止中介机构推广某些税收筹划方案,以保证 CRS 信息报告的完整性,提高各参与方履行 CRS 信息报告义务的合规性、遵从度。

三、CRS 强制披露范本的主要内容

(一)应披露安排的基本特征

规避 CRS 的安排是指任何旨在规避 CRS 报告义务的安排。该安排可能尚未实施,或已被推广,或已被实际应用并达到了规避 CRS 立法的目的。其基本特征可由具体特征加以补充,具体特征则需根据各国税务机关的征管实践以及 CRS 披露机制下已获取的具体安排的特征进行提炼,并不断加以完善。这种规避安排的基本特征主要包括以下两个方面内容。

1. 旨在规避 CRS

此类安排主要是利用 CRS 立法的缺失或执行不力,或是利用与该纳税人所属的一个或多个税务主管当局之间没有签订 CRS 信息交换协议,抑或是利用金融机构尽职调查程序等方面的漏洞,规避相应的 CRS报告义务。具体来说,这类规避安排主要包括以下 6 种情况:(1)使用不属于金融账户,但具有与金融账户相似特征的账户、产品或金融资产;(2)将金融账户或金融账户中持有的资金或金融资产转移至在不负有报告义务的金融机构开设的金融账户,或转移至与所有国家都不进行 CRS 信息交换的某个国家(或地区)的账户;(3)将金融账户或金融账户中持有的资金或金融资产转换或转移至不具有报告义务的金融账户;(4)将金融机构转变为不具有报告义务的金融机构,或转换为不与应报告纳税人居民国交换 CRS 信息的国家(或地区)的金融机构;(5)破坏金融机构的尽职调查程序,或利用金融机构尽职调查程序中的缺陷与漏洞;(6)规避投资人身份,使投资实体符合非营利组织的标准,避免触发报告义务;等等。

2. 搭建不透明离岸架构

不透明离岸架构,是指通过搭建不透明的架构而持有的消极离岸金融工具。提出该特征的目的是补充上述规避 CRS 安排的披露规则,并捕捉通常不受 CRS 报告影响的架构,如持有金融账户以外的资产、房地产等。这种规避方式主要是通过使用不透明架构持有消极离岸工具,以达到不能准确识别受益所有人身份的效果。“消极离岸工具”是指法人或者法律安排,但在其成立的辖区内没有工作人员、设备、资产等,无法支持其从事实质性经济活动。这种消极离岸工具不包括由机构投资者或由一个或多个机构投资者全资拥有的情况,也不包括该法人或法律安排的受益所有人为该国(或地区)税收居民的情况。其主要包括以下方式:

(1)使用名义代理人股东且未披露代理人姓名;

(2)使用超出正式所有权的间接控制手段;

(3)通过筹划安排,应报告纳税人可以获得架构所持有的资产或来自该架构的收入,而不被确定为该架构的受益所有人;

(4)在有关国家(或地区)成立法人,而这些国家(或地区)不要求保留或获取基本信息和受益所有人信息,或者股东或会员没有义务披露股份持有人的姓名,或者不要求法人股东或其他成员报告法人所有权或控制权的变更。

(二)披露义务人

与 BEPS 第 12 项行动计划的成果建议略有差异的是,CRS 强制披露范本将披露义务主要施加给了筹划方,即税务服务“中介”,具体包括:

(1)任何负责设计或营销规避 CRS 安排或不透明离岸架构的人(推广人);

(2)基于“合理预期”,知道或者应当知道该安排或架构可以产生规避 CRS 安排的效果,仍提供有关服务的任何人(服务提供者)。“合理预期”的标准须参考服务提供者对现有信息的实际了解,以及提供相关服务所需的专业知识、理解程度来确定。

在特殊情况下(如律师保密特权或已完成披露),如果中介的披露义务被豁免,则披露义务应由纳税人或受益所有人递补承担。

(三)披露的地点和时间

任何与规避 CRS 安排或不透明离岸架构有关的中介,如果在某个国家(地区)成立注册,通过管理地点或分支机构实施上述安排或架构,则应向该国家(地区)的税务机关进行披露。这不仅可避免过度披露,还有利于降低中介机构的遵从成本。

披露需要在筹划方案可供实施或者提供有关服务后的 30 天内完成,以确保税务机关尽早获取相关信息,获得涉税风险预警,并能及时采取应对措施。

(四)披露信息内容

强制披露范本规定的披露信息内容,旨在尽可能捕捉有利于税务风险评估的相关信息,并使税务机关能够直接确定应与之交换此类信息的对方辖区。应披露的信息内容具体包括:

(1)相关人员的名称、地址、辖区及纳税人识别码等基本信息,披露人及其任何客户、安排或架构的实际使用者,以及除披露人以外与该安排或架构有关的中介等;

(2)规避 CRS 安排或不透明离岸架构的详情,具体包括:该安排旨在规避或具有规避 CRS 立法效果的特征性事实描述;通过不透明离岸架构避免成为应报告纳税人的特征描述;

(3)实施规避 CRS 安排或不透明离岸架构的管辖区。

(五)不遵从强制披露义务的法律责任

强制披露范本认为,为不遵从设定恰当的处罚措施,是确保 CRS 强制披露规则有效实施的关键。虽然各个国家(地区)可根据其基本国情确定处罚规则,但总体原则是,应将处罚力度掌握在既鼓励遵从,又最大限度地发挥其威慑作用的水平。

四、强制披露机制的国际经验

CRS 规避强制披露机制出现的时间不长,但发展迅速。在 OECD 成员国以及伙伴国中,美国、加拿大、南非、英国、葡萄牙、爱尔兰、以色列、韩国等国家目前均已建立并实施强制披露机制,并取得了较好的实施效果。例如,美国于 1984 年就开始实施类似机制(使用 8886 表报告)。1989 年,加拿大针对赠予安排和财产收购等特定税收筹划安排实行强制披露机制,并于 2013 年 6 月通过了避税交易报告法案,扩大了披露要求。南非于 2003 年修订其所得税法,增加 76A 章节(应报告交易),并于 2008 年进一步修订。英国于 2004 年制定了避税筹划方案披露法案,其后于 2006 年和 2011 年两次修订。虽然统计数据略显不足,但以上国家的经验表明,强制披露机制较好地实现其预期目标,主要表现在以下三个方面:

第一,可以及时获取避税筹划安排相关信息。ATP 指南提供的数据显示,[①]在传统的识别避税筹划安排的措施当中,最主要的是税务审计,约占 45%;数据分析和报告义务次之,分别占 21% 和 18%。而在实施强制披露机制的加拿大、爱尔兰、南非、英国和美国,42% 的恶意筹划安排是通过报告义务发现的,税务审计的识别效果排在第二位。这表明,借助强制披露机制,有关国家确实能够通过相应的报告义务发现避税筹划安排,对税务审计的依赖因此有所减少,节约了税务机关识别避税筹划安排的资源。

第二,可有效识别避税筹划安排的使用者。截至 2012 年,英国税务与海关总署通过强制披露机制发现的避税筹划安排使用数量高达 5.7 万次。在加拿大,最常见的避税筹划安排是通过滥用向慈善机构捐赠的税收扣除和抵扣实现的,这类安排在 2006 年达到高峰,当年度有 4.9 万个企业和个人参与。利用强制披露机制所提供的避税筹划安排识别号等信息,加拿大税务机关拒绝了 59 亿美元的捐赠扣除申请,并对这些参与赠予安排的 18.2 万名纳税人重新纳税评估。

第三,强制披露的威慑效果得到发挥。特别通过专项情报交换、自发情报交换、自动情报交换、同期税务检查、授权代表访问和行业范围情报交换等途径与其他国家税务机关共享所披露的有关信息后,对纳税人的威慑作用可能倍增。虽然目前这种威慑效果难以衡量,但按照咨询者类型,英国每年披露筹划安排的数量呈不断降低的总体趋势。

---

① ATP 指南旨在帮助政府官员跟踪避税筹划安排,其主要内容是由 25 个国家提供的 400 多项 ATP 筹划安排,主要用于识别特定风险领域,实施专项工作和研究。

这在一定程度上表明,强制披露机制发挥了减少筹划方案使用的积极效果。

第三节 建立与完善我国税收信息强制披露机制

避税与反避税,是恒久交织在纳税人与税务机关博弈双方之间的重要矛盾。做好 CRS 或 FATCA 信息交换国际合作的法律、行政和技术准备,只是顺利实施信息交换"万里长征"的第一步。随着 CRS 和 FATCA 信息交换工作的逐步推进,防范纳税人规避 CRS 和 FATCA 报告义务,必将成为各国税务机关面临的重大挑战之一。在国际税改大潮流的背景下,根据我国国际税收征管的实际情况,我国有必要尽快参照 CRS 强制披露范本,尽快建立和完善我国的涉税信息强制披露机制。

一、我国税收信息强制披露机制的构建

(一)我国有引入强制披露机制的现实需求

首先,这是国内税收征管工作急切需要。虽然国家税务总局 2009 年发布的《特别纳税调整实施办法(试行)》(国税发〔2009〕2 号)第 31 条明确要求:"税务机关应结合日常征管工作,开展案头审核,确定调查企业。案头审核应主要根据被调查企业历年报送的年度所得税申报资料及关联业务往来报告表等纳税资料,对企业的生产经营状况、关联交易等情况进行综合评估分析。企业可以在案头审核阶段向税务机关提供同期资料。"①这说明税务机关有权获取企业的相关筹划信息。然

---

① 国家税务总局其后于 2017 年 3 月 28 日发布《特别纳税调查调整及相互协商程序管理办法》(国家税务总局公告 2017 年第 6 号),进一步完善特别纳税调整及相互协商程序管理工作,明确了税务机关在调查企业关联交易等相关行为过程中的一些工作标准。该办法修改并取代了《特别纳税调整实施办法(试行)》(国税发〔2009〕2 号文)第四章、第五章、第十一章和第十二章、国家税务总局《关于加强转让定价跟踪管理有关问题的通知》(国税函〔2009〕188 号)、国家税务总局《关于强化跨境关联交易监控和调查的通知》(国税函〔2009〕363 号)、国家税务总局《关于特别纳税调整监控管理有关问题的公告》(国家税务总局公告 2014 年第 54 号)、国家税务总局《关于企业向境外关联方支付费用有关企业所得税问题的公告》(国家税务总局公告 2015 年第 16 号)。

而,在日常反避税工作中,税务机关主要是对企业纳税申报和同期资料等事后信息开展案头审核,据以选案,进行调查,并对企业以前年度的纳税事项实施特别纳税调整,几乎没有事前获取避税筹划信息的渠道。引入强制披露机制,就可以填补这个空白,确保税务机关在打击避税过程中能够抢占先机,争取主动。OECD 报告的研究表明,实施强制披露机制的国家确实收到了较好的效果。例如,截至 2013 年,英国税务机关借助强制披露提供的信息,对所披露的 925 项避税安排进行了处理,其中 200 个以上的印花土地税避税筹划安排通过 3 项立法修订得到了解决。强制披露制度强大的威慑作用,极大地降低筹划方推介和纳税人使用避税筹划安排的意愿,从源头上打击避税行为。

其次,这也是我国加强税收情报交换国际合作,履行相应国际义务的必由之路。2014 年我国在 G20 布里斯班峰会上承诺于 2018 年 9 月首次实施 CRS 信息交换。为此,我国签署了《多边税收征管行政互助公约》和《金融账户涉税信息自动交换多边主管当局协议》,并发布了《非居民跨境税收金融账户涉税信息尽职调查管理办法》(国家税务总局公告 2017 年第 14 号)及《银行业存款类金融机构非居民金融账户涉税信息尽职调查细则》(银发〔2017〕278 号),搭建了 CRS 信息交换的国际、国内法律框架;并由国家税务总局与财政部、中国人民银行、原中国银行业监督管理委员会、中国证券监督管理委员会和原中国保险监督管理委员会等部委建立跨部门协作机制,协调解决 CRS 信息交换过程中可能出现的问题,做好 CRS 信息交换的准备。同时,我国还顺利通过了 OECD 税收透明度与情报交换全球论坛的信息安全和数据保密评估,按照论坛的要求启动了信息交换伙伴配对工作,并开发出连接 OECD 统一传输系统和我国金税三期系统的多边税务数据交换平台,完成了 CRS 信息交换的技术准备。

(二)纳税人对我国引入强制披露机制的反应比较平和

为了测试纳税人和税务代理人对这种早期识别避税筹划安排工具的反应,我们设计了“强制披露机制调查问卷”,在 2015 年 3 月举行的一次大型税收政策宣讲会上向大企业纳税人和税务代理人(以下统称受访者)发放。虽然样本数量较小,[①]但具有典型代表性。以管窥豹,我们可从中归纳出纳税人和税务代理人对强制披露机制的立场、态度与建议:

(1)纳税人有通过筹划进行避税的动机。调查显示,40.32%的受访者认为税法本身规定模糊,6.45%的受访者存在故意利用税法漏洞的筹划行为,而69.64%的受访者反映其行为根本未被税务机关发现或关注。这说明,受访者实施避税交易和安排的情况较为普遍和频繁,避税动机和手法明确,而且税务机关发现、识别和捕捉这些交易或安排的能力仍欠缺。

(2)强制披露机制具有很强的威慑效果。调查显示,61.90%的受访者表示,如果筹划被强制披露,将会对安排复核改进后再使用;17.46%则表示将不再使用。这说明强制披露机制的确能够发挥强大的威慑效果,可以从源头上遏制避税市场的供求关系产生。

(3)纳税人与税务代理人都应纳入强制披露的义务主体。调查显示,41.89%的受访者表示,避税筹划经由税务代理人推介实施;58.11%表示,系自行设计或学习其他企业。这说明我国引入强制披露机制时,不能单方面依靠税务代理人履行披露义务,而应要求纳税人和税务代理人都进行披露。

(4)各类税收筹划具有典型特质。调查显示,87.64%的受访者表示,在与税务代理人签署的筹划服务合同中包含有保密、成功酬金、利益补偿等条款。故我国设计强制披露机制的基本或一般特征时,纳入保密、成功酬金、利益补偿等特征描述,就可以捕捉大部分具有创新性的避税安排。

(5)强制披露机制应当考虑纳税人的披露成本,并设置门槛。调查显示,55.22%的受访者认为该机制将为其带来很大的遵从负担,41.79%的受访者则表示负担程度为"一般"。纳税人和税务代理人希望设置强制披露的最低门槛,以降低合规负担。具体调查结果还表明,我国在设置最低门槛时,可在"个人税收利益30万元和企业税收利益

---

① 课题组共发放问卷120份,收回有效问卷67份。

3000 万人民币”的标准基础上适当提高。

(6)我国大企业已经基本做好强制披露的准备。调查显示,60.94% 的受访者希望在 OECD 强制披露机制报告最终版公布的当年或第二年将该机制引入我国;17.19% 的受访者希望在修订后的《税收征收管理法》及其实施细则公布的当年实施;15.63% 的受访者希望延后到 2020 年。这表明,多数大企业已经对我国引入强制披露机制有了心理准备。

(三)我国引入强制披露机制的基本构想

我国引入和构建强制披露机制时,首先要明确设计原则。除了吸收和借鉴 OECD 报告中提到的四条原则外,①我国还应注意把握好培育税务代理服务市场和规制税务代理人恶意避税筹划行为之间的关系和尺度,避免将强制披露机制的范围设定过宽或门槛设置过低,误伤税务代理人正常的税务代理和节税筹划服务,不当限制其发展空间。

从税制改革的进程看,我国《税收征收管理法》修订工作曾充分吸收了 G20 税改成果,如国务院法制办 2015 年 1 月公布的《税收征收管理法修订草案(征求意见稿)》第 34 条曾规定:“税务机关依法实施特别纳税调整的,可以要求纳税人或者其税务代理人提交税收安排。”此修订草案建议最后虽然未获通过,但足以体现我国有关部门引入强制披露机制的强烈愿望。② 其后,国家税务总局于 2017 年 3 月 28 日发布

---

① OECD 报告提出了四项设计原则:应简洁清晰,易于理解,提高披露信息的质量;应在纳税人承担的额外遵从成本与税务机关获得的税收利益上取得平衡;应确保税务机关能够有效获取所需信息,识别筹划安排和实现政策目标;应能够实现税务机关对所披露信息的有效利用。

② 尽管 2015 年《税收征收管理法修改草案(征求意见稿)》拟对《税收征收管理法》大幅修改,法条增幅近 1/3。特别是其中涉税信息的披露与共享被赋予了极大希望,如除在总则中提出原则性要求外(第 7 条),还单列一章“信息披露”(第四章)。此外,还要求建立“统一纳税人识别号制度”和细化“纳税人自行申报制度”等。但全国人大常委会最后审议通过的修改案仅将原法第 33 条修改为:“纳税人依照法律、行政法规的规定办理减税、免税。地方各级人民政府、各级人民政府主管部门、单位和个人违反法律、行政法规规定,擅自作出的减税、免税决定无效,税务机关不得执行,并向上级税务机关报告。”据有关专家分析,这次大修受阻的主要原因可能是其中的涉税信息共享和强制披露制度。

《特别纳税调查调整及相互协商程序管理办法》。《特别纳税调查调整及相互协商程序管理办法》整合了 BEPS 有关无形资产、中国有关自行调整和对外支付法规,以及对转让定价调查的一些常见惯例。[①]《特别纳税调查调整及相互协商程序管理办法》明确规定,税务机关可以对非居民企业实施特别纳税调查,[②]有权要求被调查企业及其关联方提供资料,有权要求与调查有关的其他第三方企业,如上游供应商或下游客户提供税务机关认为必要的信息。[③] 在被调查企业不提供有关资料,或所提供资料虚假、不完整时,税务机关有权根据已取得的部分数据推定整体数据,依法进行核定调整。[④] 为规范和统一上述强制披露工作,有必要制定相应的强制披露工作规程或指引,明确要求,规范操作,降低税务机关的管理成本和纳税人、税务代理人的遵从负担。有关强制披露机制应包括以下实体和程序要素:

1. 披露者

目前,我国纳税人自行设计实施避税筹划安排的现象还较为普遍,如果仅要求税务代理人履行披露义务,覆盖的范围相当有限。同时,考虑在我国引入强制披露机制的早期阶段,税务机关恐怕难以应对大量的信息披露和比对工作。因此,我国宜参考英国模式,要求由税务代理人主要承担向税务机关披露信息的义务,但是在某些特定情况下,如税务代理人不在境内的、筹划方由纳税人自行开发设计并已付诸实施的,以及税务代理人行使不予披露信息的律师特权等情况下,筹划安排使用者(纳税人)应当承担披露义务。

2. 强制披露机制应涵盖的其他必要元素

根据国际经验和我国的现行税法,我国引入和设计的强制披露机制还应涵盖以下要素:

(1)税收利益目的。各国在实践中主要采用两种方法识别以获取

---

① 参见毕马威中国:《毕马威解读〈特别纳税调查调整及相互协商程序管理办法〉》,载 http://blog.sina.com.cn/s/blog_5ed646f70102wusr.html,最后访问时间:2020 年 6 月 20 日。

② 参见《特别纳税调查调整及相互协商程序管理办法》第 5 条。

③ 参见《特别纳税调查调整及相互协商程序管理办法》第 6 条、第 7 条等。

④ 参见《特别纳税调查调整及相互协商程序管理办法》第 14 条、第 49 条、第 54 条等。

税收利益作为主要目的且不产生经济效果的安排:①英国、爱尔兰、加拿大和葡萄牙等国家采用的“多步法”,即同时适用门槛条件及一个或多个特征描述,测试一项交易是否具有避税特征;②美国和南非采用的“单步法”,即只要交易符合一项特征描述的要求即应予披露,而无须满足门槛条件。上述调查问卷亦显示,纳税人和税务代理人认为税收利益应成为构成披露义务的前提条件之一。我们认为,我国在设定强制披露的对象范围时,应将是否产生国内或跨国税收利益作为一项重要的考量。

(2)门槛要求。为了将披露重点锁定在可能产生重大税收政策和收入风险的交易上,应减少不相关的披露信息,降低税企双方的管理和遵从成本。为此,可以设置一个较高的披露门槛,低于这一门槛的可免于披露。门槛的具体金额应经过充分调研和论证后确定。

(3)特征描述。特征描述有助于税务机关进一步聚焦应关注的避税交易。这可以参考其他国家现行的强制披露机制。在基本特征描述中应包括设置保密要求、收取成功酬金及标准化税务产品等内容;在设计具体特征时,应注意归纳和反映我国重点防范的避税交易类型、手法与特点,从而确保披露范围能够覆盖税务机关关注和需要的避税交易信息。

(4)披露内容。一旦被纳入强制披露范围,应披露的信息包括其披露义务人自身及交易各方的详细信息、避税筹划安排的运作机理、涉及的法律法规及预计产生的税收利益等。

(5)披露时间。为提高强制披露信息的时效性,相关责任人应在避税筹划安排实施后的次月或者季度终了后的次月进行披露,以便税务机关尽早采取措施,避免恶意筹划方案的实施。

(6)避税筹划安排识别码。发放避税筹划安排识别码,帮助建立筹划安排与相应纳税申报表之间的关联。为此,可以参考美国模式,给每项避税筹划安排发放识别码,并要求纳税人将该识别码填写在相应的纳税申报表上。同时,要求税务代理人保留客户名单,并在收到税务机关书面通知之日起若干个工作日内提供客户名单和报送相关文件资料。

(7)不遵从的处罚。目前,我国《税收征收管理法》及其实施细则等均未对不遵从强制披露要求的主体作出具体处罚措施。例如,《税收征收管理法》第6条第2款虽然要求"纳税人、扣缴义务人和其他有关单位应当按照国家有关规定如实向税务机关提供与纳税和代扣代缴、代收代缴税款有关的信息",但并未为相应的违法行为设定处罚。我国日后修订《税收征收管理法》时,宜设置专门的强制披露法律责任条款,对不依法披露避税筹划的,应按照纳税人从避税安排中获得的税收利益,以及税务代理人从推介实施该安排中获得酬劳的一定比例或倍数设定罚金。

(8)法律效果声明。为避免纳税人产生"合法性误解",即认为只要向税务机关披露交易,而税务机关没有提出反对或质疑,就意味认可该交易的有效性,故宜在实施细则或操作指引中强调:"披露交易与交易本身的有效性无关,不代表税务机关已对该交易的有效性或者税务处理方式做出认可。"

3. 有关跨境交易的特殊考量

设置强制披露机制在理论上无须区分国内和跨境交易。然而,已实施强制披露国家的经验表明,税务机关很少收到有关跨境交易的披露信息。这主要源于跨境交易的特殊性。根据OECD的调研,跨境交易的特殊性主要表现在以下三方面:(1)跨境交易会在不同国家或地区的不同交易方产生多重税收利益。如果不能全面系统地考察跨境交易的整体情况,其产生于一国的国内税收利益恐怕会显得微不足道,因而无法被强制披露机制所捕捉和覆盖。(2)如果纳税人能够证明所获取的国内税收利益,对于整个跨境交易的商业和税收利益而言,仅属偶然收益,甚至将离岸税收利益转化为纳税人的国内商业利益,规避披露门槛,跨境交易就更难以识别。(3)跨境税收筹划安排往往是并购、重组或再融资等重大商业安排的一部分,不同的纳税人有其个性化的需要,往往难以一般特征来概括和捕捉。相比之下,具体特征描述可能会更加有效,但在设计具体特征时,既要确保其宽泛到足以涵盖一系列税收筹划技巧,又要避免过度披露,其难度较大。

OECD因此建议，在处理跨境交易时要做到以下五点：(1)列举跨境交易强制披露的具体特征，并确保该特征宽泛到足以捕捉创新性的避税筹划技巧；(2)对避税筹划安排进行宽泛的定义，使其能涵盖产生跨境所得并且交易一方为境内纳税人的交易；(3)对跨境交易不适用门槛条件；(4)纳税人仅是安排的一方或者跨境所得产生于同一控制集团时才要求披露，以免给纳税人造成不必要的遵从负担；(5)要求境内纳税人或税务代理人对其了解、掌握或控制的所有有关避税筹划安排的实质性信息进行披露，如果仅掌握不完整的信息或者无法披露上述信息，应在国内法允许的范围内，要求其指明掌握或控制该信息的人，并证明已向此人发出提供信息的书面请求。

二、加快推进强制披露实施机制

金融账户涉税信息自动交换及其强制披露机制是G20税制改革的重要支柱，是衡量一国税收透明度的新标准，是跨境税收信息立体网络中的核心环节。中国政府高度重视跨国税收信息交换工作，如国家税务总局在其官方网站开设了门户网站"金融账户涉税信息自动交换"，汇总所有相关的国际条约、税收法律规范、指引文件和注册登记及信息申报端口。①

我国执行这一国际标准无疑既是机遇也是挑战。机遇不言而喻：通过深化国际税收征管协作，有效实施"识别(detect)、威慑(deter)、遏制(discourage)"跨境逃避税行为的3D策略，有助于塑造公平透明的国际税务营商环境，展示我国负责任的大国形象，增强我国在国际税收领域的影响力和话语权。而挑战更是不可小觑：金融账户涉税信息强制披露机制的实施，将使我国面临履行G20政治承诺和接受OECD评估审议的压力，对我国居民海外投资和财富的转移、持有模式产生重大影响；不仅可能为金融机构带来较高的遵从成本，也必然对我国税务部

① 参见国家税务总局官网的"金融账户涉税信息自动交换主页"，载http://www.chinatax.gov.cn/aeoi_index.html，最后访问时间：2020年9月11日。

门的数据治理能力提出重大挑战。[①]

一项法律机制的成功运行，离不开事前的实施准备和事后的执行反馈。我国引入和实施强制披露机制，宜做好以下各项工作。

（一）开展强制披露机制税企调研

强制披露机制的实施，无疑将同时增加税务机关的管理成本和纳税人、税务代理人的遵从负担。在引入强制披露机制之前，宜组织专门团队广泛而深入地征询税务机关、纳税人、税务代理人的意见，通过调整强制披露机制的范围、门槛、特征、时点、处罚等设计变量，制定出符合我国税收征管国情的一套制度，尽可能降低利益相关各方的成本与负担，实现强制披露机制的税收效益最大化。此外，随着税务代理行业的成熟与发展，我国纳税人可能会更多地依赖税务代理人设计避税筹划方案。因此，我国宜积极参与 OECD 税收征管论坛关于企业税务代理人的相关研究，吸收其中有价值的研究成果，为强制披露机制的设计和实施创造有利条件。

（二）加大宣传辅导力度

1. 重视强制披露指引及宣传材料的编撰

正如纳税人遵从行为金字塔模型所反映的那样，在遵从税收情报共同申报准则（CRS）信息报告义务方面，位于塔尖的信息报告义务人往往为数不多，但其筹划规避 CRS 报告义务的动机强烈，强制披露规则需要重点关注是“明知而故犯”的群体；位于塔底的信息报告义务人虽然数量众多，但大多数对 CRS 报告义务知之甚少，甚至存在误解或偏差，属于“无知而无畏”的群体，需要通过加大宣传辅导力度等柔性措施降低其不遵从的风险，减少税务机关为应对此类风险而占用的征管资源。故宜做好以下两项工作：（1）尽快收集整理避税筹划案例，提

---

① 2016 年 5 月，OECD 税收征管论坛（FTA）秘书处从法律基础等六个方面制定了金融账户涉税信息自动交换的实施准备清单和工具包。同年 7 月，FTA 秘书处对参与其离岸遵从项目的成员进行问卷调查，要求受访国家列出本国实施金融账户涉税信息自动交换亟须解决问题的顺序，以便帮助各国在重点环节实现突破。问卷调查结果显示，受访国家认为最迫切需要解决的问题依次是法律基础、风险评估、信息系统、人员培训、宣传辅导、评估监督。我国的反馈结果与之基本一致，个别问题的顺序略有差异。

炼避税筹划安排的特点以及税务机关可能作出的税收处理，形成类似于“避税筹划警示”的宣传材料，向纳税人提示筹划风险；(2)编写通俗易懂的“傻瓜版”CRS 合规手册，将艰涩难懂的规则“意译”为直白的场景式问答，并将已经收集的规避 CRS 报告义务的常见手法以案例形式囊括其中，帮助那些具有遵从意愿的信息报告义务人更好地履行遵从义务，减少被不良中介诱导实施筹划安排的风险，税务机关因此可调配足够的征管资源，全力应对强制披露规则所捕捉的跨境税收筹划架构或安排。

2. 制定对内、对外强制披露宣传策略

金融账户涉税信息强制披露牵涉多方，事关纳税人切身利益及影响税务机关和金融机构的工作，因此，把握时机加强对内、对外宣传，为顺利实施金融账户涉税强制披露营造良好的社会氛围至关重要。我国宜从整体上制定对内、对外宣传战略，并根据受众的特点，采用丰富多样、简明生动的宣传形式和手段，增进扩大全社会对金融账户涉税信息强制披露重要意义和交换要求的理解，如编印“傻瓜版”的金融账户涉税信息强制披露与交换问答手册，指引金融机构做好尽职调查，澄清社会公众对信息披露与交换的误解。此外，由于金融账户涉税信息较为敏感，社会关注度高，因此，在正面宣传引导的同时，还应未雨绸缪，制定危机处理预案和舆情应对策略，避免引发社会不稳。

3. 运用纳税信用机制放大威慑宣传效果

国务院印发的《社会信用体系建设规划纲要(2014～2020 年)》提出，要建立多部门、跨地区信用联合奖惩机制。通过信用信息交换共享，实现多部门、跨地区信用奖惩联动，使守信者处处受益、失信者寸步难行。例如，国家税务总局于 2014 年 7 月出台《重大税收违法案件信息公布办法(试行)》，实施税收违法“黑名单”制度。我国可依托税收违法“黑名单”和联合惩戒机制，充分利用持有境外金融账户和资产的纳税人通常爱惜社会名誉的心理特点，通过金融账户信息强制披露识别情节恶劣的偷漏避税者，予以曝光，并将案件信息推送给实施联合惩戒的部门，由有权处理部门对其在阻止出境、融资授信、债券发行、海关认证等方面实施惩戒并广泛宣传曝光，从而扩大金融账户信息强制披露的威慑效果,消除纳税人隐匿境外资产、逃避纳税义务的侥幸心理。

(三)夯实相应法律基础

1.抓紧修订《税收征收管理法》

一是在《税收征收管理法》中增加有关金融机构主动向税务机关批量报送金融涉税信息,并赋予税务机关对金融机构不遵从行为进行监管甚至处罚权力的条款。二是增加自愿税收披露责任豁免等相关规定。税务机关可以为此前发生过不遵从行为的纳税人提供机会,允许其在特定条件下纠正逃税行为,从而减少境外税收流失,降低实施金融账户信息自动交换和强制披露的成本,影响和引导纳税人的境外税收遵从行为,一劳永逸地解决以往年度欠税的历史遗留问题。

2.加快完善我国《个人所得税法》

完善与国际接轨的税收居民定义及所得来源地规则,建立和完善包括海外资产强制申报、受控外国企业、退籍补税等要素在内的个人所得税反避税机制,构建我国居民个人特别是高净值个人境外所得的税收政策体系和征管规范,为相应的税收信息交换提供制度保障。

3.制定金融账户涉税信息管理使用工作规程或指引

要在税收情报交换规程或指引中明确国家税务总局、省级税务局在信息接收、校验、比对、风险推送、风险应对、信息披露交换及反馈等方面的职责,清晰划分和有效规范税务机关的内部分工和工作流程,为提高信息交换和利用效率、防范信息泄密风险奠定制度性基础。

(四)优化税收征管系统

优化税收征管系统,实现金融涉税信息强制披露、国际税收情报交换与国内税收征管工作一体化。

1.将金融账户信息项增补进纳税申报表

掌握企业和个人的纳税申报表、扣缴义务报告表包含的核心信息,是税务机关开展税收征管工作的基础。建议将金融账户信息项,包括账户持有人姓名(名称)、地址、出生日期、账号及账户余额等增补进纳税申报表(扣缴报告表)。这样既可实现对金融账户信息按照"人/户"为单位的归集处理,搭建纳税人涉税信息档案,又便于税务机关将其连同核心征管信息一次性导入相关专业化税收管理平台,避免分头多次导入信息,造成信息错漏,更好地发挥金融账户信息辅助税收风险分析的作用。在此过程中,要借鉴其他国家经验,解决不同国家间税收信息交换中可能出现的跨年错配等问题。

2. 抓紧开发和完善全国千户集团税收风险分析系统和自然人决策管理平台

千户集团税收风险分析系统和自然人决策管理平台是税务机关识别税收管理风险、管控大企业和高净值个人税源的重要抓手。以全国唯一的纳税识别号为匹配引擎,将包括金融账户信息在内的核心征管信息与千户集团税收风险分析系统采集的经营信息、利润指标、纳税状况,以及自然人决策管理平台汇总的个人劳务、投资、财产所得(如房产租赁、存款利息、有价证券溢价、财产增值、股权转让、投资收益、豪车豪宅)等海量信息进行匹配整合,并建立其与跨国企业利润水平监控系统、“走出去”企业清册、非居民管理信息库等跨境税收管理工具中相关信息的勾稽关联,形成以“人/户”为单位的跨境重点税源数据仓库,既可为开展税收风险分析奠定扎实有序的数据基础,也有助于开展税收信息交换。

3. 积极推动政务资源共享平台开发与信息交换

国务院2015年《促进大数据发展行动纲要》提出,中央政府层面应实现数据统一共享交换平台的全覆盖,实现金税、金关、金财等信息系统通过统一平台进行数据共享和交换。跨部门信息交换既是税务机关加强征管的现实需要,也是未来政务管理的大势所趋。开发和完善统一的政府数据共享交换平台,有望解决跨部门信息交换机制不顺、数据结构异化、交换利用效率不高等普遍性问题。为此,税务部门应积极参与和配合开发和完善由各级政府主导的政务资源共享平台,使金融账户涉税信息的价值在跨部门共享与利用中得到增值和提升。

4. 按照国际标准完善数据保密措施

信息安全和数据保密措施达到FTA标准,是我国有资格与其他国家开展金融账户信息交换的前提,更是纳税人配合税务机关开展风险评估和税款追缴的信心所在。我国应对照FTA制定的国际标准,从工作流程和信息技术方面不断完善保密措施,在尽可能杜绝泄密可能性的前提下,不断提高金融账户信息交换的效率。

(五)组建强制披露专家团队及专职管理机构,开发强制披露信息工作平台

1. 组建强制披露专家团队

金融账户涉税信息强制披露工作覆盖面广,专业性强,需要组建一支由在信息采集、数据处理、分析评估、纳税服务、案件核查、情报交换等不同业务岗位工作且专业背景交叉互补的人员构成的专家团队,为金融账户涉税信息的披露、交换与利用提供人才保障,积蓄后备力量。在人才培养上,一方面,要充分利用我国作为OECD合作伙伴国和税收征管论坛指导委员会成员国的身份优势,积极争取FTA的培训机会,密切跟踪税收征管论坛分享的各国最佳实践,始终掌握和向基层传递最前沿的信息交换动向和数据利用技术,为培养信息交换骨干创造有利条件。另一方面,要拓宽培训视角,跳出金融账户涉税信息披露、交换的框架,将培训内容扩大到外汇管理、反洗钱、信用建设等领域,通过与相关政府部门的沟通交流,帮助税收情报交换团队实现触类旁通,同时也起到向相关政府部门普及宣传这一工作的积极作用。

2. 组建强制披露专职管理机构

强制披露机制取得显著成效的前提,一是纳税人和税务代理人能够及时而准确地披露筹划信息;二是税务机关能够迅速而高效地评估和处理所披露的信息,从中发现避税筹划的苗头和趋势,防患于未然。否则,不仅对防范偷漏避税没有助益,反而将徒增纳税人和税务代理人的遵从负担。因此,我国宜参考美英等国的经验,成立强制披露的专职管理机构,并相应地组建一支具有情报交换、税法、财会、征管、反避税等工作和专业背景的人才组成的强制披露管理专业团队。这一专职机构的职责应包括:(1)对所披露的筹划安排进行风险评估,预测筹划安排可能给税收政策,特别是税收收入带来的风险;(2)与税收法律法规制定部门协调联动,确保披露信息所反映的税法漏洞能够得到及时有效的修补;(3)与征管、反避税、大企业、稽查部门、情报交换等部门进行沟通配合,提示其关注避税的高风险领域;(4)对避税筹划的手法、模式、趋势,以及对税收政策与收入的影响进行经济分析,量化评估强

制披露机制的实施效果，据此调整和完善防范偷漏避税工作的方向、政策和工具；(5)跟踪协调强制披露机制与其他披露措施之间的关系，特别是与我国其他法律法规中设定的附加报告义务及大企业税收遵从协议之间的关系，避免纳税人和税务代理人重复披露，减轻其遵从负担。

3. 开发强制披露信息工作平台

国家税务总局局长王军曾在全国税务系统信息化工作会议上指出，要“坚定不移走科技兴税之路，坚决打赢税收信息化总攻之战，建立起稳固强大的税收信息系统，全面支撑和助推税收现代化建设”。作为早期识别避税筹划信息的工具，强制披露机制的落实离不开信息化的支撑。为此，宜以金税三期中的反避税信息系统和情报交换系统为依托，开发强制披露信息工作平台，一方面，将强制披露机制的信息报送要求和格式植入信息系统，实现电子报送、查询、统计、分析等基本功能；另一方面，要以避税筹划方案识别码为索引，建立披露信息与纳税申报、同期资料等信息之间的关联，搭建避税筹划案例库以及频繁使用避税筹划方案的纳税人信息库，为防范逃、避税的调查选案工作提供早期的案源信息与预警提示。

(六)加强风险管理，建立金融账户信息披露测评及反馈机制

运用“互联网+大数据”开展跨境税收风险管理，建立和完善涉税信息强制披露测评及反馈机制，大力夯实强制披露信息的基础。

1. 运用“互联网+大数据”开展跨境税收风险管理

依托汇集了海量涉税信息的千户集团税收风险分析系统和自然人决策管理平台，运用“互联网+大数据”技术，对纳税人涉税信息，包括征管基础数据、风险分析数据、第三方数据等进行智能化分析、计算、比较、判断、甄别、联想和定性，多角度对税收风险进行单独建档和综合关联分析，精准计算出如税负、税种、行业、纳税规模、纳税信用、纳税遵从等各种税收风险指数，揭示涉税风险的发展规律。经过一段时间的积累，我国就可逐步建立涵盖金融账户信息的跨境税收风险排序核心指标体系，开发相应的风险评估模型，并制定高风险税收管理指引，实现对跨境税收风险的有效识别。在此基础上，需要对税收风险实施分级分类管理，即对高风险纳税人实施税务稽查，对中等风险纳税人进行税

务约谈，对较低风险纳税人则开展纳税辅导，从而有效提高跨境税源的管控水平和征管资源的利用效率。

2. 尝试建立跨境资金流动动态监控机制

金融账户涉税信息反映的是账户持有人年终账户的静态余额，而且部分纳税人通过在年终腾挪账户资金来规避金融账户信息交换要求，金融账户涉税信息对分析纳税人经济活动和纳税状况的价值相对有限。为此，加拿大等国家已经开始建立跨境资金的动态监控机制。

我国海关总署、国家税务总局、国家外汇管理局共同签署《关于实施信息共享开展联合监管的合作机制框架协议》（以下简称《框架协议》）。同时，海关总署与国家税务总局和国家外汇管理局还分别签署了海关总署、国家税务总局《关于推进信息共享实施联合监管合作备忘录》，海关总署、国家外汇管理局《关于推进信息共享实施联合监管合作备忘录》，作为《框架协议》的具体落实机制。根据《框架协议》，三方一致同意加快推进跨部门的信息互换、监管互认、执法互助，不断完善事中事后监管，更好地防范和打击走私、骗取出口退税、逃骗汇等违法违规行为，保证国家海关、税收、外汇政策的有效执行。三方关于联合推进信息共享及监管的合作备忘录等，明确了具体的合作领域和职责分工，有利于促进三方协同推进其各地分支机构开展协查反馈、联合监管等方面的全方位合作，对于更好地防范和打击走私、骗取出口退税、逃骗汇等违法违规行为具有重要的意义。我们可以此备忘录为基础，在跨境税源管理方面增加跨境资金动态监控需求，与金融账户涉税信息交换实现"动静结合"，二者相辅相成，实现对跨境税源的严密监控。

3. 充分发挥 FTA 测评机制的辐射功能

FTA 为了推动金融账户涉税信息交换标准的实施工作，拟对各国实施标准情况进行审议监督，为此发布了相应的监测实施效果模板。我国在配合其填报信息和监测实施效果的同时，可利用这些信息开展跨境税收经济分析，从境外金融账户角度透视和把脉我国对外经济运行情况和发展趋势。

(七)将强制披露机制全面融入我国国际税收情报交换工作

借鉴发达国家,充分运用交换所得的金融账户涉税信息,将强制披露机制全面融入我国国际税收情报交换工作。当前,美国、英国、澳大利亚、荷兰、挪威等发达国家主要通过预填申报表和进行税收风险画像等方式运用和分析金融账户涉税信息。

在预填申报表方面,可尝试将从其他国家交换回来的金融账户信息项,如账户持有人名称(姓名)、账号、账户余额等预先填入纳税申报表,由纳税人补充修改,签字确认。如担心出现金融账户信息所属年度与我国纳税年度不一致,以及纳税人故意瞒报境外金融信息等情况,税务机关可以仅预先填写纳税人名称(姓名)和账号信息,将账户余额等不确定性较大的信息留待纳税人在申报时自行填写,再将其与交换回来的账户余额信息进行比对,以识别其中的税收管理风险。我国一些税务机关,如广东省税务局,已经实现对年所得 12 万元以上的个人自行纳税申报表的预先填写,具备初步的预填申报表基础。因此,可在这些地区尝试利用金融账户信息进行申报表预先填报,待经验成熟后进一步推广到全国。

税收风险画像分析,是指在信息比对的基础上,通过分析相关信息,推断纳税人的行为模式,确定其风险等级,对风险实行分级分类管理。风险画像生动直观,一目了然,便于税务机关开展后续风险应对工作,但其前提是要汇集海量的涉税信息,否则画像必然失真。据了解,我国江苏省税务局和大连市税务局已经开始尝试开发税收风险画像技术。我国可以这些试点地区为基础,总结其成功经验后再大力推动税收风险画像分析技术的开发与应用,以充分发挥金融账户信息在完善纳税人税收风险画像、促进税收风险应对等方面的重要作用。

建立和完善金融涉税信息强制披露机制,是我国税收情报交换机制的重要组成部分。我国作为外向型经济国家,近些年广泛地参与各类税收情报交换国际合作,成果丰硕,如加入《多边税收征管行政互助公约》,与美国签署《海外税收账户纳税遵从法案》政府间协议,执行 OECD《金融账户涉税信息自动交换标准》。为此,我们一方面要密切跟进 BEPS 各行动计划有关信息共享增强模式的进展,反映中国诉求,发出中国声音，维护中国利益；另一方面要结合 G20 税改在税收情报交换方面的最新发展趋势，在《税收征收管理法修订草案（征求意见稿）》新增有关情报交换条款的基础上，修订《国际税收情报交换工作规程》相应规定，搭建全国税收情报交换信息化相应工作平台。

在税源跨境流动已成为常态的今天，纳税人和税务代理人披露的避税筹划安排一般还直接或间接地涉及国际货物贸易、国际服务贸易、国际工程承包等其他各类国际交易，需要各国税务机关加强国际税收征管协作，强化相应的金融涉税信息强制披露工作，共同打击相应的偷漏避税行为，如 OECD 报告也强调，在建立信息共享增强模式方面，要统筹考虑强制披露机制和 BEPS 其他行动计划。故除了从上述几方面推进金融账户涉税信息自动交换和强制披露工作及其融合外，我国还应密切跟踪美国政府对继续实施或废除 FATCA 的动向；深入探讨金融账户涉税信息交换与 BEPS 行动计划中转让定价国别报告和有害税收实践等方面信息交换机制之间的互动与关联，特别是三者所收集信息之间可能存在的比对勾稽关系，从而为税收风险分析提供更为扎实的佐证；尽快启动对金融行动特别工作组和 FTA 有关受益所有人信息交换及审议规则的研究，并对英国等发达国家开展受益所有人信息登记及情报交换的进展保持密切关注，做到未雨绸缪，有备无患。

综上可知，金融账户涉税信息自动交换及相应的信息强制披露既是我国税收信息交换制度建设的核心内容之一，也是我国深化国际税收征管合作、提高跨境税源管控能力的重要机制。我们需要客观看待这一机制在我国的落地转化，既要认识到由于各种原因我国离全面掌握跨境纳税人境外涉税信息尚有差距，又要认识到自动交换的金融账户信息只是税收征管第三方数据的有益补充，是税收风险画像的一个点、一条线甚至一个面。尽快扫清实施金融账户涉税信息自动交换或相应强制披露的国内法障碍，倾力打造稳固强大的信息体系和科学严密的征管体系。借助所交换的涉税信息中捕捉纳税人跨境偷漏避税的线索，绘制出栩栩如生的纳税人税收风险画像，铺设遍布全球、疏而不漏的“恢恢税网”，让跨境逃避税者无所遁形，充分实现税收情报交换国际合作的功能和价值。

第五章　中国税收信息交换国际合作的现状、问题及对策研究

第一节　中国税收信息交换国际合作的现状

一、税收信息交换国际合作的机构与职能

中国担负税收信息交换国际合作职能的主要包括中央及地方两级税务主管机关。在中央层面，主管税收信息交换国际合作的是国家税务总局。作为国际税务管理事项的一部分，税收信息交换具体由国家税务总局国际税务司负责实施。在1998年以前，税收信息交换一直作为国家税务总局反避税工作的一部分，归口国际税务司反避税处管理。随着税收信息交换工作日趋重要，该项工作在1998年机构改革中从反避税处分离，由专门成立的信息处主管。信息处主要负责双边和多边专项税收信息交换协议的起草、谈判，税收信息交换工作规章制度的制订，以及全国税收信息交换工作的指导、实施、监督和协调工作。①

在地方层面，各省、自治区、直辖市和计划单列市的税务机关内设的国际税务管理部门是税收信息交换国际合作的具体执行部门，在国家税务总局国际税务司信息处的领导下负责本地区税收信息交换工作的具体组织和实施。按照国家税务总局的机构设置方案，各省、市税务部门均成立了单独的国际税收管理机构，或将税收信息交换工作纳入其他部门进行统一管理。虽然省级机构设置不统一，但各省、市之间的

① 参见梁若莲编著:《税收协定解读与应用》，中国税务出版社2012年版，第280页。

税收信息国际交换相对独立，一致对上，保持国家税务总局与地方部门之间信息传递运转正常。

省以下税务机关税收信息交换工作的执行部门不尽一致，其中，地、市级与省级税收信息交换部门的机构设置基本相同，但县、区级税收信息交换的实施部门则有较大区别。目前主要有三种模式：(1)由稽查部门负责税收信息交换工作。这种方式有利于发挥稽查部门在同一市内不受地域管辖限制的优势，在属地管理与税收信息交换工作之间不会产生管理权限冲突，在自发、专项税收信息交换方面的优势较明显。(2)由征管部门负责税收信息交换工作。这种方式有利于发挥征管部门直接管户的优势，在自动税收信息交换方面优势较明显。特别在税收信息线索清楚且仅涉及单一纳税人的条件下，能有效地开展税收信息交换工作。(3)按税收信息交换工作的类型，分别由稽查部门和征管部门负责，即由稽查部门重点负责自发和专项税收信息的提出和核查工作；而由征管部门重点负责自动税收信息的提出和核查工作，以充分发挥两个部门各自的优势。①

在内设部门配合方面，由于税收信息交换不仅涉及税收政策业务，还涉及保密和信息技术等问题，因此，各级税务机关内设的办公室和信息中心等部门也在税收信息交换过程中承担部分职责。

二、税收信息交换国际合作的制度建设

中国作为世界第二大经济体，是国际税收合作关系中核心的利害关系方之一。自 1978 年改革开放以来，经过近四十年的发展，中国已经发展成为发展中国家中最大的吸引外资国以及对外投资国。2015 年，我国对外投资和吸收外资均已突破千亿美元，对外投资目前已经超过吸收外资数量，成为净对外投资国。仅在 2016 年上半年，我国对外投资就已超千亿元。特别是自习近平总书记 2013 年提出“一带一路”倡议，面向“一带一路”沿线国家的“走出去”活动正全面推进，但面临的国际税收问题也较多。

在这一系列耀眼的数据和事实背后，则是我国的涉外税收征管工

① 参见梁若莲编著：《税收协定解读与应用》，中国税务出版社 2012 年版，第 280 页。

作日趋复杂,面临越来越多的问题与困难,跨境税务征管面临巨大挑战。与此同时,我国的国际税收信息交换制度也在不断完善,以满足时代的客观需要。在国内法层面,2001 年 1 月 8 日,我国国家税务总局曾印发《税收情报交换管理规程(试行本)》。其后,国家税务总局在总结我国税收信息交换工作经验的基础上,借鉴相应的国际惯例,于 2006 年 6 月 12 日颁布《国际税收情报交换工作规程》。该规程对我国国际税收信息交换的税种与范围、信息的保密、信息交换的管理程序等方面作出了较具体规定,但其不但效力层次低,而且存在许多空白和不足。

我国《税收征收管理法》及《税收征收管理法实施细则》等仅对反避税国际合作作出框架性规定,其中有一些条文间接地涉及国际税收信息交换问题,如要求建立包括税务机关在内的政府机关信息共享平台,以及要求有关单位向税务机关报送相应的涉税信息,但未直接涉及与外国进行税务信息交换或共享等问题。① 因此,加强有关的税收信息交换国际合作国内立法,打击跨境偷逃避税,是我国税务法治建设工作中的重中之重。

此外,我国内地还分别与澳门和香港签署了相关的税收安排,均包含了相应的税收信息交换合作条款。②

2015 年 8 月 25 日,我国大陆又与台湾地区签订《海峡两岸避免双

---

① 参见《税收征收管理法》第 6、11、17、19 条等。如该法第 6 条第 1 款规定:"国家有计划地用现代信息技术装备各级税务机关,加强税收征收管理信息系统的现代化建设,建立、健全税务机关与政府其他管理机关的信息共享制度。"第 2 款规定:"纳税人、扣缴义务人和其他有关单位应当按照国家有关规定如实向税务机关提供与纳税和代扣代缴、代收代缴税款有关的信息。"

② 《内地和澳门特别行政区关于对所得避免双重征税和防止偷漏税的安排》第 26 条(情报交换)第 1 款规定:"双方主管当局应交换为实施本安排的规定所需要的情报,或双方关于本安排所涉及的税种的各自内部法律的规定所需要的情报(以根据这些法律征税与本安排不相抵触为限),特别是防止偷漏税的情报。情报交换不受第一条和第二条的限制。一方收到的情报应作密件处理,仅应告知与本安排所含税种有关的查定、征收、执行、起诉或裁决上诉的有关人员或当局(包括法院和行政管理部门)。上述人员或当局应仅为上述目的使用该情报,但可以在公开法庭的诉讼程序或法庭判决中公开有关情报。"《内地和香港特别行政区关于对所得避免双重征税和防止偷漏税的安排》第 24 条(信息交换)亦作出类似安排。

重课税及加强税务合作协议》,其中第6条(资讯交换)规定:“双方同意相互交换为实施本协议或为课征本协议所含税种(税目)相关且必要的资讯,并负保密义务。所交换的资讯不可用于任何其他用途。”该协议附件《海峡两岸避免双重课税及加强税务合作具体安排》第12条(资讯交换)对此予以细化。其中,第1款提出了保密规则:“一方依本协议所取得的任何资讯,应比照该一方依有关规定取得的资讯作密件处理,且仅能提供给予本协议规定税种(税目)的核定、征收、执行、行政救济有关人员或部门。上述人员或部门应仅为前述税务目的而使用该资讯,包括不得将该资讯用于刑事案件。”第2款则规定了若干豁免事由:“前述规定不得解释为一方有下列义务:1.执行与一方或另一方有关规定或行政惯例不一致的行政措施。2.提供依一方或另一方有关规定或正常行政程序无法获得的资讯。3.提供可能泄露任何贸易、营业、工业、商业、专业秘密或贸易过程的资讯,或有违公共政策的资讯。4.执行自动或自发性资讯交换。”值得注意的是,该合作协议比较保守,不但为“资讯”交换设定了严格的前提条件(“相关且必要”的资讯方予交换),而且将其使用范围严格限制为“仅能提供给予本协议规定税种(税目)的核定、征收、执行、行政救济有关人员或部门”,并将“自动或自发性资讯交换”排除,因此,海峡两岸税收信息交换合作还有很大的拓展空间。

在税收合作层面,我国取得了较大成绩。2009年我国被推选为全球税务论坛副主席国,2010年加入了国际联合反避税信息中心,2012年通过了全球税务论坛关于透明性和信息交换的评审,2013年8月签署了《多边税收征管行政互助公约》。该公约已经于2015年7月1日获全国人民代表大会常务委员会的批准,并于2016年2月1日起对中国生效,将适用于2017年1月1日及以后的纳税期限或征税行为。这为我国实施自动交换标准奠定了多边法律基础。

2014年5月,我国在G20巴黎峰会上签署宣言,承诺实施CRS。2014年9月,我国又在G20财政部长和央行行长会议上承诺将实施该标准。2015年12月,国家税务总局经国务院批准签署了《金融账户涉税信息自动交换多边主管当局间协议》,承诺将于2018年9月开始实施G20金融账户涉税信息自动交换标准。2016年6月7日，国家税务总局局长王军代表中国政府在法国巴黎OECD总部签署了《实施税收协定相关措施以防止税基侵蚀和利润转移的多边公约》。该公约试图建立一个有效机制，以同步、高效地在现有避免双重征税协定网络中作出达成共识的修改，而无须逐一开展修订相应协定的双边谈判，以便更好地应对混合错配安排、协定滥用、人为规避常设机构等问题，改进争议解决机制。①

2014年6月，我国与美国根据其FATCA互惠型实施模式一签订了政府间合作协议。

在BEPS国际税收改革项目中，我国以OECD合作伙伴身份全程参与15项行动计划报告和1份解释性声明的制定过程。② 2015年，我国在与智利新签署的避免双重征税协定中加入了新型的反协定滥用条款。③

截至2020年4月底，我国已经加入三个重要的多边税收公约，对外正式签署107个避免双重征税协定，其中101个协定已生效，还和香港、澳门两个特别行政区签署了税收安排，与台湾地区签署了税收协议。④ 在我国签订的国际税收协定中，税收信息交换条款主要是参照了联合国范本和OECD范本。就"一带一路"倡议实施而言，我国已经

---

① 参见《实施税收协定相关措施以防止税基侵蚀和利润转移的多边公约》的序言。

② 自2013年至2015年，国家税务总局参加BEPS相关会议86次，向OECD提交我国立场声明和建议1000多条，其中很多意见被采纳并体现在最终成果中，为该项目所遵循的核心原则的确立，以及推动各项成果顺利完成做出了重要贡献。

③ *Agreement Between the Government of China and Netherlands for the Avoidance of Double Taxation and the Prevention of Tax Evasion with Respect to Taxes on Income and on Capital*, Article 25 (Exchange of Information). 1. The competent authorities of the Contracting States shall exchange such information as is foreseeably relevant for carrying out the provisions of this Agreement or to the administration or enforcement of the domestic laws concerning taxes of every kind and description imposed on behalf of the Contracting States, or local authorities, insofar as the taxation thereunder is not contrary to the Agreement. The exchange of information is not restricted by Articles 1 and 2.

④ 参见国家税务总局办公厅2016年《关于〈多边税收征管行政互助公约〉生效执行公告的解读》；国家税务总局：《税收条约》，载http://www.chinatax.gov.cn/n810341/n810770/index.html，最后访问时间：2020年7月20日。

与约八成的"一带一路"国家签署税收协定,目前正重点与缅甸、柬埔寨等国家谈判税收协定,同时还在进一步完善、落实既有协定,建立税收沟通机制,帮助"走出去"企业解决税收难题。[①]

为履行我国相应的国际义务,2016 年 10 月 14 日,国家税务总局向社会公开《非居民金融账户涉税信息尽职调查管理办法(征求意见稿)》,向各方征求修改意见。该管理办法共七章计 43 条,包括 3 个附表,主要规定了我国境内金融机构识别非居民账户并收集相关信息的原则和程序,包括对基本定义的解释、新开账户与存量账户的尽职调查程序、无须开展尽职调查的金融机构和金融账户的范围、金融机构须收集和报送的信息范围,以及对违规金融机构和客户的处罚措施等。依据该管理办法,在我国境内依法设立的金融机构,包括存款机构、托管机构、投资机构和特定保险机构,应按照以下时间和要求,对在本机构开立的金融账户开展尽职调查,识别其中的非居民账户,并收集这些非居民账户相应的涉税信息:(1)对于新开立的个人和机构账户,于 2017 年 1 月 1 日开始开展尽职调查,即要求开立新账户的个人和企业在开户时填写一份声明文件,声明其税收居民身份的性质。对个人而言,需要声明属于中国税收居民或者非居民;对企业而言,需要声明为中国税收居民、非居民或者消极非金融机构。[②] (2)对于存量的个人高净值账户(截至 2016 年 12 月 31 日金融账户加总余额超过 600 万元),应在 2017 年 12 月 31 日前完成尽职调查。(3)对于存量个人低净值账户和全部存量机构账户,应在 2018 年 12 月 31 日前完成尽职调查,即我国境内金融机构应从 2017 年 1 月 1 日起按照《金融账户涉税信息自动交换标准》履行尽职调查程序,识别在本机构开立的非居民个人和企业

---

① 参见赵婧:《企业走出去遭遇税收拦路虎　税收困境或致每年数百亿损失》,载 http://finance.haiwainet.cn/n/2015/0727/c352345-28980907.html,最后访问时间:2020 年 6 月 15 日。

② 对于在境外开设有金融账户的中国税收居民,国家税务总局将通过与所在国(地区)税务主管当局开展信息交换,取得相应的境外账户信息。对于故意隐瞒收入、逃避纳税义务的纳税人,我国税务部门可根据交换取得的境外金融账户涉税信息,核实纳税人的境外真实所得,对未按规定申报纳税的所得,将补征税款,并予以处罚。

账户,收集并向税务主管机关报送相应账户信息,其后再由国家税务总局定期与其他国家(地区)税务主管当局相互交换信息。我国首次对外自动交换非居民金融账户涉税信息的时间被定格在2018年9月。

三、税收信息交换国际合作的工作成效

在实务操作层面,我国目前的税收信息交换国际合作尚处于起步阶段,但其发展势头良好,发展潜力巨大。来自商务部的早期数据显示,截至2008年2月底,全国累计批准设立外商投资企业63.7万家,实际利用外资仅7811亿美元。但仅在2016年上半年,全国就新设立外商投资企业13,402家,比去年同期增长12.5%,实际使用外资金额4417.6亿元人民币(折合694.2亿美元),同比增长5.1%(未含银行、证券、保险领域数据)。[①] 然而,就外资的税收贡献而言,与其投资规模和发展速度不成比例。早在2004年,外商直接投资就占我国固定资产投资的20%以上,外商投资企业的工业产值占我国工业总产值的25%以上,外商投资企业的进出口额占我国全部进出口额的50%。但是,2001年外商投资企业和外国企业所得税的税收收入只占全部税收收入的3.4%。外商投资企业的亏损面超过60%。[②] 这与外商投资企业生产设备和技术先进,管理水平高,劳动力素质好,社会负担轻,优惠政策多等情势形成强烈反差。这种长亏不倒的企业被戏称为"不倒翁"。[③] 这种经营规模与经营收益倒挂现象至今并未有明显改观。发生这种不正常现象的根本原因是,税务主管机关对跨国纳税人的境外经营和收入情况不甚了解,跨国纳税人恶意地利用这种信息不对称情势,在国际范围内逃税、避税。为改变这种信息不对称状态,单凭我国税务部门的努力显然是不现实的。因为税务部门自行搜集境外税收信息,不但成本超高,费时长,难度大,而且所收集信息的准确性、及时性难保障。鉴于此,近些年来,我国积极参与税收信息交换合作,以便与

---

① 参见商务部:《2016年1~6月全国新设立外商投资企业13,402家》,载https://www.touzi.com/news/046049-78025.html,最后访问时间:2020年7月28日。

② 参见李晓君:《击倒亏损"不倒翁"——防范外商投资企业避税的措施》,载《经营与管理》2006年第4期。

③ 同上。

相关国家与地区广泛地交换各自所掌握的涉税信息，以尽快扭转目前涉外税收征管方面的被动局面。

总体而言，根据上述税收协定、专项协议和安排，我国自 20 世纪 80 年代起就开展了税收信息交换工作。经过近四十年的摸索和实践，税收信息交换工作的质量和效率不断提高。一是信息交换工作不断加强并逐渐规范。例如，2006 年 6 月，国家税务总局发布了新的《国际税收情报交换工作规程》（国税发〔2006〕70 号），标志着我国的税收信息交换工作迈上了一个新的发展台阶。2016 年 10 月，国家税务总局公布《非居民金融账户涉税信息尽职调查管理办法（征求意见稿）》，意味着税收信息交换合作机制日趋成熟。二是保障税收协定和国内税法的正确执行，在一定程度上防止了税收流失。如就大额对外支付费用项目，据不完全统计，在 2014 年最后 5 个月中就查补税款就超过了 10 亿元。[①] 三是根据税收信息交换获得的线索，及时发现并填补了征管中的若干漏洞，如就售付汇管理、非居民管理等制定了相应的管理规则。四是增进了与其他国家的国际税收合作，维护并提升了我国税务部门的良好形象。具体而言，主要表现在以下方面：

（1）就信息交换的数量而言，一方面，外方向我方提供的税收信息逐年增多，不但增幅较大，而且所涉及的信息交换方式也越来越多；另一方面，随着税收信息交换工作的不断加强，我国也开始积极地向外方提供税收信息或提出信息请求。

（2）就信息交换的类型而言，最初的税收信息交换工作主要限于核查外来的自发信息和专项税收信息，而目前我们已经具备了批量核查和提出自动税收信息的能力，并在提出自发和专项税收信息方面有所突破。

（3）就信息涉及的地域而言，以往交换的税收信息多涉及沿海等经济发达省市，而目前税收信息交换的范围已经扩大到了全国各省市。

特别引人注目的是，我国作为 G20 的重要成员，近些年来一直积极参与 OECD 及 G20 所大力推动的税基侵蚀和利润转移 BEPS 行动

---

① 参见 2015 年国家税务总局《关于做好非居民税收风险管理有关工作的通知》。

计划以及其他多项税收国际合作项目，特别对于其中作为 BEPS 行动计划重要支柱的税收信息交换，中国更是贡献了自己的智慧。2015 年 12 月，中国国家税务总局与 OECD 签署了《金融账户涉税信息自动交换多边主管当局间协议》、《关于在中国实施多边税务中心多边税务项目的谅解备忘录》及《2016—2018 年合作谅解备忘录》三份重要国际税收合作文件，标志着中国与 OECD 的税务合作又迈上了一个新台阶，中国国际税收信息交换网络将因此得到进一步拓展。

《金融账户涉税信息自动交换多边主管当局协议》是基于《多边税收征管行政互助公约》签署的框架性协议，旨在加强全球税收信息的透明度和自动交换。根据该协议，各国的税收主管部门应负责收集数据并向其他国家进行交换，以便每个国家对其公民的离岸资产拥有较全面的信息。中国签署该项协议，标志着中国将有权与其他签约的国家或地区交换包括金融账户余额和受益者名字等中国纳税人海外账户的较广泛涉税信息。

《关于在中国实施多边税务中心多边税务项目的谅解备忘录》则确认，中国与 OECD 将在中国扬州合作建立第一个位于非 OECD 国家的多边税务中心。《2016—2018 年合作谅解备忘录》还确认，中国与 OECD 将在税收政策、税收征管、国际税收信息交换等 19 个领域开展税务培训、立法咨询、高层政策对话等多种形式的合作。OECD 与我国国家税务总局还同意在扬州借助已存在的税务培训中心成立针对亚洲以及其他发展中国家税务官员的国际税收培训中心，以提高发展中国家及其区域性的整体税收征管水平。我国国家税务总局虽然自 1997 年以来就参与了 OECD 的全球关系计划，使中国的税务官员可就国际税收、税收制度及税收征管等问题与 OECD 各国的税务官员展开对话，但该多边税务中国中心及培训中心的设立，将更有助于中国及其他成员方的税务官员了解 OECD 的最新政策，并开展相应动态对话。

2016 年 5 月 11 日至 13 日，OECD 第十届税收征管论坛（FTA）大会在中国北京举行。这是 BEPS 行动计划最终成果报告获得 G20 认可以来的第一次 FTA 会议。来自全球 44 个经济发达体的税务官员参加大会，分享各国税收征管的成功经验，并就全球税收合作达成一致。这次大会不仅研究了BEPS行动计划最终成果的实施问题，还重点研究了税收信息交换国际合作的新措施。

通过不断地扩大合作对象和合作领域，中国的双边、多边税收信息交换国际合作网络将日渐完善。中国将据此从其他成员方获得更加全面、更加充分的跨境税收信息，以全面维护自己的税收征管主权。

第二节　中国税收信息交换国际合作中存在的主要问题

十年多来，随着我国征管体制的变革和征管流程的明晰化，国际税收信息交换工作的系统化、规范化和电子化程度不断提高，信息交换的质量和效率相应地均有较大提高。但是，面对严峻的国际偷逃避税形势，我国目前的税收信息交换工作无论是其一般性制度，还是有关金融税收信息交换、BEPS行动计划项下强制披露机制等特别制度，均存在着不少薄弱环节，成为我国打击国际偷逃避税工作的"瓶颈"。本章主要探讨前者，而与美国、OECD成员之间的金融税收信息交换，以及BEPS行动计划项下强制披露机制中的中国问题及相应解决方案可参见其他专题章节的相关内容。

一、对税收信息交换国际合作的认识存在误区

如前所述，"税收情报交换"中的"情报"一词译自英文单词"information"，本意为"信息"，但为了突出税收征管和信息交换国际合作的保密性、特殊性和严肃性，我们在国际税收领域中使用了"情报"这一译法。近年来，这一译法引发了一些争议：一种意见认为，应当将"information"翻译为"信息"，以凸显出国际税收征管合作透明度所要求的信息交换与共享属性；而另一种意见仍坚持将其译为"情报"，将其定性为相对特殊的税收征管资料。这表面上是译法的争议，但却可说明，对于税收信息交换国际合作的性质及其在我国税收征管流程中的定位等基本问题也尚存争议。

在我国对外开展税收信息交换工作之初，基层税务部门对于这项工作的理解比较粗浅，加上信息核查的效果并不明显，税收信息交换工

作的积极性不高。近年来,这种情况虽然有较大改善,但对税收信息交换国际合作仍存在一些片面理解。如有的认为,税收信息交换是独立于国内税收征管流程的环节,其目的仅仅是履行税收协定所规定的国际义务。这无疑忽视了这两者之间的联系和共性。此外,由于税收信息交换多针对纳税人个体,导致基层部门往往"只见树木,不见森林",难以对信息交换工作形成全面和系统的认识和把握。部分基层工作人员基于上述不当观念,未将信息交换作为国内税收征管手段的延伸和补充,造成税收信息本身无法实现与国内税收征管工作的有机融合。

特别值得关注的是,我国还有部分地方政府在招商引资过程中,追求短期利益、局部利益,即不是通过加强地方基础设施和投资建设软环境来增强吸引外资的竞争力,而是利用国家税收制度中的漏洞,故意放松税收信息交换工作,以此吸引外资进入。

二、税收信息交换国际合作法律体系亟待完善

(一)税收信息交换程序烦琐、低效

目前,我国信息交换的手续烦琐,中间环节较多,期限长,效率较低。例如,基层税务部门请求信息交换的,必须经市级、省级、国家三级税务部门审查、协调,一般需要 1 年到 2 年,不利于信息交换顺利进行。[①] 上级向下级转发信息,同样难以快速地直接进入基层部门的核查程序。对于企业规模小或流动性较强的外国人而言,如果税收信息交换程序期间过长,可能在其最终结果确定时,该纳税人已经注销或离境,相应的税收信息交换程序可能因此失去意义。

(二)信息交换的税种范围过窄

早期的 OECD 范本第 2 条曾将范本项下的税种限制为"对所得和财产征收的税种"。我国改革开放初期在签署相应国际税收协定或制定相关国内规则时借鉴了该条款。但新版 OECD 范本、联合国范本及美国范本早已扩大其税种适用范围。故与西方国家相比,我国早期签订的税收协定中关于信息交换的税种范围过于狭窄,且未作明确列举,

---

① 参见戈毅娟:《我国税收信息交换工作之探讨》,载《内蒙古农业大学学报(社会科学版)》2007 年第 1 期。

内容不甚精确。

有关协税条约涵盖税种的突破，主要发生在我国签署《多边税收征管行政互助公约》后。我国在加入该公约时，承诺公约适用于除关税、船舶吨税外的所有税种。根据该公约的规定，缔约方必须按类别明确列出本国适用公约的税种；未列入的税种，缔约方不能向其他缔约方请求征管协助，也不对外提供该税种的征管协助。我国在加入公约的声明中列出了目前由税务机关负责征收的16个税种。[①] 这意味着，在该公约框架下，我国开展国际税收征管协助的范围将由原来的以所得税为限，扩大到税务机关征收的所有税种，税务机关收集纳税人涉税信息的力度将因此大大加强。但对于我国未开征的税种，我们也不对外提供任何形式的征管协助。[②]

因此，以后我们无论是在谈签新的税收协定，还是与缔约国续签税收协定时，均可以我国批准的《多边税收征管行政互助公约》相应条文内容为基础，大幅拓展税收信息交换的范围，尽量涵盖所有税种，以便从不断扩大的国际合作获得倍增利益。

（三）税收信息交换专项协议的覆盖面不足

虽然现阶段我国已经基本建成了由税收协定、信息交换专门协议、国内法律规章等三者构成的多层次税收信息交换法律体系，但是，与税收协定数量及税收信息交换的客观需求比较，税收信息交换合作专项协议的数量与范围明显不足。下一步特别要借鉴发达国家的经验，同与我国存在密切经贸联系的避税港国家或地区，如瑞士、新加坡等进一步签订专门税收信息交换协议，以建立起更加广泛而实用的税收信息交换国际合作网络。

---

① 其具体包括：企业所得税、个人所得税、城镇土地使用税、房产税、土地增值税、增值税、营业税、消费税、烟叶税、车辆购置税、车船税、资源税、城市维护建设税、耕地占用税、印花税、契税。

② 参见2016年国家税务总局《关于〈多边税收征管行政互助公约〉生效执行的公告》，以及2016年国家税务总局办公厅《关于〈多边税收征管行政互助公约〉生效执行公告的解读》第1条。

（四）国际法与国内法衔接不良

税收协定解决的是国家间的税收分配关系，其复杂性决定了税收协定条款的抽象性和概括性。其中的税收信息交换条款因此亦显得笼统，需要缔约国制定相应的国内配套法律法规和实施细则。但是，目前我国《税收征收管理法》及其实施细则都没有针对税收信息交换国际合作作出直接、明确的规定，导致税收信息交换在征管流程中的地位，以及与其他征管环节的关系不明确。实践表明，无论是对内核查来自国外的信息或信息交换请求，还是对外提出信息交换请求，均须以占有广泛的涉税信息为基础，而占有是否充分，在很大程度上取决于纳税人、支付者及相关第三人是否明确地承担了涉税信息自发申报的强制性义务。但我国各税种的现行管理规定对此却不够明确，难以为税收信息交换国际合作提供充足的基础信息资料。

（五）信息交换操作规程欠健全

《国际税收情报交换工作规程》虽然对原规程进行了补充和完善，可基本满足税收信息交换工作的需要，但随着新情况、新问题的不断出现，特别是随着信息科学、互联网技术的发展，跨国纳税人的逃、避税手段更加先进、隐秘。如借助网络技术展开的跨国电子商务与传统的交易方式显著不同，对传统的税收管辖权理论和税收征管技术等均提出了较大挑战。对各种在线交易，特别是其中的数字化产品的在线交易进行税收征管，存在多种法律和技术困难。因此，该规程仍有很大的拓展空间。譬如，提高其立法层次及其强制性，进一步扩展适用对象和适用税种的范围，创新更有效的信息交换方式等。

此外，同期税务检查、行业范围交换和授权代表访问等信息交换合作方式虽然更有助于提高打击国际偷逃避税行为的精准度，但该规程的相应规定却比较笼统和空泛，可操作性不强，须进一步完善。

（六）涉税信息的收集和共享机制不通畅

收集涉税信息的重点应放在纳税申报环节，如美国税法不仅为纳税人设定了纳税申报义务，还为各种涉外“第三方”（如付款人或扣缴义务人等）设定了相应的涉税信息申报义务，极大地便利了税收信息的收集和比对，促进了税收信息数据库的建设及交换运行。我国目前的税收立法对这两方面的内容均有所涉及，但过于笼统，强制性和可操作性均亟待加强。

更重要的是，对涉税信息的占有与交换是一个社会系统工程，税务部门所掌握的纳税人信息相对有限，往往难以满足税收征管和信息交换工作的需要。因此，还需要工商、公安、银行、外管、经贸等多部门的配合，实现相应信息的共享。但是，我国有关部门之间的信息收集和共享规则目前还比较空泛，强制性不足，导致相应信息共享机制远不尽如人意。

三、税收信息国际交换与国内税收征管流程脱节

就信息管理的角度而言，国家间税收信息交换合作就是税收信息的传递和分享由国内扩展到国际。这也意味着，国际税收信息交换与国内税收征管理论上可以共享同一或统一的税收征管数据平台。然而，基于主权独立、主权平等、国家安全等国际法原则和规则的限制，国家之间的这种税收征管协作无疑要比一个国家内部各地区、各部门之间的协作更加复杂和严谨。目前我国的税收信息国际交换在一定程度上与国内的税收征管流程脱节：前者无法充分利用后者的信息资源，也未能成为后者的有机组成部分。

（一）税收信息交换没有充分利用国内税收征管数据平台

就税收信息交换的资料提取和利用而言，无论是对外提出信息交换请求还是核查外来信息，有关的信息资料本身均属于税收征管资料的一个有机组成部分。但是，目前税收信息交换与现有的税收征管数据系统之间的联系是非系统的、非长效的，两者之间尚未实现有机融合。这一点与欧美各国税收信息的收集和管理程序存在较大的差距。部分基层税务部门感到信息交换工作的压力越来越大。其中尽管有信息交换要求不断提高的原因，但深层次的、根本的原因是，税收信息交换未能有效地利用相应的税收征管数据平台，未能随时调取、核查和比对相应的税收信息资料，导致往往每次核查或提出税收信息需重新调查取证，陷入了“为交换信息而收集信息”的单兵作战困境。

（二）税收信息交换未能与一般征管流程和专项税收征管手段有效结合

就税收信息交换的工作流程而言，其不应孤立于税收征管流程。无论是从协助缔约他国的税收征管，还是服务于本国的税收征管，税收信息交换均应构成税收征管流程的一个有机组成部分，作为堵塞征管漏洞的重要环节。目前，基层税务部门对信息交换的重要性和有效性认识不足，在无法通过国内途径获取有效税收信息的情况下，往往也不能主动对外提出信息交换请求，以便通过国际税收行政合作渠道获取相应信息，可能导致国内相应的税收征管流程因此停滞。此外，提出和核查税收信息也往往停留于浅层次的税务检查，为了提出和核查信息而提出和核查信息，没有与专项征管手段、税收协定执行、售付汇税务凭证管理、非居民税收管理等紧密结合，难以实现对信息交换对象有关数据的有效整合，导致有效的专项征管手段无法在信息交换工作中发挥应有作用。

（三）税收征管机构和队伍现状难以满足信息交换国际合作的需要

就税收信息交换的职能与人力资源配置而言，其应当是一种合力形成机制。但目前税务机构内部内外有别的职能机构设置，不利于各方合力的形成，不仅影响了税收信息交换工作的规范性和有效性，还在一定程度上降低了信息交换的质量和效率。此外，我国也没有建立全国性的税收信息综合处理中心，不利于税收信息交换的全面开展。

在职能划分方面，负责税收信息交换工作的基层机构的职能划分宜统一。因此，无论是由稽查部门还是由征管部门，或由稽查和征管部门共同负责此项工作，均难以实现信息交换工作的规范化和统一化。例如，完全由稽查部门负责开展信息交换，虽然有利于其发挥核查和提出专项税收信息的优势，但在交换自动税收信息方面就存在明显不足，因为自动信息交换需要掌握纳税人的基本情况和日常的交易行为，而稽查部门的管理方式往往是在特定的时段针对具体问题集中解决，缺乏日常管理中对征管明细资料的系统掌握。

在专业人员的配备方面，现有的人力资源难以满足税收信息交换工作的需要。从事国际税务信息交换的工作人员，要求在计算机与外语应用能力、保密意识、网络技术、法律、财会与税务知识等方面均具有较高水平。但目前基层部门中专职从事税收信息交换的人员数量较少，其中素质良好、业务精通、丰富经验的专业人员更加稀缺。[1]

四、税收信息交换国际合作的工具与方法相对落后

（一）信息交换过程中的电子化、智能化水平较低，制约了交换效率

该问题主要表现为：首先，税收信息的传递尚未实现全程电子化，电子公文处理系统和纸质机要传递系统之间存在时间差。其次，税收信息分析处理的信息化水平较低，需开发更先进的专业软件，即数据格式、数据传输及加密方法应当规范、安全和兼容，操作简单、快捷，确保在信息发出国和接收国之间实现对数据的有效加密和解密。特别对于自动交换的税收信息，如果在核查过程中采取手动或半自动方式解析，效率就难以提高。在请求或应请求交换税收信息的过程中，基层部门也多采取手工或半手工方式收集、制作信息，交换效率不高。再次，税收信息资料的管理比较落后，难以对信息资料与征管资料进行有效整合，并及时发现、解决问题。最后，税收信息的核查效果尚不理想。通过税收信息核查，虽然在一定程度上发现并堵塞了国内税收征管工作中存在的若干漏洞，但与所接收信息的整体数量相比，核查发现问题的比例相当小，效果并不明显。此外，很多信息由于内容不准确、时间滞后等原因，导致核查停滞甚至非正常终止。这在自动税收信息核查中，表现尤为突出。

（二）交换合作方式单一，尚有多种信息交换手段未得到有效应用

《国际税收情报交换工作规程》规定了专项信息交换、自动信息交换、自发信息交换、行业范围信息交换、同期税务检查和授权代表访问等多种信息交换国际合作方式。但从实际签订的双边税收协定来看，我国除了同韩国等少数国家签订有自动信息交换合作以外，在同其他国家签订的税收协定中，往往仅涉及专项信息交换，自动信息交换在非常有限的信息交换专项协定缔约方之间进行，而行业范围交换、同期税

---

① 参见李晓君：《击倒亏损“不倒翁”——防范外商投资企业避税的措施》，载《经营与管理》2006 年第 4 期。

务检查和授权代表访问等合作方式,基本处于起步或待起步阶段。

发达国家的实践表明,同期税务检查、行业范围交换和授权代表访问等合作方式的目标更明确、措施针对性更强,更有利于打击国际偷逃避税。目前,国际税收界对这三种信息交换手段的研究也越来越深入,形成了较为成熟的工作机制。但我国在这方面的研究比较落后,没有为基层部门制定可行的操作指引,难以指导具体实践,因此难以与他国进行全方位的税收信息交换。

(三)对外发出交换信息仍处于初步发展阶段

与欧美发达国家比较,我国对外提出信息的数量和质量都存在很大差距。例如,在自动和自发税收信息的提出方面,部分工作人员存在不愿"为他人作嫁衣"的思想,工作的积极性和主动性不强,没有形成认真履行协定义务、营造良好互惠环境的工作思路和习惯。

此外,我国还存在协商机制项目过多,税收协定强制性被软化,纳税人利益缺乏保障等问题。

第三节　改进与完善我国税收信息交换国际合作工作的对策

针对我国国际税收信息交换理论与实践中存在的种种困难,如前所述,专家学者们提出了许多有价值的建议。例如,完善税收交换体系,加快培养交换工作人才,拓宽信息交换范围,提高信息交换效率,完善信息保密体系,增加信息交换类型等。[①] 我们认为,应当区分轻重急缓,根据客观需求的现实性或解决方案的可行性,优先从以下方面着手解决相应的问题与困难:

一、提高思想认识,准确定位税收信息交换国际合作的地位与性质

首先,国际税收信息交换是各国基于其税收管辖权而与他国开展

---

① 参见李堃:《OECD〈税收透明度的阶跃提升报告〉介绍与借鉴》,载《国际税收》2014年第3期;崔晶晶:《关于我国国际税收情报交换工作的思考》,载《中国证券期货》2013年8期;孙玉坤、王珂:《欧盟税收情报交换及其对我国的启示》,载《现代信息》2007年第6期;等等。

的国际税收合作，是我国充分行使财税主权的重要举措，其与其国内税收管理存在交叉与互补关系，是国内税收征管的补充和延伸。其应当遵循国际税法和国内税法的有关规定，并应融入国内税收征管流程之中。就静态而言，所交换的信息，属于广义上的征管资料的一部分，应来源于或应被纳入国内税收征管资料库，而不是独立或超脱于国内税收征管资料。就动态而言，税收信息交换作为信息收集、分析、筛选以及在国家间传递的过程，既实现了相关信息在国家间的共享，也完成了对国内税收征管资料的补充和对存疑的考证。

其次，税收信息交换应当符合国际税收协作的特定程序要求。税收信息交换在交换手段、程序、使用、保密等方面都有自己的特殊要求，不宜照搬国内普通的公文办理方式或程序。

由上可见，税收信息交换应重点做好以下两方面工作：(1)在税收信息交换的纵向流程上，重点研究如何保证交换过程的科学严谨，便捷顺畅；(2)在与其他工作的横向关系上，侧重研究如何做到信息共享，协调配合。

二、加强制度建设，健全税收信息交换及其配套法律

(一)健全和完善多层次的税收信息交换法律体系

如前所述，我国涉及税收信息交换的法律虽然包括国际协定、国内法律及部门规章等多层次立法，但总体而言，其基础薄弱，比例失调，不能适应当前税收信息交换工作的需要。因此，一方面，应根据国际政治经济发展的客观需要，吸收国际税收信息交换合作的最新研究成果，及时地完善有关的法律规定，如解除银行保密法不必要的限制、健全相应的隐私权保障等。另一方面，应当考虑与有关国家经济贸易关系的紧密性和税收信息交换的必要性，与有关国家和地区，特别是各避税港签订专项税收信息交换协议。我国已经与巴哈马、英属维尔京群岛等重要避税港签署了税收信息交换专项协定，①但目前来看这远远不足。

① 我国已经与巴哈马、英属维尔京群岛、马恩岛、根西、泽西、阿根廷、百慕大、开曼、圣马力诺、列支敦士登等签署了《税收信息交换协定》，载 http://www.chinatax.gov.cn/chinatax/n810341/n810770/index.html，最后访问时间：2020 年 8 月 10 日。

因为只要尚未与瑞士、新加坡等这类重要的避税港国家(地区)签订税收信息交换协定,与我国签订了信息交换协定的避税港的金融机构在未与我国签署信息交换协定的避税地设有离岸金融机构或有金融合作伙伴的,前者有关资金想要逃避信息交换或避税的,就可以转移到后一类避税港银行,轻松地规避相应的税收信息交换国际监管合作。

(二)加强税收信息交换国际、国内立法之间的衔接

根据我国《税收征收管理法》第91条的规定:"中华人民共和国同外国缔结的有关税收的条约、协定同本法有不同规定的,依照条约、协定的规定办理。"该规定就是我们衔接税收协定与国内税法的基本依据。然而,其仅仅解决了国内法与国际法发生冲突时的优先适用问题,而没有明确二者应如何有效衔接。在国际有规定,但国内相应立法缺失或不完善的情况下,这种衔接就属于空中楼阁。目前虽有国家税务总局发布的《国际税收情报交换工作规程》,但其作为部门规章,不但可操作性较弱,而且效力有限,无法突出这项工作的特殊性和重要性,故应在《税收征收管理法》或其实施细则中增加相应的税收信息交换国际合作条款,明确其地位,以及其与国内税收征管或日常征管资料之间关系。

(三)进一步完善税收信息交换程序的操作规程

就税收信息交换程序的实质内容而言,其包括信息采集程序和信息传递程序。其中,信息采集程序包括采集主体、采集对象、采集方法、信息后期处理等。传递程序包括不同管理层级之间的传递方式、传递时限、传递要求等。针对目前我国信息交换传递程序中存在的效率不高、跟踪管理不到位等问题,可采取以下解决措施:(1)规范调查时限。根据相应国际惯例,除特别紧急的情况外,被请求方应在接收信息交换请求后60日内完成调查并将结果发给请求方。然而,目前我国没有对调查时限作出强制性规定。这样虽然可以保证基层部门具有充足的核查时间,但不利于提高信息交换效率。因此,建议在条件成熟时,比照OECD《税收信息交换操作规程》,重新修改或制定更为系统的税收信息交换管理规程,对于调查时限等基本程序要素应作出明确限定。(2)实施扁平化传递程序,最大限度地简化传递流程的中间环节,如可

以简略县市级税务机关的传递环节，由总局或省局和基层职能分局之间直接传递信息，并建立缔约方税务主管机关之间的特别传递程序。如基于粤港澳之间经济上的紧密联系，可以授权广东省税务部门与香港、澳门特别行政区税务主管部门直接交换信息，以适应两地人员往来频繁、非居民税务管理任务艰巨的实际情况。(3)动态跟踪信息交换的进展情况。信息交换的时效性越强，越有助于发挥其积极作用。例如，美国为了提高信息核查的效率，不但规定了60日的核查时限，而且要求基层税务部门在确认收到信息时上报负责该项信息核查的主管人员姓名和联系电话，并应定期提出进度报告。我国可以借鉴美国的上述做法，建立类似的信息交换责任人及工作进度报告制，强化上下级信息交换部门的沟通与联系。(4)建立信息披露指引，严查泄密情况。虽然信息交换管理规程中有专门的保密规定，但目前基层税务部门的保密意识仍然不强，有的在媒体上对信息内容大肆宣传，有的甚至将信息核查报告放在互联网上，导致严重泄密。因此，一方面，应完善信息使用与保密制度，建立信息披露指南，增强保密规则的可操作性；另一方面，应严查泄密事件，强化各地税务部门的信息保密意识。

就信息交换操作规程的内容结构而言，现行的《国际税收情报交换工作规程》主要是针对目前工作中存在的突出问题制订的。随着国际税收管理形势的不断变化和信息交换工作质量的稳步提高，应相应地调整规程的侧重点，并进一步补充和完善其中的不足。例如，OECD《税收信息交换操作规程》采用了模块编写方式，首先在总论部分对信息交换的通用规则作出概要规定，然后分模块编制各类信息交换方式的操作规程，以便各国各取所需。我国在完善信息交换操作规程或操作手册时，也可以借鉴这做法。首先，可以在总则部分全面系统地规定税收信息交换的基本规则，如对象范围、地域范围、税种范围、信息保密、非歧视原则等。其次，分章节规定各类型税收信息交换的工作方法、工作流程和步骤等，从而建立起宏观和微观兼容的税收信息交换操作规程。

(四)完善涉税信息强制申报制度，扩大信息来源渠道

扩大收集涉税信息的国内渠道，不但有利于对外自发或自动提出

信息,而且有助于减少对外来税收信息的过分依赖,如OECD鼓励各成员国适当地、主动地为确认纳税义务和达到其他税收管理目标获取信息,以便根据形势的变化相应地调整税收法律、法规和行政惯例。

首先,在国内税收法规中详细规定所需信息的项目和范围,并根据信息的具体来源,明确纳税人的主动申报义务,并通过加大惩处力度贯彻落实该制度。

其次,借鉴欧美等国的做法,完善"第三方信息申报"制度,使付款人及其他相关第三方的信息申报和纳税人的自行申报相结合,形成完整的信息申报与比对链条,以督促各方准确申报。所谓"第三方信息申报制度",就是要求纳税人以外的涉税关系方(包括所在单位、合伙企业、交易对方、房产和信托部门等)都填写其业务中的税收信息申报表,向税务机关申报历年内应申报交易的涉税信息,并同时将所申报信息附送有关的收入取得者。以美国雇主填报的W2信息申报表(薪资与税收申报表)为例,其应在每年1月31日前向雇员发送W2信息申报表,作为雇员填报1040个人所得税申报表的依据。而雇主则应在同年2月28日前向美国国内收入局报送W2信息申报表,作为国内收入局比对纳税人申报表的依据。在W2申报表上,雇主应填报的内容包括支付的工资、薪金,雇员取得的小费和其他报酬,以及社会保险、医疗保险和已扣缴的所得税等。如果雇主无合理原因而未报或者迟报W2表格,根据国内税收法典第6721节,按照迟报时间,应对雇主处以每张W2申报表15~50美元的罚款,但每年不得超过75,000~250,000美元;对于故意不报者,则处以每张申报表100美元的罚款,且罚款没有上限。相比较而言,我国立法却将个人所得税申报义务的重心放在扣缴义务人方面,仅在特殊情况下(如年所得12万美元以上、取得境外收入等5种情况)才要求纳税人自行申报,这样就缺少了信息对比的基础。虽然我们目前可能不具备大规模收集和处理大量申报信息的能力,但是长远来看,应当实现普遍性、强制性的纳税人自行申报与第三方申报的有机结合。

(五)落实与完善多部门涉税信息的收集和共享机制

一国的税收信息交换工作无法独立于税收征管流程及相应的信息

系统，而应当与该国的税收信息系统及其他相关的信息系统紧密结合。如在美国，其国内收入局在全国范围内建立了十大税务管理计算机中心，在总部设有两大税务信息处理中心，并与银行、保险公司及各企业的计算机联网，纳税人的纳税申报、纳税核算、税款征收、催缴欠税等都由计算机处理。美国国内税收法典要求纳税人如实向税务部门提供经济活动资料，银行、财产保险等部门也必须定期将本身及与其发生经济联系的纳税人的经济活动情况传送联邦、州、地方三级税务部门；每个企业雇主亦必须定期将本企业的经济活动情况及雇员的工资薪金收入情况报给三级税务部门；支付报酬的其他单位和部门也须照此办理。高效的信息化征管手段、明确的“第三方”信息申报义务以及纳税人申报义务，为税收信息交换国际合作提供了有效的信息来源。例如，就其对外自发信息交换而言，在税收征管的第一环节，即纳税申报环节，国内收入局将对美国非居民纳税申报表（1042S 表格）的处理都集中在位于费城的服务中心和位于马丁斯堡的信息处理中心，并建立了扣缴义务人（包括银行等金融机构）的自动申报制度。依托高度发达的信息技术对申报表上的信息与数据库中的数据进行比对，系统一旦发现异常，申报表相关信息即被自动提取，直接制作为对外电子自动信息，上报国际司，与对方国家进行交换。

在我国，除日常税收征管取得的税收资料外，税务部门审查纳税义务所依赖的信息多集中于工商、银行、外管等部门，[①]但一国的保密立法往往赋予了银行等部门相应的保密义务。[②] 故应通过特别立法豁免这些机构向税务部门提供涉税信息的责任，如《税收征收管理法》第 6

---

① 参见孙玉坤、王珂：《欧盟税收情报交换及其对我国的启示》，载《现代信息》2007 年第 6 期。

② 各国的银行法一般均规定了银行保密义务的例外情形，主要包括：（1）强行法要求银行公布情况和资料；（2）出于社会责任的披露；（3）经客户明示或默示许可的公开；（4）为了保护银行本身的利益（参见李仁真：《欧盟银行法研究》，武汉大学出版社 2002 年版，第 177 页）。上述第 1 项，可以涵盖税务机关对银行客户及其金融事务的税收调查。为配合税收调查，银行应当确认客户身份，取消匿名账户或假名账户，允许税务主管机关借助司法程序或通过行政程序，从银行直接或间接地获取特定纳税人的相关信息。

条第 2 款规定:“纳税人、扣缴义务人和其他有关单位应当按照国家有关规定如实向税务机关提供与纳税和代扣代缴、代收代缴税款有关的信息。”第 17 条第 3 款规定:“税务机关依法查询从事生产、经营的纳税人开立账户的情况时,有关银行和其他金融机构应当予以协助。”这些法规是税务部门与工商、银行等部门建立涉税信息收集和共享机制的法律基础。尽管《税收征收管理法》有如此要求,但多部门涉税信息收集和共享的具体操作机制尚未落到实处,多部门间的信息共享机制远未形成。我们可以借鉴美国的上述做法,不但强化纳税人、扣缴义务人及相关第三方的强制申报义务,而且强制拥有涉税信息的各部门共享相关信息,为税务信息的收集和处理建立可靠的数据共享平台。

(六)充分发挥专业机构的专业优势

税务机关应加强与有关税务中介机构、社团的联系与合作,充分发挥注册会计师事务所、注册税务师事务所、审计师事务所、律师事务所和各种国际税收科研教学机构和人员的专业优势,特别是其在国际税收政策、动态、税务审核检查等方面的优势,提高税收信息交换国际合作理论研究与实务工作的质量。①

三、注重实务操作,加强税收信息交换与国内税收征管工作的有机结合

税收信息交换与国内税收征管工作的结合主要涉及两个问题:(1)国内税收基础征管流程对税收信息交换的支持作用;(2)国内税收专项征管手段与税收信息交换的衔接关系。具体可着手以下工作:

(一)合理设置税收信息交换的职能机构

按照我国目前的征管体制,“总局—省级分局—市(州)税务局—县、市税务局”的四级结构模式在短时间内可能不会发生根本变化。因此,税收信息交换的机构设置也不能脱离这一模式,尤其是在确定基层部门的税收信息交换职能上,需要结合“金税三期”关于“基层按照以环节以功能划分组织结构模式,从以税种划分模式向以环节以功能

① 参见李涛:《完善当前税收信息交换工作的思考》,载 http://www.jsgs.gov.cn/Page/NewsDetail.aspx?NewsID=133909,最后访问时间:2020 年 7 月 29 日。

划分转变”的思路。因此,总局和省局的机构和管理模式可保持不变,而在全国范围内适当调整基层部门的税收信息交换机构设置,统一其管理职能,使税收信息交换管理实现扁平化,减少信息传递的中间环节,以最大限度地缩短信息传递周期,提高信息交换的效率。具体而言,可以根据信息交换类型分配管理职能,如专项税收信息交换主要是针对有偷逃避税嫌疑或者直接与偷逃避税案件相关的纳税人展开的,根据《税收征收管理法实施细则》第 9 条第 1 款“稽查局专司偷税、逃避追缴欠税、骗税、抗税案件的查处”的规定,宜由稽查部门负责开展自发和专项税收信息交换,以发挥稽查部门的优势。而目前实施的税收管理员制度为开展自动税收信息交换提供了有利的基础条件,因此,自动税收信息交换的职能可以继续由征管部门实施。随着“金税三期”工程的完成,我国基本实现了全国税收数据的“大集中”,逐步建立起以总局为主、省级为辅的全国征管数据应用大集中模式,在总局集中处理和存储征管数据,并逐步建立起相关各方的税收信息共享机制,以便实时、完整、准确地掌握纳税人涉税信息。故宜由省级的专门数据处理机构负责本地区的对外自动税收信息的收集和整理,而后由总局统一对外交换。

就税收信息交换人员培养而言,税收信息交换人员要不断地吸收国际税收信息交换的最新研究成果,不断进行知识储备和更新。随着税收信息交换合作的普遍开展,税收信息交换将日渐融入日常税收征管环节之中,因此,专职的信息交换队伍可能会逐渐缩小,而对信息交换业务培训的需求将不断扩大。为此,需加大培训的力度,针对不同的培训对象,分层次、有步骤地实施系统化的税收信息交换培训。

(二)建立科学的税收信息收集与管理机制

税收信息交换国际合作的有效开展主要取决于两个方面的工作,一方面是对信息的充分掌握,另一方面是对信息的有效传递和使用。其中,对信息的掌握是传递和使用信息的基础。OECD 早在 2006 年 1 月 26 日就发布了《外来信息参考指南》(*OECD Reference Guide on Sources of Information from Abroad*),列出了 OECD 成员国对信息来源的掌握情况。其中,美国对信息的掌握较为充分,对各类信息(如法院记录、遗嘱、版权、信用情况等）均予以归类，并标明这些信息是否公开、是否由联邦或地方部门占有、是否可以电子形式获取以及索引项目等。这说明，就跨国税收征管而言，税务部门的首要工作之一就是最大限度地实现征纳双方的信息对称。但是，目前我国税务部门掌握的涉外税收信息相对有限，这也是制约我国税收信息交换工作发展的“瓶颈”之一。

“金税三期”工程以“业务转型、机构调整、业务流程重组、与其他各部门信息共享”为内容，重点解决信息分散化管理、基础信息重复散乱、明细信息缺乏等问题。其中的“国际税收信息”作为相对独立的系统，已经被纳入四大数据系统之一的“外部信息管理系统”。该子系统主要涉及涉税信息的收集、使用、管理、共享等模块。但是，广义的国际税收信息交换包括接收外来信息和对外提出信息两个方面。将国际税收信息作为外部信息管理系统的内容进行管理，仅体现了接收外来信息这一个方面。收集和对外自动提交税收信息对“金税三期”数据系统的要求和依赖更高，但这在“金税三期”的数据系统中却未涉及。因此，如何将接收外来信息和对外提出信息科学合理地融入“金税三期”的数据系统，是相关软件开发设计时需要认真研究并切实解决的问题。

1. 涉税信息的收集

收集涉税信息主要通过四个渠道进行。按照信息收集的广度和深度排序，依次为纳税申报、税务检查、专项控管和外部共享。其中的外部共享主要包含涉税信息的国内部门及地区间的信息共享和国际间的共享。就信息获取角度而言，外部信息的获取往往是被动的，信息的数量和质量均依赖于提出方，所需工作主要是验证收到的信息，并将其录入信息管理系统。专项控管是指售付汇、非居民管理等专业性征管工作，虽然可以作为类似于源泉控制的手段，但相对于日常征管而言，信息的收集面比较狭窄。税务检查是对纳税人全面涉税情况的掌握和对日常申报真伪的验证，耗费的时间和人力较多。因此，信息收集的主要渠道必然是纳税申报这一环节。世界发达国家对于纳税申报的重视和依赖程度远高于我国，并将其作为自发和自动信息交换的基础。与之相比，我国要求纳税人申报的信息大部分是基础信息，而与协定国交换的税收信息往往是临时收集和调取的,大部分情况下需要深入企业进行再调查核实。因此,无论是提出信息还是核查信息,均难以适应税收信息交换国际合作快速发展的客观需要。因此,应强化对税收信息所涉及信息的明细申报管理。

就涉外税收信息的明细申报管理而言,目前应增加信息收集的广度和深度。就广度而言,从纳税申报环节所收集的信息不应作为税收交换信息单独建档,而应当按照"一户式"的管理要求,载入企业整体税收征管档案。这种信息收集模式,不仅是为了开展税收信息交换,更多的是为宏观的税收征管服务。就深度而言,税收信息交换应深入挖掘非居民税收管理和反国际偷逃避税等方面的相关信息。如在非居民税收管理方面,重点对常设机构和非居民个人的涉税信息申报项目予以明确,增加有关申报义务和违法处罚的规定。在打击国际偷逃避税方面,重点增加对相关可比数据的收集。

2. 涉税信息的使用

信息的使用主要包括两个方面:查找、调取信息,以及分析、筛选信息。前者一般在计算机系统中就可以方便地实现,而后者相对较难。信息交换工作中,需要通过对大量的申报表信息或多渠道收集的信息进行分析比对,方能发现偷逃避税线索。这与日常征管中对单个企业的信息比对存在很大差异,尤其在筛选自动信息交换信息方面,必须借助于科学的对比方法和程序。欧美发达国家主要依赖强大的计算机专门软件处理申报表信息,一般只需将有关信息录入系统,就可由计算机自动将该信息与纳税人的其他申报信息综合比对。但开发这种计算机程序比较困难,也正是国内信息管理部门应当学习和借鉴的重要内容。

3. 涉税信息的管理

国家税务总局 2004 年《推行纳税信息"一户式"管理工作的通知》(国税函〔2004〕529 号)曾提出,将分散在不同系统、不同业务模块中的纳税人信息查询功能,按照"一户式"的要求进行整理、筛选、归并,实现对纳税人信息的"一户式"查询、管理和存储。在实现该管理目标的基础上,下一步的工作重点是如何做到及时、动态地跟踪管理。如果没有相应的现代信息技术管理手段的支撑,就难以对海量的纸质信息实施动态管理，导致动态跟踪管理与现实情况之间存在较长的时滞。因此，通过现代化信息技术与管理方法不断维护与升级信息数据库，对国际税收信息的动态跟踪管理方可实现。

信息索引管理是信息管理的核心内容之一，只有在信息收集、数据库建设过程中建立起科学的索引项目，才能保证信息管理的规范以及不同部门间共享的顺畅。建立规范统一的纳税人识别号一般被作为数据库信息索引的核心内容，如OECD《税收信息交换操作规程》要求，应以规范和完善纳税人识别号体系为基础，逐步建立缔约国之间在信息交换中互相提供纳税人识别号的机制，以提高信息交换的效率。因此，我们可以利用已经建立的纳税人识别号作为主要索引，在税务机关与其他部门共享信息的过程中，查询纳税人信息，使纳税人识别号成为对纳税人实施全方位管理的重要工具。

4. 涉税信息的共享

信息共享主要包括税务系统内部信息共享，以及税务部门与其他部门之间两方面的共享：

税务系统内部的信息共享，包括中央与地方之间以及国税与地税部门之间的共享。美国联邦与地方税务部门之间通过签订信息共享谅解备忘录，交换纳税人偷逃避税案件的线索，有力地打击了偷逃避税活动。我国也应建立类似的工作机制，但其侧重点有所不同。在中央与地方之间，除实现信息实时共享外，前者更应注重避税手法与安排、审计方法指引及培训资料等方面的交流和指导；而在地方税务部门之间，则应注重对跨区域经营企业和外籍个人涉外信息的交流与共享。

税务部门与其他部门之间的信息共享，涉及外管、海关、边检、公安、外事、教育、文化、银行等许多部门。涉外经济活动的复杂性，使税务部门难以准确掌握确定涉外纳税的全部信息。单纯从税收信息交换的角度而言，涉及的部门就很多，如非居民税收管理就涉及公安、外事、教育、文化、银行等部门。故只有建立和完善强制性的信息共享制度，才能实现横向各部门、纵向各层级，以及境内外之间的涉税信息共享。

解决信息共享问题可分步骤完成，其中，与外管、公安和银行的信息共享是重中之重。有关共享方式和数据接口的技术问题可以在共享过程中逐步解决，关键问题是通过国家强制立法实现政府部门之间相应信息的共享，以及完善有关税务部门向这些部门提出特定的信息共享请求的规程。例如，在"金税三期"工程中，应当实现外部信息管理系统的子系统"外部门信息交换"与"国际税收信息交换"之间的有效对接，实现信息资源的整合与共享。

（三）实现与纳税评估和涉外税务审计的紧密结合

纳税评估与涉外税务审计是核查税收信息的两种主要方法。因此，税收信息交换应当与这两项工作紧密结合，方可充分发挥其作用。由于纳税评估与涉外税务审计属于一般征管流程中的组成环节，因此，实现税收信息交换与二者的结合，关键在于如何思考并处理其中的关系。一个较为简单的审计流程，大约包括以下环节：工作计划—纳税评估—税务审计—审计结论。实际上，纳税评估与税收信息交换有许多相似之处，因为纳税评估是税务机关运用数据信息对比分析的方法，对纳税人纳税申报情况的真实性和准确性作出定性和定量判断，并进一步采取征管措施的管理行为。纳税评估可为信息交换提供稳定的信息来源。税务审计是目前核查税收信息的主要手段，而税收信息交换又可为税务审计提供国内无法获取的重要信息。因此，从一定意义上说，纳税评估资料的积累及信息的采集可以为税收信息交换提供基础信息来源，税收信息交换又为税务审计的顺利开展提供必要的辅助手段，三者环环相扣，可成为税务机关打击国际偷逃避税的有力武器。由此可见，税收信息交换可贯穿纳税评估与税务审计过程的每个重要环节。保持各环节的通畅联系，是实现三者紧密结合的关键。

（四）实现与非居民税收管理的有效结合

非居民税收管理包括预提所得税管理、常设机构税收管理与非居民个人税收管理三个方面。这三方面工作的共同难点是：涉及国内税法与相应税收协定之间的衔接，既存在对法律政策的不同理解，也存在法律政策方面的空白；税源分布面广，不易监控；事后征管难度大，税款易流失。掌握充分的税源信息，实现系统和动态的税源管理，是突破这些难点的根本途径。通过税收信息交换获取的信息，既可以作为税源管理的切入点，由此实施跟踪管理；也可以用于弥补征管过程中的信息缺失,堵塞征管漏洞。

1. 预提所得税管理

预提所得税的主要征税对象是利息、股息和特许权使用费。如果这三类收入的境外取得者未在中国设立机构,或者虽设立了机构,但取得的收入与该机构无实际联系,这就形成了较为典型的“应税行为发生在境内,而纳税人却处于境外”的情况,与传统的交易双方均在境内、税务机关可以轻易地对双方进行查证以获取涉税信息的情况区别很大。为此,我国于2000年开始实施非资本项目项下的售付汇须提供税务凭证的政策,要求纳税人在纳税义务发生时或较短时间之后,必须取得税务机关的完税凭证,才能在银行进行售付汇。但是,售付汇管理政策不能从根本上解决预提所得税管理中支付者作为境内唯一信息来源的问题,支付者提供信息的真伪验证还需借助国家间的税收信息交换合作,如此方可防范偷逃避税或发现偷逃避税线索,真正强化预提所得税的管理。

2. 常设机构税收管理

常设机构是税收协定引入的用于测试企业本地化经营深度的概念,有多种类型。其中,办事处、工厂等由于具有明确的经营场所,易于辨别和认定。但我国与其他国家签订的税收协定一般还规定,对方企业通过雇员或其他雇用人员在我国为同一项目或相关联的项目提供劳务(包括咨询劳务),在任何12个月中,境内停留连续或累计超过6个月的,为常设机构(如“劳务型”常设机构)。在实际执行过程中,有时由于缺乏充分的证据,往往对上述劳务型常设机构的认定及其后续管理存在较大的困难和争议。从目前大型跨国企业到华投资设厂的情况看,在境内设立外商投资企业时,境外投资者与中资签订的合资协议条款一般是框架式的。在合资协议有效期限内,外方向中方提供专用生产设备后,都会委派外籍人员到华提供业务咨询或其他技术服务。由于外方提供技术咨询等服务比较频繁,框架性协议一般不可能对每项具体劳务的持续时间作出详细规定,使造成相应的“劳务型”常设机构难以认定。对此,往往需通过税收信息交换获取外方在境内提供劳务持续时间及费用支付等方面的信息,以此作为判定是否构成常设机构的重要依据。

3. 非居民个人税收管理

按照到华工作的性质，非居民个人在华提供劳务的可划分为固定职工和临时到华人员两种。税收管理的难点主要在于对后者个人所得税的征管，即难以认定其纳税义务。

目前对临时到华人员纳税义务的判定主要是依据相应税收协定所规定的停留时间、支付者身份和常设机构三个标准。

时间标准的掌握相对简单，但需要验证纳税人自行申报或扣缴义务人所报告数据的准确性。

支付者的身份认定则随着支付方式的多样化而相对复杂。目前外籍临时到华人员取得收入的方式主要有两种：(1)由中方直接支付薪金收入，一般由支付报酬的机构代扣代缴个人所得税。(2)中方将有关费用统一支付给外方相关机构，再由其分配给有关个人；或者中方不直接承担或不承担相关费用，人员薪金、报酬由外方机构直接支付。这些支付方式的变化加大了判定支付者身份的难度：(1)因为有关常设机构的认定本身就是相当复杂的问题，而且临时到华人员的收入是否由常设机构负担，往往也难以找到充分的事实依据。(2)境内、外应税收入难以核实。个人所得历来具有隐蔽性，特别是对于强调个人收入隐私权的外籍人员。即使税务部门能够准确掌握其境内收入，也缺乏有效核实其境外所得的手段，只能根据纳税人自行申报或境内接收单位代为申报的数额征税，无法将外籍人员的境外所得纳入管理范围。(3)代扣代缴责任难以明确。大部分外籍人员到华从事劳务，其工资薪金支付地多在境外，境内没有扣缴义务人。税收协定一般没有解决代扣代缴责任的归属问题，而国内税法则规定，只有支付者才负有扣缴义务。在这种情况下，税款能否及时足额入库，完全取决于纳税人是否主动、及时、准确地申报纳税，税务机关对此缺乏有效核查手段。虽然国家税务总局 1999 年《关于外商投资企业和外国企业对境外企业支付其雇员的工资薪金代扣代缴个人所得税问题的通知》(国税发〔1999〕241 号)规定，外商投资企业应当扣缴其外籍雇员从境外取得工薪收入的个人所得税，从而为加强控管外籍人员的境外所得提供了依据，但这在一定程度上违背了个人所得税法中关于支付人为扣缴义务人的规定，在征管实践中其可操作性也不强。（4）相关部门和单位对外籍人员的管理尚难与税收征管工作配合。外籍人员具有收入隐蔽、流动性强等特点，要判定其纳税义务，需要获得其在境内停留时间的准确资料。但接收外籍人员的国内企业往往没有设立统一的管理机构采集相应涉税信息，企业可能对外籍人员来往境内的时间也不掌握。这在接收外籍人员较多的大型涉外企业中表现得更明显，已经成为税务部门准确判定外籍人员纳税义务，实施有效税源监控的主要障碍之一。国家税务总局 2015 年《关于印发〈非居民纳税人享受税收协定待遇管理规程（试行）〉的通知》（税总发〔2015〕128 号）第 10 条为此明确规定："主管税务机关应妥善保管与非居民纳税人享受协定待遇相关的资料，适时开展非居民纳税人享受协定待遇的经济分析，利用有关数据进行税收风险管理，并建立与反避税调查、税收情报交换、税务检查和相互协商等国际税收管理程序间信息共享的动态管理监控机制。"由于掌握此类信息的主要是公安、出入境管理等管理部门，因此，应与这些机关建立相应的涉税信息共享机制。

鉴于此，为了对非居民个人所得税实施有效管理，首先，必须与相关部门建立信息共享机制，掌握外籍人员在华提供劳务的基础信息。其次，在获取这些信息的基础上，通过国际税收信息交换取得外籍人员居民身份、支付者身份、境内外工作时间和境内外收入等方面的准确数据，用于判定外籍人员的纳税义务，堵塞外籍人员境外收入个人所得税征管漏洞。

四、合理选择合作方式，充分发挥各种税收信息交换方式的积极作用

防止重复征税、打击国际偷逃避税是税收信息交换国际合作的主要目的。通过交换税收信息，税务部门可以发现纳税人偷逃避税的线索，有效弥补国内税收征管措施的不足。税收信息交换合作的方式较多，我们应因地制宜地采取选择恰当的合作方式，充分发挥各种信息交换合作方式的应有作用。

（一）自动税收信息交换

通过自动信息交换，缔约国双方主管当局之间可以批量形式自动

向缔约对方提供相关纳税人相应涉税信息。所交换的信息主要是缔约各方所约定的特定专项收入信息，主要包括利息、股息、特许权使用费收入；工资薪金，各类津贴、奖金，退休金收入；佣金、劳务报酬收入；财产收益和经营收入等。

自动交换有两个突出特征，一是"自动"，二是"批量"。所谓自动，就是各缔约国收集缔约对方纳税人在本国的特定涉税信息，并主动地定期向对方国家发出；所谓批量，就是每次主动交换的情报并不是有关缔约家对方某一或某些纳税人的单一信息，而是协定项下缔约对方所有纳税人的特定涉税信息。

我国近些年来在自动信息交换方面取得了较大成绩。正如张高丽副总理 2016 年 5 月在 G20 第十届税收征管论坛大会（北京）上所介绍的那样，中国目前正在积极地落实税基侵蚀和利润转移的成果报告，以及金融账户涉税信息自动交换工作，"中国已经印发实施了深化国税和地税征管体系改革的方案，正在修改税收征管法等法律法规，以及近期谈判和签署的国际税收协定等最新成果，为防范跨境逃避税奠定了坚实的法律制度保证"，并承诺"中国将于 2018 年 9 月开始实施金融账户涉税信息自动交换标准，与各个国家一道着力提高涉税信息的透明度，为坚决打击国际逃避税提供信息的支撑"。国家税务总局 2016 年 10 月向社会公布《非居民金融账户涉税信息尽职调查管理办法（征求意见稿）》，为相应的涉税信息自动交换做好制度准备。

1. 对外自动税收信息交换

对外自动税收信息交换是依约向缔约对方自动地提供相应的涉税信息，仿佛是"为他人作嫁衣"。但事实上，国际税收合作必须建立在互信、互助、共赢的基础上，没有真诚的全力付出，就难以得到缔约对方的对等协作。因此，不仅应提高思想认识，还必须完善相应的软硬件建设，高质高效地对外自动提出信息，以换取相应的自动外来信息。

对外自动税收信息交换的对象范围相对固定，主要是针对非居民在中国境内取得的收入。目前其信息来源渠道也较多，包括日常征管、售付汇管理、预提所得税管理等；其交换内容也比较明确，重点是非居民是否取得收入、其金额与时间，以及被扣缴的税款等。为了进一步提

高对外自动信息交换的效率,可采取以下措施:

第一,明确收入支付者的申报义务。目前,我国的自动信息主要是依靠基层税务机关专门收集的纳税人信息,而美国则通过要求支付者填写法定的专门信息表格(1042S),向税务机关申报有关信息,作为对外自动信息交换的重要信息来源。因此,可以借鉴美国的做法,按照自动税收信息交换的内容设计专门表格,要求所有相关支付者及时填报相关信息,并将收集的信息汇入税收征管信息系统,实现自动税收信息的自动收集和制作。

第二,明确涉税信息共享的强制性。OECD 的 2014 年金融信息交换新标准明确要求缔约国制定金融机构保留相应交易记录的规则,建立了查验金融机构是否遵循相应报告与注意义务的行政程序。但我国《税收征收管理法》仅为银行和其他金融机构设定了金融信息"协助查询"义务,并未明确税务机关常态化获得金融机构客户账户信息的权力。故有必要修订立法,明确要求其他涉税信息的占有者与税务机关共享相应信息,赋予税务机关自本国金融机构获取相应账户涉税信息的权力,以此作为自动交换的信息来源。如果不能将涉税信息来源制度化与常态化,我国将难以完全履行相应的税收信息交换合作国际义务。

第三,与日常税收征管软件结合,加强信息管理。在解决了涉税信息源难题后,还应开发和完善相应的税收信息处理与交换软件,由软件系统自动检索信息交换国际合作所需的信息,并自动生成供交换的标准格式的税收信息,实现税收信息自动交换的"电子化"。

2. 外来自动信息核查

在我国投资大规模"走出去"的条件下,有效的外来自动信息核查将极有助于发现其中的偷漏避税线索,防范和查处有关的偷漏避税案件。如果能将收到的外国信息内容直接地自动并入信息交换或税收征管信息系统,由系统软件自动完成外来信息与国内数据相应信息的比对,就可以大幅简化人工操作,减少基层工作量。如在某漏税案件中,根据 A 国转来的自动税收信息,我国税务机关发现我国某大学法学院教授李某在 A 国取得收入 180 万日元,该收入类型为"给予与赏与"。

经核查,李某于1994年10月至1995年9月参加国内大学与A国某大学的校际文化交流项目,赴A国研修1年。按照双方大学间达成的交流协议,由A国某大学向该教授提供“生活费”180万元,在A国校方提供的发票中载明“免税”,但李某未向我国主管税务机关申报纳税。按照税收协定和国内个人所得税法的规定,该收入属“工资薪金”,应在国内申报纳税。据此,我国税务机关追缴其个人所得税13,197元人民币。[①] 在该案中,如果我国税务机关未通过外来自动信息获得李某的相应税收信息,就难以将李某的境外所得纳入控管范围。从该案的另一侧面还反映出,如果对外来信息的依赖性过强,就难以应对我国“走出去”企业和人员大幅增长对涉外税收管理提出的挑战。

外来自动信息核查工作中目前存在的主要问题表面上是工作量大、人力不足。而究其深层原因,主要是缺少高度自动化的信息处理机制。我国每年都收到其他国家转来的数以万计电子自动信息,上级机关需要用较为复杂的EXCEL软件自带函数对信息进行解析处理,而基层部门可能面对大批量的信息实地核查任务,往往感觉力不从心。解决该问题的基本方法是强化我国居民个人的收入申报管理,加强源头控管。

在我国尚未实现征管信息系统与信息交换系统有效对接的情况下,可以转换工作思路,如抓住自动税收信息核查的源头,在外方转来信息之前就能掌控这部分税源信息,以提高外来自动信息的核查效率。这就需要对我国居民境外涉税活动实施跟踪管理,如对其取得的收入实行强制申报管理。但从长远来看,宜借鉴发达国家的做法,在征管信息系统中实现自动信息内容与纳税人及第三方申报资料的自动比对。

(二)自发税收信息交换

自发信息交换项下所交换的信息具有明确的针对性,往往具有重要价值。但因自发交换属于自愿而非强制性的国际义务,因此,其执行动力更多地源于相关工作人员对法治、公平、正义等自然法则的追求,

---

① 参见国家税务总局国际税务司:《国际税收情报交换典型案例四则》,载《国际税收》2015年第8期。

更多地取决于工作人员的自律,以及缔约国之间良好的协作及互惠关系。我国目前不但属于世界上主要的引资和对外投资大国,而且对外投资已经超过引资,成为“净”投资流出国,对境外的涉税信息有巨大的需求。故我们应当做好对外自发税收信息交换,创造良好的互惠条件,以换取其他缔约国全力向我国自发地传递涉税信息。

1. 对外自发信息交换

对外自发提出信息对于提供国的税务审计人员履行协定义务的主动性和借助税务检查、审计等措施发现偷逃避税线索的能力要求较高,同时还会受到信息交换互惠条款的限制,因此,许多国家的自发信息交换工作开展得并不理想。OECD《税收信息交换操作规程》为此提出,应当采取一定的策略,包括强制公布自发信息交换的数据,以保证自发信息交换的有效开展。德国的自发信息交换工作开展得比较有效,其特点是信息内容简单,却包含了必要的核查信息,并列出了相关纳税人应在对方国家纳税的税收协定依据。例如,针对某纳税人个人的税收信息,德国会在转来的信息中说明此人符合税收协定非独立个人条款三个认定标准中的哪一条,以便信息接收国有针对性地进行核查并解决问题。相比之下,我国《国际税收信息交换工作规程》只明确了在何种情况下应制作和提出自动和专项信息,而没有对对外自发信息应如何操作给予指引,这也是我国对外自发信息工作起步缓慢的主要原因之一。因此,可以参考 OECD《税收信息交换操作规程》,为我国的对外自发信息制定操作指南,指导并鼓励基层税务部门制作和提出自发信息。符合以下条件的,一般可触发自发信息交换机制:(1)有理由怀疑另一国可能因此遭受重大的税收流失;(2)怀疑接受款项支付的另一国居民未向该国税务机关申报;(3)纳税人在一国获得税收减免,应增加其在另一国的纳税义务;(4)一国纳税人与另一国纳税人在一国或多国进行交易的方式造成在一方或双方国家都产生节税效果;(5)一国有理由怀疑为节税而在企业集团内部人为地转移利润;(6)另一国的纳税人可能筹划偷逃避税;等等。

2. 外来自发信息交换

如果说外来自动税收信息是对我国居民税收信息的补充,那么外来自发税收信息则更有助于弥补我国非居民税收信息的不足。实际上,我国非居民(主要是对于常设机构和非居民个人)税收管理存在的问题主要就是通过核查外来自发税收信息发现的。外来自发税收信息相对虽然量少但质高,比较准确,一般核查效果显著,有利于弥补非居民税收征管中的薄弱环节。加强外来自发税收信息核查工作,可通过个案调查,认真分析产生问题的原因,从个别现象的调查扩大到整体管理的研究,由点及面,全面强化非居民税收管理。例如,在某漏税案中,A 国某企业与我国某大型汽车合资企业签订了提供技术援助的框架协议,不定期派遣大量技术人员临时到华提供技术援助。A 国向我国提供了自发信息,信息中包含了该企业 1 名临时到华技术人员的姓名、停留时间、收入金额等信息。经核查后,主管税务机关不仅对该名人员追补了税款,还由此发现了对外籍临时到华提供劳务人员税收管理上的漏洞。于是,国家税务总局组织相关地区的税务机关对 A 国企业在我国设立的多家中外合资企业进行外籍人员个人所得税专项检查,查补税款近千万元。

(三)专项税收信息交换

专项信息交换,是缔约国一方税务主管当局就国内某一税务案件提出具体问题,并依据税收协定请求缔约国另一方的主管当局提供相关信息以协助查证的行为,包括对外专项信息交换与外来专项信息交换。专项信息交换的针对性强,目标明确,成效明显,是各国最基本、最实用、与日常涉外税收征管结合最紧密的信息交换方式。

税收信息和信息交换本身都无法打击国际偷逃避税活动,但是其一旦与国内税收征管、审计和稽查工作结合,就可以成为打击偷逃避税的有力武器。因此,我国非常重视专项信息交换,借此为反偷逃避税调查提供必要的信息,如国家税务总局 2004 年《关于修订〈关联企业间业务往来税务管理规程〉的通知》(国税发〔2004〕143 号)第 22 条(境外调查)规定:“主管税务机关对企业进行转让定价审计调查时,确需取得境外有关可比价格、经济情况等信息资料的,可报请国家税务总局通过税收协定的情报交换程序进行。”这就是衔接转让定价调查与信息交换工作的基本依据。

除转让定价外，国际偷逃避税方式大体上可分为两大类：(1)传统的隐匿收入和虚增成本等方式；(2)在避税港设立邮箱公司或设立导管公司以滥用税收协定等方式。无论纳税人采用哪种手段，专项信息交换都能在税务机关识别并打击这些手段或方式的过程中发挥积极作用。故税务机关应当重点关注易产生国际偷逃避税问题的情况和环节，充分运用各种税务稽查方法来剖析企业的涉税交易行为，从复杂的交易过程和纷繁的资料中发现偷逃避税线索，必要时则借助专项信息交换来弥补税务审计或调查中的信息不足。具体而言，基于以下情势，可以提出专项信息交换请求：

(1)为了防止滥用税收协定和利用避税地偷逃避税，需了解纳税人或者与纳税人交易的另一方的基本情况，包括个人或公司的实际地址及居民身份、公司注册地、公司控股情况等。

(2)为了跟踪掌握资金流向，需获取所必需且可能存在于缔约国另一方的资料，如纳税人从境外取得收入款项的性质和金额、支付款项的银行账号和金额、资金往来记录等。

(3)为了核算收入和成本的真实性，准确判定纳税义务，需验证纳税人提供的纳税资料的真实性和合法性，如核实纳税人境外交易价格和金额的真实性，或核实纳税人申报的收入或费用的真实性，或查明纳税人与境外关联企业的关联关系等。例如，在某涉外偷税案中，我国某市税务局在对某企业外籍人员个人所得税检查过程中发现，有4名A国高级管理人员所申报的境外收入明显偏低，税务机关怀疑其隐瞒了真实的境外收入。在利用国内的征管手段无效果后，该市税务局通过国家税务总局向A国税务主管当局提出专项信息请求。A国在回复中提供了这4名外籍人员境外收入的真实数额，证实了我国税务机关的怀疑。在掌握充分证据后，税务机关与公安机关密切配合，在全国各口岸布控，对这些外籍逃税者实施离境清税手段，成功地追缴了未申报的境外所得部分的个人所得税。[①] 本案税务机关通过专项信息交换措

---

① 参见国家税务总局国际税务司：《国际税收情报交换典型案例四则》，载《国际税收》2015年第8期。

施获取了纳税人境外收入的准确信息，为正确判定其纳税义务提供了确凿的依据，弥补了国内征管缺乏外籍人员境外收入信息来源的不足，对其他瞒报或谎报境外收入的外籍人员产生较大的震慑作用。

（四）同期税务检查

借助同期税务检查，缔约国税务主管当局之间可依据相应的同期检查协议，各自在其税收辖区内，同时独立地检查有共同或相关利益的纳税人的涉税事项，并互相交流或交换检查中获取的税收信息。

同期税务检查目前是发达国家加强国际税收合作的重要措施之一，也是未来的发展趋势，如 OECD 在总结多年来有关国家开展同期税务检查的经验和效果后明确提出，同期税务检查"在反偷逃避税中卓有成效"。为此，OECD 不仅制定了国家间同期税务检查专项协议范本，还在新出台的税收信息交换操作规程中编制了专门的同期税务检查操作手册。美国作为 OECD 的成员国之一，已开展同期税务检查多年，与十多个国家签订了同期税务检查的书面安排，并在国内税收法典（操作手册）中专门编制了同期税务检查操作指南。

按照 OECD 同期税务检查操作手册，同期税务检查的程序和内容主要应包括以下几个方面：

（1）确定人员及责任分配。同期税务检查由各参与国税务主管机关根据本国的法律和行政管理惯例组织开展。主管税务机关应任命同期税务检查协调员，指定代表和审计人员组织和实施同期税务检查，以确保检查的连贯性，提高检查效率。其中，检查协调员负责同期税务检查项目的管理和协调工作，确保同期税务检查按照有关规定开展。指定的代表负责具体实施同期税务检查，其主要职责包括：对指定的案件进行管理和开展检查；与协调员保持联络；组建审计小组；与同期税务检查其他参与国的指定代表沟通；与其他参与国共同制定同步的案件调查计划和时间表等。同期税务检查审计员根据指定代表制定的检查计划，具体负责检查，包括识别、编辑和分析有关信息，与纳税人及其代表面谈，制作会议记录及起草检查报告等。

（2）初步选案。同期税务检查协调员每年应独立地选案；必要时应与同期检查的其他参与国的税务审计人员或协调员举行会议，讨论可能开展同期税务检查的案件。选择开展同期税务检查的案件时,应主要针对在检查参与国通过分支机构或常设机构进行经营的一个或几个纳税人。选案时应重点考虑下列因素:①存在违反检查参与国税法的确凿证据;②存在过分的国际税收筹划行为,如果调查成功,会调增检查参与国的税收收入;③纳税人及其关联方在一段时间内的经营业绩远低于预期;④纳税人的经营业绩没有反映与其规模和资产相应的利润;⑤纳税人持续亏损;⑥在不考虑营利性的情况下,纳税人不纳税或很少纳税。在考虑了上述因素后,协调员应决定本国是否参与同期税务检查并将决定书面通知参与国主管税务机关。然后,各国协调员根据信息交换条款的要求,自发地向对方提供信息或提出专项信息请求。

(3)实施检查。具体检查环节主要包括:初步检查已有资料,进行案头准备;召开初步预备会,共同制定确保同期税务检查有效开展的协调策略,讨论相关的技术问题,并就如何最有效地交换税收信息达成共识;与纳税人约谈,获取进一步信息;实施深入检查,指定代表应通过发送简报,确保每位审计人员及时了解对方国家的检查进展情况,并定期召开会议,以便各国审计人员交流检查经验和制定下一步行动策略;结案并起草报告,提出改进措施,其中起草的报告主要包括对检查结果的总结和检查程序的评估两部分内容。同期税务检查协调员应根据上述报告中提出的反馈意见,推行改进措施。

我国虽然非常重视同期税务检查对于打击国际偷逃避税的重要意义,但其实务操作尚处于试水阶段。国家税务总局曾于2010年根据2007年《企业所得税法》第43条第2款和《企业所得税法实施条例》第114条等规定,参照OECD转让定价指南和国际惯例,下发《关于开展同期资料检查的通知》(国税函〔2010〕323号),要求在全国开展同期资料准备情况的抽查工作。[①] 该通知要求企业在发生关联交易的当期

① 同期资料又称同期文档、同期证明文件,是指根据各国和地区的相关税法规定,纳税人在关联交易发生时按时准备、保存、提供的有关转让定价相关资料或证明文件。同期资料的准备、保存和提供是企业转让定价文档管理的基础。

准备同期资料文档,包括关联交易的价格、费用制定标准、计算方法和说明等具体的转让定价文件资料,以证明企业关联交易符合独立交易原则。同时,企业还有义务保存和向税务机关提供同期资料。国家税务总局要求各省税务机关组织本省同期资料抽查工作,抽查覆盖2008年和2009年两个纳税年度,各地税务主管部门应根据企业关联申报数据,分年度统计本省应准备同期资料的企业名单,严格按照统计抽样方法抽取测试样本(每个年度抽取样本数量应不低于总体的10%),并组织检查样本企业同期资料准备情况。国家税务总局定点联系企业的同期资料抽查工作则由国家税务总局大企业税收管理司另行部署。该通知虽然仅涉及国内企业转让定价资料的准备情况,但可能是为日后与外国同行开展同期税务检查做前期准备。

为增强国家税务总局2006年《国际税收情报交换工作规程》项下同期税务检查程序的可操作性,我们有必要借鉴欧美国家的同期税务检查操作手册及实践经验,制定更明确的同期税务检查的基本操作规程,并与经济往来频繁的国家签订同期税务检查协议,大胆尝试并逐步改进和完善我国的同期税务检查制度。

(五)行业范围信息交换

通过行业范围信息交换,缔约国双方主管当局可共同对某一行业的运营方式、资金运作模式、价格决定方式及偷漏避税方法等进行调查、研究,并相互交换有关税收信息。行业范围信息交换并不针对具体的纳税人,因此不会产生立竿见影的查税、补税效果,但是,它有助于各国税务机关之间“分享对某一行业或对彼此具有共同利益的特殊税收问题方面的专业知识和技巧”,便于税务审计人员开展更有效的税务审计调查。

按照OECD《税收信息交换操作规程》,行业范围交换的程序通常始于协定国主管税务机关之间正式交换相应函件。只要协定国之间建立了相应的信息交换机制,就可以进行双边或多边的函件交换。所交换的函件应当:(1)详细说明信息交换的对象;(2)确定信息交换的参数;(3)指定负责行业范围交换的代表;(4)确认将随函件交换的文件,并加盖保密章;(5)召开检查人员会议的时间和地点。

行业范围交换的主要形式是召开各参与国税务检查人员会议,其目的是:(1)讨论对双方具有共同利益的行业新发展以及新出现的问题;(2)共同研究普遍存在且反复出现的问题;(3)整合资源,加强对某一行业的研究;(4)讨论公平交易原则的可比方法和行业的边际利润;(5)针对普遍存在的国际税收问题召开研讨会。故行业范围信息交换可以是研讨具体的税收征管问题,如资产结构、融资安排、无形资产、收购兼并、私有化、资产的增值、摊销与折旧等,也可以进一步拓展到跨国投资策略、国际税收政策调整或法律制度构建等问题。到目前为止,OECD 成员国已对金融、保险、油气、日用品、电子配件、制药、渔业、远程通信、信息技术等行业开展行业范围交换,如 OECD 在制药行业的行业范围交换中主要讨论了以下问题:行业细分;市场份额分配与预计利润;政府的法律规定;功能、风险、资产分析;转让定价方法;可比因素;转让定价范围;研发费用处理;无形资产转让;新出现的问题、趋势和发展;培训、执法和服务等。

行业范围信息交换尽管在国家税务总局《国际税收情报交换工作规程》有所规定,但其实务操作可能尚未起步。随着我国跨国投资交易的快速发展,我国有必要加强与其他国家税务机关之间的行业范围信息交换。这不仅有助于加强双方的沟通与协作,打击跨国偷逃避税,还有助于我国税务部门加深对重要行业经营常规和策略的理解,提高我国税务审计人员的执业水平和技能,同时有助于完善我国相应的法律制度。故我国可参考 OECD《税收信息交换操作规程》关于开展行业范围信息交换的规定以及欧美国家开展行业范围信息交换的实际经验,制定我国行业范围信息交换的操作指引,并在实践中大胆尝试。

(六)授权代表访问

授权代表访问可以有效地解决专项信息交换耗时多、难以迅速有效地掌握跨国纳税人及其国外关联方的明细资料等方面的困难,便于税务机关全面深入地了解某一纳税人及其国外关联方,检查并获取保存在外国的相应纳税资料。

授权代表访问可分为被动参与和主动参与两种形式。被动参与指外国授权代表只能参加税务检查的部分过程,只能直接联系对方的税务人员;主动参与指授权代表可以在境外直接与纳税人见面,并参与检查纳税人的相关记录。由此可见,授权代表访问与同期税务检查的主要区别是,前者可以有条件地允许一国税务人员直接进入缔约对方税收辖区内实施税务检查,从信息交换的角度讲,较后者更为直接和有效。

授权代表访问的全程需要信息交换部门、反避税部门和稽查部门的通力合作。其中,反避税和稽查部门指定负责具体案件审计的人员作为授权代表,到对方国家进行案件的实地调查和收集信息。信息部门应指定1名协调员,负责对授权代表访问进行组织协调,其具体职责包括:为参与案件调查的税务人员进行信息交换方面的培训;在整个授权代表访问的过程中负责与对方国家组织此次访问的主管部门进行沟通联络;向上级部门报告授权代表访问的进展情况;对本国授权代表访问的策略进行全面协调;改进授权代表访问的操作程序;等等。

在我国首例授权代表访问案中,税务部门经精心准备,取得了良好效果。该案中,位于低税辖区的某境外总公司B于1994年在我国设立常驻代表机构代表处A。A代表处的经营范围是为B公司提供市场调查、咨询、联络等准备性、辅助性活动。但是,税务机关在调查中发现,A代表处实际上为B公司提供了采购服务,所发生的所有经费支出均由B公司承担。2010年度以前,A代表处曾向税务机关申请并享受了税收优惠待遇,从未缴纳过营业税和企业所得税;在2010年度后,则按照经费换算收入的方式缴纳相关税款。经现场调查,税务机关还发现了以下情况:(1)A代表处的工作人员多。该代表处下设若干业务组和1个后勤组,平均人数160人,最多时达250人。(2)A代表处的办公规模偏大。其拥有办公楼数栋,办公面积约5000平方米,年均费用达6000万元人民币,最高年度过亿。(3)A代表处实际承担的工作多。其承担了供应商评估、订单跟踪、质量监控、物流安排及后勤人事管理等活动。税务机关据此认为,代表处A所从事的经营活动已超出准备性、辅助性活动的范畴,但其获得的仅仅是经费支出换算补偿的利润,与其承担的功能与风险明显不匹配。其不符合免税条件,存在逃税嫌疑。然而,A代表处面对税务机关的质疑,拒绝提供总机构B公司的经营情况等相关资料。

因A代表处即将到期，如果不能尽快完成调查，即使最后查明疑点而需调整补税，也将面临较大的税款追缴困难。鉴于此，税务机关提出授权代表访问请求，以获取境外总公司B的以下信息：(1)其经营模式，从事采购服务的流程；(2)承担的功能及风险；(3)资产、经营费用、员工人数等情况；(4)为集团提供采购服务的收入定价方式；(5)申报的经营利润及纳税情况。

在两国税务主管机关就该次授权代表访问事宜达成协议后，我国税务机关成功实施对B公司的授权代表访问，取得了相应的关键性证据：(1)总机构的规模，其下共设3个部门，总人数仅有25人；(2)B公司的收入来源，主要是客户的佣金收入，佣金率为采购货值的2.5%，而代表处A获得的仅是经费支出补偿；(3)B公司的职能，其名义是贸易公司，但实际上仅以总机构的名义签订购销合同、协助结算货款。

面对税务机关收集的翔实证据，代表处A不得不认同税务机关有关常设机构的判定及利润归属的主张，同意采用独立交易原则，按照交易净利润法确定代表处的合理利润。根据可比性分析结果，最终确定利润率为成本加成率的28%，相当于佣金率为1.7%，占总机构佣金率的68%，补征税款和加收利息高达5400万元。①

与同期税务检查等一样，授权代表访问在我国税收信息交换工作中尚处于起步阶段。鉴于这种信息交换方式的便捷性，我们可以更加积极主动地同与我国存在紧密经济贸易关系的国家开展这种形式的信息交换合作。

---

① 参见国家税务总局国际税务司：《国际税收情报交换典型案例四则》，载《国际税收》2015年第8期。

附　录

附录一、多边税收征管行政互助公约(英文文本、中文译本)

附录二、金融账户涉税信息自动交换多边主管当局间协议(英法文本、中文译本)

附录三、OECD 税收信息交换协定范本(*Model Agreement on Exchange of Information in Tax Matters*)

附录四、OECD 金融账户涉税信息自动交换标准(*Standard for Automatic Exchange of Financial Account Information*)

附录五、CRS-related-FAQs

附录六、美国《海外账户税收遵从法》(*Foreign Account Tax Compliance Act*)

附录七、BEPS-Frequently Asked Question FAQ

附录八、非居民金融账户涉税信息尽职调查管理办法

附录九、关于《国家税务总局　财政部　中国人民银行　中国银行业监督管理委员会　中国证券监督管理委员会　中国保险监督管理委员会关于发布〈非居民金融账户涉税信息尽职调查管理办法〉的公告》的解读

附录十、国家税务总局《关于印发〈国际税收情报交换工作规程〉的通知》

附录十一、国家税务总局办公厅《关于进一步规范国际税收情报交换英文写作的通知》

附录十二、实施税收协定相关措施以防止税基侵蚀和利润转移的多边公约(中译本)

参考文献

一、中文文献

(一)著作类

[1]周松:《管理层能力、税收规避及其经济后果研究》,科学出版社 2020 年版。

[2]经济合作与发展组织:《跨国企业与税务机关转让定价指南(2017)》,国家税务总局国际税务司译,中国税务出版社 2019 年版。

[3]徐晓华主编:《G20/OECD 税基侵蚀和利润转移行动计划基础与实务》,中国市场出版社 2019 年版。

[4]古成林编著:《关联交易同期资料和国别报告准备与审核实务指南》,中国市场出版社 2019 年版。

[5]国家税务总局国际税务司编:《国际税收政策及解读汇编(2019 年版)》,中国税务出版社 2019 年版。

[6]中国国际税收研究会编著:《世界税收发展研究报告(2018)》,国税务出版社 2019 年版。

[7]中国国际税收研究会编著:《中国开放型经济税收发展研究报告(2018 年度)——国际税收征管合作问题研究》,中国税务出版社 2019 年版。

[8]《世界税制现状与趋势》课题组编著:《世界税制现状与趋势(2018)》,中国税务出版社 2019 年版。

[9]《世界税制现状与趋势》课题组编著:《世界税制现状与趋势(2017)》,中国税务出版社 2018 年版。

[10]燕彬:《认识FATCA和CRS——涉税信息交换与全球资产透明全指引》,法律出版社2018年版。

[11]史正权等:《CRS政策解读和法理分析》,法律出版社2018年版。

[12][奥]维罗尼卡·道尔:《税收协定与发展中国家》,熊伟、毛杰,译,商务印书馆2018年版。

[13]中国国际税收研究会编著:《世界税收发展研究报告(2017)》,中国税务出版社2018年版。

[14]邓昌平:《特别纳税调整实务指南》,中国市场出版社2018年版。

[15]中国国际税收研究会:《中国国际税收40年:与改革开放同行》,中国税务出版社2018年版。

[16]许利民、王苏生:《无形资产转让定价与税制优化》,清华大学出版社2017年版。

[17]赵卫刚、王坤编著:《"走出去"企业税务指南:政策解读　税务筹划　风险管理》,中国市场出版社2017年版。

[18]陈清秀:《国际税收》,法律出版社2017年版。

[19][奥]迈克尔·郎:《避免双重征税协定法导论》(第2版),朱炎生译,法律出版社2017年版。

[20][新西兰]凯文·霍姆斯:《国际税收政策与避免双重征税协定:对相关原则与应用的介绍》(第2版),姜跃生、陈新译,中国税务出版社2017年版。

[21][奥]迈克·兰、[比]伊内·勒琼编:《全球数字经济的增值税研究》,国家税务总局税收科学研究所译,经济科学出版社2017年版。

[22]易奉菊:《国际税收理论、实务与案例》,立信会计出版社2017年版。

[23]何杨:《国际税收规则变革与中国的应对》,经济科学出版社2017年版。

[24]张小青:《税收协定的正义性》,东北林业大学出版社2017年版。

[25]国家税务总局教材编写组编:《转让定价调查与调整实务问答》,中国税务出版社2017年版。

[26]彭启蕾主编:《最新关联申报和同期资料管理实用手册(国家税务总局公告2016年第42号解析)》,中国经济出版社2017年版。

[27]“走出去”税收指引编写组编:《“走出去”税收指引》,中国税务出版社2017年版。

[28]吉林财经大学大企业税收研究所编:《国际税收业务政策指引》,中国税务出版社2017年版。

[29]王宗涛:《一般反避税条款研究》,法律出版社2016年版。

[30]谢香兵:《公司税收规避的内生决定与市场认知研究》,经济科学出版社2016年版。

[31]郝利军、李刚:《VIE架构境外间接上市税法问题研究》,厦门大学出版社2016年版。

[32]段从军编著:《国际税收实务与案例》,中国市场出版社2016年版。

[33]朱青:《国际税收》(第7版),中国人民大学出版社2016年版。

[34]荷兰国际财税文献局:《IBFD国际税收辞汇》(第7版),《IBFD国际税收辞汇》翻译组译,中国税务出版社2016年版。

[35]齐爱民:《大数据时代个人信息保护法国际比较研究》,法律出版社2015年版。

[36]刘行:《所得税规避、代理成本与公司治理》,东北财经大学出版社有限责任公司2015年版。

[37][英]维杰·K.巴蒂亚等编:《法律沟通中的透明度、权利和控制》,方芳译,北京大学出版社2015年版。

[38][美]克里斯·爱德华兹、[美]丹尼尔·米切尔:《全球税收革命,税收竞争的兴起及其反对者》,黄凯平、李得源译,中国发展出版社2015年版。

[39]周培勇编著:《国际税收面对面:理论与实务》,机械工业出版社2015年版。

[40]吴德丰、郭宗铭、徐丽珍:《跨国转让定价策略及风险管理》,财团法人资诚教育基金会出版2015年版。

[41]古成林:《企业跨境服务贸易税务指南》,中国税务出版社2015年版。

[42]《跨国企业与税务机关转让定价指南(2010)》,国家税务总局国际税务司译,中国税务出版社2015年版。

[43]经济合作与发展组织:《OECD/G20税基侵蚀和利润转移(BEPS)项目2015年成果最终报告(1~6)》,国家税务总局国际税务司译,中国税务出版社2015年版。

[44]经济合作与发展组织:《税基侵蚀与利润转移:解析与应对》,廖体忠、李俊生编译,中国税务出版社2015年版。

[45]辽宁省国家税务局编:《国际税收业务操作手册》,中国税务出版社2015年版。

[46]王韬、刘芳编著:《企业税收筹划》,科学出版社2015年版。

[47]崔晓静:《国际税收行政合作的新发展及其法律问题研究》,中国社会科学出版社2014年版。

[48]付树林:《中国非居民企业所得税政策与管理研究》,中国税务出版社2014年版。

[49]曹明星、于海、李娜:《跨境所得的国际税收筹划与管理:以中国现行税法体系为基础》,中国税务出版社2014年版。

[50]杜秋娟主编:《非居民税收政策与反避税实务及案例分析》,中国市场出版社2014年版。

[51]邱冬梅:《资本弱化税制研究》,科学出版社2013年版。

[52]陈智超:《无形资产转让定价问题研究》,厦门大学出版社2013年版。

[53]汤贡亮:《中国国际税收发展战略研究》,中国税务出版社2013年版。

[54]国家税务总局国际税务司:《国际税收业务手册》(2013),中国税务出版社2013年版。

[55]牟信勇主编:《国际税收业务操作手册》(上、下),陕西人民出

版社2013年版。

[56]国家税务总局国际税务司编:《中国避免双重征税协定执行指南》,中国税务出版社2013年版。

[57]梁若莲编著:《税收协定解读与运用》,中国税务出版社2012年版。

[58]全小莲:《WTO透明度原则研究》,厦门大学出版社2012年版。

[59]叶守光:《中国企业避税问题风险控制与管理实务》,中国税务出版社2012年版。

[60]范坚主编:《国际反避税实务指引》,江苏人民出版社2012年版。

[61]国家税务总局国际税务司编著:《非居民企业税收管理案例集》,中国税务出版社2012年版。

[62]全国税收"六五"普法丛书编委会编:《非居民税收管理政策解读》,中国税务出版社2012年版。

[63]经济合作与发展组织:《OECD税收协定范本及注释(中英对照)》,国家税务总局国际税务司编译,中国税务出版社2012年版。

[64]本书编委会编:《税收协定应用手册》,中国税务出版社2012年版。

[65]孙瑞标主编:《中国国际税收政策指南(中英对照)》,辽宁人民出版社2012年版。

[66]付慧姝:《税收情报交换制度法律问题研究》,群众出版社2011年版。

[67]蔡庆辉主编:《有害国际税收竞争的规制问题研究》,科学出版社2010年版。

[68]陈延忠主编:《国际税收协定解释问题研究》,科学出版社2010年版。

[69]刘庆国:《纳税人权利保护理论与实务》,中国检察出版社2009年版。

[70]罗国强:《离岸金融法研究》,法律出版社2008年版。

[71]廖益新主编:《国际税法学》,高等教育出版社2008年版。

[72]诺恒经济咨询:《日本转让定价基本税制及应用案例》,中国税务出版社2008年版。

[73]方卫平:《国际税收》,东北财经大学出版社2007年版。

[74]苏晓鲁、姜跃生:《跨国企业与税务机关转让定价指南(1995)》,中国税务出版社2006年版。

[75]郭寿康、赵秀文主编:《国际经济法》,中国人民大学出版社2006年版。

[76][美]罗伊·罗哈吉:《国际税收基础》,林海宁、范文祥译,北京大学出版社2006年版。

[77]刘永伟:《转让定价法律问题研究》,北京大学出版社2004年版。

[78]谈李荣:《金融隐私权与信息披露的冲突与制衡》,北京中国金融出版社2004年版。

[79]邓力平、陈涛:《国际税收竞争研究》,中国财政经济出版社2004年版。

[80]钟晓敏:《竞争还是协调——欧盟各国税收制度和政策的比较研究》,中国税务出版社2002年版。

[81]反洗钱金融行动特别工作组:《40条建议》,公安部经济犯罪侦查局译,群众出版社2002年版。

[82]陈宇等编著:《WTO与中国税收法律制度的冲突与规避》,中国城市出版社2001年版。

[83]高尔森主编:《国际税法》,法律出版社1995年版。

(二)论文类

[1]韩霖、高阳、田芸芸:《纵览经济数字化背景下国际税收规则的重塑——专访IBFD国际税法专家Victor van Kommer教授》,载《国际税收》2020年第4期。

[2]陈斌:《“一带一路”倡议下高水平对外开放的税收支持体系建设》,载《地方财政研究》2020年第7期。

[3]崔晓静、熊昕:《中国与“一带一路”国家税收征管合作的完善

与创新》,载《学术论坛》2019 年第 4 期。

[4]朱晓丹:《对中美合作实施〈境外账户税收合规法案〉的反思》,载《国际经济法学刊》2019 年第 1 期。

[5]易在成:《论 G20 国际税收治理新模式》,载《南京大学学报(哲学·人文科学·社会科学)》2019 年第 6 期。

[6]魏升民、韩永辉、向景:《“一带一路”国际税收合作的现状、问题与对策》,载《南方金融》2019 年第 8 期。

[7]马龙、尚玮:《浅析建立“一带一路”跨境涉税争议协调解决机制》,载《财政科学》2019 年第 6 期。

[8]赵翎羽:《“一带一路”倡议下的税收征管合作机制研究》,载《河北企业》2019 年第 11 期。

[9]雷中浩:《反避税视角下国际税收情报交换的欧美模式与借鉴》,载《安徽商贸职业技术学院学报(社会科学版)》2019 年第 1 期。

[10]姬倩:《关于有害国际税收竞争规制的研究》,载《河北企业》2019 年第 1 期。

[11]彭岳:《税收情报自动交换中的个人数据保护问题》,载《法学》2018 年第 1 期。

[12]梅杞成、冯立增、马莹、李雪:《“受益所有人”在中国对外签署的税收协定中的适用》,载《国际税收》2018 年第 3 期。

[13]陈孜佳:《法人和法律安排的受益所有权透明度问题初探》,载《国际税收》2018 年第 2 期。

[14]何杨、孟晓雨:《受益所有人制度的国际比较与完善》,载《税收经济研究》2018 年第 1 期。

[15]何杨、孟晓雨、刘曦琳:《BEPS 多边公约与我国双边税收协定》,载《国际税收》2018 年第 1 期。

[16]刘中起、郑晓茹:《流变中的公权力与私权利:从边界模糊走向制度平衡》,载《湖北大学学报(哲学社会科学版)》2018 年第 1 期。

[17]赵洲、张丽:《论“一带一路”跨境利息所得的税收协调》,载《国际税收》2018 年第 1 期。

[18]崔晓静:《中国与“一带一路”国家税收协定优惠安排与适用

争议研究》,载《中国法学》2017 年第 2 期。

[19]廖益新:《多边法律工具与双边税收协定》,载《国际税收》2017 年第 6 期。

[20]邱冬梅:《税收情报自动交换的最新发展及我国之应对》,载《法学》2017 年第 6 期。

[21]黄素华、梁若莲:《中国税收透明度建设面临的挑战与对策》,载《税务研究》2017 年第 6 期。

[22]杨肖:《税收透明度与情报交换的发展和应对》,载《国际税收》2017 年第 11 期。

[23]张薇、池建新:《美欧个人信息保护制度的比较与分析》,载《情报科学》2017 年第 12 期。

[24]李旭红、郑鹏、赵倩:《"一带一路"背景下中国境外所得税免税法研究》,载《国际税收》2017 年第 10 期。

[25]韩霖:《"后 BEPS 时代"中国国际税收方位及方向》,载《国际税收》2017 年第 11 期。

[26]计金标、应涛:《"一带一路"背景下加强我国"走出去"企业税制竞争力研究》,载《中央财经大学学报》2017 年第 7 期。

[27]赵洲:《"一带一路"建设中的跨境利息所得的免税待遇及其合作协调》,载《求索》2017 年第 9 期。

[28]李旭红、刘锋:《CRS 对全球资产配置的影响》,载《国际税收》2017 年第 2 期。

[29]杨既福、温融:《论"一带一路"建设中国际税收协定的滞后性及其克服》,载《山东社会科学》2017 年第 11 期。

[30]贾伟恒:《数据时代税收情报交换研究》,载《时代金融》2017 年第 7 期。

[31]庞淑芬、王文静、黄静涵:《"一带一路"下我国企业"走出去"的税收风险解析》,载《国际税收》2017 年第 1 期。

[32]王素荣:《中亚国家的税收政策及税务筹划》,载《国际商务财会》2017 年第 4 期。

[33]王素荣、付博:《"一带一路"沿线国家公司所得税政策及税务

筹划》，载《财经问题研究》2017 年第 1 期。

[34]赵凌：《论我国税收协定 MAP 改革的重要关切——“一带一路”建设背景下的思考》，载《闽南师范大学学报（哲学社会科学版）》2017 年第 3 期。

[35]李春华、冯中威：《欧盟与美国个人数据保护模式之比较及其启示》，载《社科纵横》2017 年第 8 期。

[36]曹杰、王晶：《跨境数据流动规则分析——以欧美隐私盾协议为视角》，载《国际经贸探索》2017 年第 4 期。

[37]张美红：《金融账户涉税信息自动交换标准推行的路径分析》，载《证券市场导报》2017 年第 7 期。

[38]梁若莲：《我国实施税收自愿披露项目正当其时》，载《国际税收》2016 年第 8 期。

[39]朱晓丹：《IGA：美国 FATCA 域外适用的法律途径》，载《国际经济法学刊》2016 年第 3 期。

[40]叶莉娜：《金融机构税收情报机构的演进与思考》，载《税务研究》2016 年第 2 期。

[41]曹明星、杨后鲁：《中国个人所得税法之国际化——税务自动情报交换下的迫切问题》，载《国际税收》2016 年第 12 期。

[42]李娜：《论我国税收情报交换立法的完善》，载《税务研究》2016 年第 4 期。

[43]李妮娜：《“一带一路”沿线国家税收情报交换制度刍议》，载《税务研究》2016 年第 7 期。

[44]李金艳、陈新：《中国与 BEPS——从规则接受者到规则撼动者》，载《国际税收》2016 年第 1 期。

[45]霍军：《全球金融账户税收信息强制披露：各国法律准备》，载《经济研究参考》2016 年第 70 期。

[46]傅宏宇、张秀：《“受益所有人”概念的引入及适用》，载《财务与会计》2016 年第 7 期。

[47]何杨、徐润：《税收情报交换、双边税收协定与国际避税——来自全球离岸证券投资的证据》，载《财贸经济》2016 年第 6 期。

[48]王融:《〈欧盟数据保护通用条例〉详解》,载《大数据》2016 年第 4 期。

[49]张新宝:《从隐私到个人信息:利益再衡量的理论与制度安排》,载《中国法学》2015 年第 3 期。

[50]梁若莲:《应对金融账户涉税信息自动交换推进国际税收治理现代化》,载《国际税收》2015 年第 3 期。

[51]陈红彦、张耀斌:《刍议税收情报交换制度中纳税人权利保护和救济机制的完善》,载《国际税收》2015 年第 8 期。

[52]施正文、叶莉娜:《发展中国家税基侵蚀和利润转移问题研究》,载《法学杂志》2015 年第 2 期。

[53]李雪筠、侯洁:《国际税收情报交换的国际经验与政策研究》,载《公共经济与政策研究》2015 年第 1 期。

[54]温彩霞、刘嘉怡、于佳音等:《国际税收合作迈上新台阶——BEPS 项目最终成果公布》,载《中国税务》2015 年第 12 期。

[55]陈有湘、董强:《构建"一带一路"战略下的国际税收风险应对机制》,载《税收经济研究》2015 年第 6 期。

[56]吴青伦:《BEPS 下各国防止税收协定滥用的最新趋势》,载《国际税收》2015 年第 9 期。

[57]马乐:《OECD 税收情报自动交换新标准的发展与局限》,载《暨南学报(哲学社会科学版)》2015 年第 5 期。

[58]朱青:《鼓励企业"走出去"与改革我国避免双重征税方法》,载《国际税收》2015 年第 4 期。

[59]段艳红:《个人所得税自行纳税申报的国际经验与借鉴》,载《时代金融》2015 年第 4 期下旬刊。

[60]廖益新:《国际税收协定中的受益所有人概念与认定问题》,载《现代法学》2014 年第 6 期。

[61]冯辉:《国际税收监管协作的新发展:以美国〈海外账户税收合规法〉的推行为中心》,载《环球法律评论》2014 年第 3 期。

[62]宋小宁、葛锐:《"走出去"企业境外投资所得税制:抵免法与免税法适用比较》,载《东北师大学报(哲学社会科学版)》2014 年

第1期。

[63]李堃、王秀文:《OECD〈税收透明度的阶跃提升〉报告介绍与借鉴》,载《国际税收》2014年第3期。

[64]李刚:《税收情报交换涵义初探》,载《国际税收》2014年第2期。

[65]葛夕良:《论我国居民企业境外所得重复征税消除制度的优化》,载《财经论丛》2014年第8期。

[66]王利明:《论个人信息权的法律保护——以个人信息权与隐私权的界分为中心》,载《现代法学》2013年第4期。

[67]邵朱励:《刺破瑞士银行保密制度的面纱》,载《国际经济法学刊》2013年第1期。

[68]崔晓静:《国际税收透明度同行评议及中国的应对》,载《法学研究》2012年第4期。

[69]崔晓静:《国际税收情报交换制度的困境分析》,载《国际税收》2011年第4期。

[70]王君:《经济全球化下的国际税收协作机制及发展趋势》,载《国际税收》2009年第9期。

[71]梁若莲:《美国税收情报交换的经验与借鉴》,载《涉外税务》2008年第11期。

[72]贾军安:《国际税收情报交换:发展与困境的思考》,载《涉外税务》2007年第9期。

[73]廖益新、付慧姝:《银行秘密与国际税收情报交换法律问题研究》,载《甘肃社会科学》2007年第3期。

[74]王君:《国际税收情报交换的最新动态和启示》,载《涉外税务》2006年第9期。

二、外文文献

(一)著作类

[1]Amanda Han, Matthew MacFarland, *The Book on Tax Strategies for the Savvy Real Estate Investor: Powerful Techniques Anyone Can Use to Deduct More, Invest Smarter, and Pay Far Less to the IRS!* (*Tax Strategies*

(2)), Bigger Pockets, 2020.

[2] Viktoria Wöhrer, *Data Protection and Taxpayers' Rights, Challenges Created by Automatic Exchange of Information*, IBFD, 2018.

[3] Paul Voigt Axelvondem Bussche, *The EU General Data Protection Regulation (GDPR), A Practical Guide*, Springer International Publishing, 2017.

[4] David S. Kerzner, David W. Chodikoff, *International Tax Evasion in the Global Information Age*, Palgrave Macmillan, 2016.

[5] Amanda Han, Matthew MacFarland, *The Book on Tax Strategies for the Savvy Real Estate Investor: Powerful Techniques Anyone Can Use to Deduct More, Invest Smarter, and Pay Far Less to the IRS!* (Tax Strategies (1)), Bigger Pockets, 2016.

[6] Giuseppe Marino, *New Exchange of Information versus Tax Solutions of Equivalent Effect*, IBFD, 2016.

[7] Elise Krumholz, BEPS Action 13: Standardized Transfer Pricing Documentation, Does One Size Fit All? JURM02 Graduate Thesis, 2015.

[8] IMF, *Coordinated Direct Investment Survey Guide* 2015, IMF, 2015.

[9] Alexander Rust, Eric Fort, *Exchange of Information and Bank Secrecy*, Wolters Kluwer Law & Business, 2012.

[10] Roman Seer, Isabel Gabert, *Mutual Assistance and Information Exchange*, IBFD, 2010.

[11] Rogers G. J., *International Tax Lexicon*, International Bureau of Fiscal Documentation, 2009.

[12] Camille Stoll Dave, *Assessing the Playing Field: International Cooperation in Tax Information Exchange (Economic Paper Series)*, Commonwealth Secretariat, 2007.

[13] Rich Dad's Advisors, *The Tax-Free Exchange Loophole: How Real Estate Investors Can Profit from the Exchange*, Wiley, 2005.

[14] W. Eggert, M. Kolmar, *Residence-Based Capital Taxation: Why*

Information Is Voluntarily Exchanged and Why It Is Not, Social Science Electronic Publishing, 2000.

[15] Vogel Klaus, *Vogel on Double Taxation Conventions*, Kluwer Law International, 1997.

[16] Kees V. R., *Nondiscrimination in International Tax Law*, Kluwer Law and Taxation Publishers, 1986.

[17] Richman P. B., *Taxation of Foreign Investment Income—An Economic Analysis*, The Johns Hopkins Press, 1963.

[18] OECD, *Global Forum on Transparency and Exchange of Information for Tax Purposes: People's Republic of China* 2020 (*Second Round*) *Peer Review Report on the Exchange of Information on Request*, OECD, 2020.

[19] OECD, *AEOI Report for* 2019, OECD, 2019.

[20] OECD, *AEOI: Status of Commitments* (101 *jurisdictions have committed*), OECD, 2016.

[21] OECD, *Tax Administration* 2015: *Comparative Information on OECD and Other Advanced and Emerging Economics*, 2015.

[22] OECD, *Neutralising the Effects of Hybrid Mismatch Arrangements*, OECD, 2014.

[23] OECD, *Standard for Automatic Exchange of Financial Information in Tax Matters*, OECD, 2014.

[24] OECD, BEPS PROJECT final reports, OECD, 2015.

[25] OECD, *Global Forum on Transparency and Exchange of Information for Tax Purposes Peer Reviews: Russian Federation* 2014, *Phase* 2: *Implementation of the Standard in Practice*, OECD, 2014.

[26] OECD, *Money Laundering Awareness Handbook for Tax Examiners and Tax Auditors*, OECD, 2009.

[27] OECD, *Study into the Role of Tax Intermediaries*, OECD, 2008.

[28] OECD, *Updated Draft of the Manual on the Implementation of Exchange of Information Provisions for Tax Purposes*, *OECD Seminar on*

Exchange of Information, OECD,2004.

[29] OECD,*Articles of the Model Convention with Respect to Taxes on Income and on Capital*, OECD,2005.

[30] OECD, *Manual on the Implementation of Exchange of Information Provisions for Tax Purposes*,OECD,2006.

[31] OECD,*Agreement on Exchange of Information on Tax Matters*, OECD,2002.

[32] OECD, *Towards Global Tax Cooperation*:*Progress in Identifying and Eliminating Harmful Tax Practices*,OECD,2000.

[33] OECD, *Harmful Tax Competition*, *An Emerging Global Issue*, OECD,1998.

[34] OECD, *Taxing Profit in a Global Economy*, *Domestic and International Issues*,OECD,1991.

(二)论文及网络文献类

[1] Dries Lesage, *Wouter Lips*, *Mattias Vermeiren. The BRICs and International Tax Governance*: *The Case of Automatic Exchange of Information*,New Political Economy,2020,25(5).

[2] A. Alstadsaeter,N. Johannesen,G. Zucman,*Who Owns the Wealth in Tax Havens? Macro Evidence and Implications for Global Inequality*, Journal of Public Economics,Vol. 162,June 2018.

[3] Ana Paula Dourado,*Fake Tax Transparency Leaks and Taxpayer Rights*,INTERTAX, Vol. 46,2018.

[4] N. Johannesen,T. Stolper,*The Deterrence Effect of Whistleblowing*: *An Event Study of Leaked Customer Information from Banks in Tax Havens*, Max Planck Institute for Tax Law and Public Finance Working Paper, 2018.

[5] J. Garcia-Bernardo, J. Fichtner, F. W. Takes, E. M. Heemskerk, *Uncovering Offshore Financial Centers*: *Conduits and Sinks in the Global Corporate Ownership Network*, Nature Scientific Reports, Vol. 7, Issue 1, 2017.

[6] D. Langenmayr, *Voluntary Disclosure of Evaded Taxes—Increasing Revenue, or Increasing Incentives to Evade*, Journal of Public Economics, Vol. 151, 2017.

[7] Meinzer, Markus, *Automatic Exchange of Information as the New Global Standard: The End of (Offshore Tax Evasion) History?*, MPRA Paper, 2017.

[8] S. Gadzo, I. Klemencic, *Effective International Information Exchange as a Key Element of Modern Tax Systems: Promises and Pitfalls of The OECD's Common Reporting Standard*, Public Sector Economics, 2017, Vol. 41, Issue 2.

[9] Owens Jeffrey, *The New Silk Road: Taxes will Help or Resist*, International Taxes, 2017(4).

[10] Dhammika Dharmapala, *Cross-border Tax Evasion under a Unilateral FATCA Regime*, Journal of Public Economics, Vol. 141, September 2016.

[11] OECD, *Automatic Exchange of Information, Background Information Brief*, 2016.

[12] K. A. Konrad, T. B. Stolper, *Coordination and the Fight against Tax Havens*, Journal of International Economics, Vol. 103, 2016.

[13] P. Baker, *The BEPS Project: Disclosure of Aggressive Tax Planning Schemes*, Intertax, 2015, 43(1).

[14] Christian Gillitzer, Peer E. Skov, *Evidence on Unclaimed Charitable Contributions from the Introduction of Third-Party Information Reporting in Denmark*, EPRU Working Paper Series 2013 - 04, Economic Policy Research Unit (EPRU).

[15] Dina Pomeranz, *No Taxation without Information: Deterrence and Self-Enforcement in the Value Added Tax*, American Economic Review, Vol. 105, Issue 8, 2015.

[16] Joel Slemrod et al., *Does Credit-Card Information Reporting Improve Small-Business Tax Compliance*, Journal of Public Economics,

Vol. 149, May 2017.

[17] Jane G. Gravelle, *Tax Havens: International Tax Avoidance and Evasion*, National Tax Journal, Vol. 7, Issue 5700, January 2015.

[18] M. Hanlon, E. L. Maydew, J. R. Thornock, *Taking the Long Way Home: US Tax Evasion and Offshore Investments in US Equity and Debt Markets*, Journal of Finance, Vol. 70, Issue 1, 2015.

[19] Alberto Vega, *Andorra, Exchange of Information and New Tax System in the Context of the OECD's and EU's Initiatives*, INTERTAX, Vol. 43, 2015.

[20] K. Bilicka, C. Fuest, *With Which Countries Do Tax Havens Share Information?*, In Tax Public Finance, Vol. 21, Issue 2, 2014.

[21] N. Johannesen, *Tax Evasion and Swiss Bank Deposits*, Journal of Public Economics, Vol. 111, 2014.

[22] Niels Johannesen, Gabriel Zucman, *The End of Bank Secrecy? An Evaluation of the G20 Tax Haven Crackdown*, American Economic Journal, February 2014.

[23] C. Tragheim, *CRS/OECD Unveil Global Standard for the Automatic Exchange of Information*, Mondaq Business Briefing, February 18, 2014.

[24] MEP Trigueros, *Automatic Exchange of Information: Towards a New Global Standard of Tax Transparency*, Derecho Pucp, 2014(72).

[25] S. D. Dyreng, B. P. Lindsey, J. R. Thornock, *Exploring the Role Delaware Plays as a Domestic Tax Haven*, Journal of Financial Economics, Vol. 108, Issue 3, 2013.

[26] Hasegawa et al., *The Effect of Public Disclosure on Reported Taxable Income: Evidence from Individuals and Corporations in Japan*, National Tax Journal, Vol. 66, Issue 3, 2013.

[27] James Alm, Kim M. Bloomquist, Michael Mckee, *When You Know Your Neighbor Pays Taxes: Information, Peer Effects, and Tax Compliance*, Appalachian State University Working Paper, 2013.

[28] HM Liebman, W. Heyvaert, V. Oyen, *Countering harmful tax practices: BEPS Action 5 and EU Iniciatives-Past Progress, Current Status and Prospects*, European Taxation, Vol. 56, 2016.

[29] J. Heiberg, *FATCA: Toward a Multilateral Automatic Information Reporting Regime*, Washington & Lee Law Review, 2012, 69(3).

[30] Alberto Gil Soriano, *Toward an Automatic but Asymmetric Exchange of Tax Information: The US Foreign Account Tax Compliance Act (FATCA) as Inflection Point*, INTERTAX, Vol. 40, 2012.

[31] Leslie Robinson, *Joel Slemrod*, *Understanding Multidimensional Tax Systems*, International Tax and Public Finance, Vol. 19, Issue 2, 2012.

[32] S. D. Michel, H. D. Rosenbloom, *FATCA and Foreign Bank Accounts: Has The U. S. Overreached?*, Tax Analysts Viewpoints, Vol. 1, 2011.

[33] J. R. Hines, *Treasure Islands*, Journal of Economic Perspectives, Vol. 24, Issue 4, 2010.

[34] J. G. Gravelle, *Tax Havens: International Tax Avoidance and Evasion*, NTJ, Vol. 62, Issue 4, 2009.

[35] R. T. Kudrle, *The OECD's Harmful Tax Competition Initiative and the Tax Havens: From Bombshell to Damp Squib*, Global Economy Journal, Vol. 8, Issue 1, 2008.

[36] Michael Keen, Jennye Ligthart, Incentives and Information Exchange in International Taxation, *International Tax & Public Finance*, Vol. 13, Issue 2, 2006.

[37] James O'Donovan, Hannes F. Wagner, S. Zeume, *The value of Offshore Secrets—Evidence from the Panama Papers*, Review of Financial Studies, 2019.

[38] Harry Huizinga, S. B. Nielsen, *Withholding Taxes Information Exchange: The Taxation of International Interest Flows*, Journal of Public Economics, 2003, 87(1).

[39] Brian Erard, Chih-Chin, *Explaining the U. S. Income Tax*

Compliance Continuum, Journal of Tax Research, Vol. 1, Issue 2, 2003.

[40] Philippe Bacchetta, María Paz Espinosa, *Exchange-of-information Clauses In International Taxtreaties*, International Tax and Public Finace, Issue 7, 2000.

[41] J. R. Hines, E. M. Rice, *Fiscal Paradise: Foreign Tax Havens and American Business*, The Quarterly Journal of Economics, Vol. 109, Issue 1, 1994.

[42] Lukas Menkhoff, Jakob Miethe, *Tax Evasion in New Disguise? Examining Tax Havens' International Bank Deposits* (Sept. 20, 2020), https://papers.ssrn.com/sol3/papers.cfm? abstract_id =30292192019.

[43] Jost H. Heckemeyer, *Aaron K. Hemmerich*, *Information Exchange and Tax Haven Investment in OECD Securities Markets* (Sept. 18, 2020), https://papers.ssrn.com/sol3/papers.cfm? abstract_id = 3029219.

[44] OECD, *Text of the Revised Explanatory Report to the Convention on Mutual Administrative Assistance in Tax Matters as Amended by Protocol* (Sept. 20, 2020), http://fffg6b1f91f00e024702a44b9231eabf6536hv5qvnx5cp6vo6pqw.fxyh.librra.gdufs.edu.cn/ctp/exchange-of-tax-information/ExplanatoryReport ENG%2015042010.pdf.

[45] OECD, *Implementation of the Standard in Practice* (Sept. 2, 2020), http://fffg8d494c334493401a891b8b4eee8b409fsv5qvnx5cp6vo6pqw.fxyh.librra.gdufs.edu.cn/taxation/global-forum-on-transparency-and-exchange-of-information-for-tax-purposes-peer-reviews-russian-federation - 20149789264223103 - en#page126.

[46] OECD, *Global Forum on Transparency and Exchange of Information for Tax Purposes France* 2018 (*Second Round*) *Peer Review Report on the Exchange of Information on Request* (Sept. 25, 2020), http://fffg8d494c334493401a891b8b4eee8b409fsv5qvnx5cp6vo6pqwfxyh.librra.gdufs.edu.cn/taxation/global-forum-on-transparency-andexchange-of-information-for-tax-purposes-france - 2018 - second-round 9789264291058 - en

#page100.

[47] OECD, *Global Forum on Transparency and Exchange of Information for Tax Purposes Peer Reviews Germany* 2013 *Combined Phase* 1 + *Phase* 2 *Incorporating Phase* 2 *Ratings* (Sept. 28, 2020), http://fffg8d494c334493401a891b8b4eee8b409fsv5qvnx5cp6vo6pqw. fxyh. librra. gdufs. edu. cn/taxation/global-forum-on-transparency-and-exchange-of-information-for-tax-purposes-peer-reviews-germany - 20139789264205642 - en#page83.

[48] OECD, *Joint Audit Report Sixth Meeting of the OECD Forum on Tax Administration Istanbul* 15 - 16 *September* 2010 (Sept. 13, 2020), http://fffg6b1f91f00e024702a44b9231eabf6536hv5qvnx5cp6vo6pqw. fxyh. librra. gdufs. edu. cn/ctp/administration/45988932. pdf.

[49] Council of Europe, *Reservations and Declarations for Treaty No.* 127—*Convention on Mutual Administrative Assistance in Tax Matters* (Sept. 20, 2020), http://fffg3fb6953d9b0e4a5f848ea2cc6b30a556sv5qvnx5cp6vo6pqw. fxyh. librra. gdufs. edu. cn/en/web/conventions/search-on-treaties/-/conventions/treaty/127/declarations.

[50] Desai, Mihir A. Hines, James Rodger, Evaluating International Tax Reform (Sept. 20, 2020), https://ssrn. com/abstract = 425943 or http://dx. doi. org/10. 2139/ssrn. 425943.

图书在版编目(CIP)数据

税收信息交换国际合作法律制度比较研究 / 向明华,梁若莲著. -- 北京 : 法律出版社, 2021
ISBN 978-7-5197-5487-7

Ⅰ. ①税… Ⅱ. ①向…②梁… Ⅲ. ①税收管理-信息交换-国际合作-国际税法-研究 Ⅳ. ①D996.3

中国版本图书馆 CIP 数据核字(2021)第 053879 号

税收信息交换国际合作法律制度比较研究
SHUISHOU XINXI JIAOHUAN GUOJI HEZUO FALÜ ZHIDU BIJIAO YANJIU

向明华　梁若莲 著

策划编辑 周丽君
责任编辑 周丽君
装帧设计 汪奇峰

出版 法律出版社
总发行 中国法律图书有限公司
经销 新华书店
印刷 北京虎彩文化传播有限公司
责任校对 周合芝　周诗湄
责任印制 吕亚莉

编辑统筹 法律应用出版分社
开本 A5
印张 7.25
字数 208 千
版本 2021 年 6 月第 1 版
印次 2021 年 6 月第 1 次印刷

法律出版社/北京市丰台区莲花池西里 7 号(100073)
网址/www.lawpress.com.cn
投稿邮箱/info@lawpress.com.cn
举报维权邮箱/jbwq@lawpress.com.cn
销售热线/400-660-8393
咨询电话/010-63939796

中国法律图书有限公司/北京市丰台区莲花池西里 7 号(100073)
全国各地中法图分、子公司销售电话:
统一销售客服/400-660-8393/6393
第一法律书店/010-83938432/8433　西安分公司/029-85330678　重庆分公司/023-67453036
上海分公司/021-62071639/1636　深圳分公司/0755-83072995

书号:ISBN 978-7-5197-5487-7　**定价:**42.00 元
(如有缺页或倒装,中国法律图书有限公司负责退换)